國際中國學論叢

嚴紹璗

2021年6月19日

纪念严绍璗先生（1940—2022）

首都师范大学外国语学院主办
首都师范大学日本文化研究中心承办

Collection

of

Chinese Studies

国际中国学论丛

（第二辑）

王广生
王宗琥

主编

中国出版集团有限公司

世界图书出版公司
北京 广州 上海 西安

图书在版编目（CIP）数据

国际中国学论丛. 第二辑 / 王广生，王宗琥主编. —北京：世界图书出版有限公司北京分公司，2023.6

ISBN 978-7-5192-9880-7

Ⅰ.①国… Ⅱ.①王… ②王… Ⅲ.①中国学—文集 Ⅳ.①K207.8-53

中国版本图书馆CIP数据核字（2022）第159852号

书　　名	国际中国学论丛（第二辑）
	GUOJI ZHONGGUOXUE LUNCONG（DI ER JI）
主　　编	王广生　　王宗琥
责任编辑	赵　茜
封扉设计	崔欣晔
出版发行	世界图书出版有限公司北京分公司
地　　址	北京市东城区朝内大街137号
邮　　编	100010
电　　话	010-64038355（发行）　64033507（总编室）
网　　址	http：//www.wpcbj.com.cn
邮　　箱	wpcbjst@vip.163.com
销　　售	新华书店
印　　刷	北京建宏印刷有限公司
开　　本	710mm×1000mm　1/16
印　　张	19.5
字　　数	285千字
版　　次	2023年6月第1版
印　　次	2023年6月第1次印刷
国际书号	ISBN 978-7-5192-9880-7
定　　价	75.00元

《国际中国学论丛》编辑委员会

前　言

寅虎年末，在卡塔尔世界杯盛宴期间，国内的防疫政策突然"解封"。诚然，直至今日我们依然面对诸多不确定，但至少看到了回归正常生活的"希望"。

"希望"，对于人类而言，是一件具有魔力的事物。"希望"将现在与未来联系，构建一种因果连续的想象，进而赋予当下以意义。人们在谈论未来时，如谈及世界杯最终谁会夺冠，"我认为""我相信""我支持"等表述，多半是"我希望"的潜台词。在休谟看来，"太阳每天从东方升起"也不过是"希望"的一种。甚至在某种意义上，人类一切的文明、文化都只不过是"希望"的别名，是人类伫立此岸、向未知彼岸投射的信念之影。"希望"有知性和理性的部分，但更属于信仰的天空。没有了希望，我们必定受困于巨大虚无的时间牢笼！仅仅依靠科学与理性，我们何以承受世界之重荷、生命之虚空？

人类之高贵，不在理性与情感，而在信仰统摄之下理性与情感的统合，是一种生命的复杂形态。信仰生成希望，寄托理想，开发悟性，而信仰的丧失，是当今文化中理性偏执和感性泛滥的主因。在这样的时代语境中，在如此思路下，我们缺乏的是有生命气息而非工匠式的文字，我们主张的是拥抱有"希望"的文字，而不是超越仅追求客观的知识。这种文字，不只是为了求真，而且还与自己的生存体验相结合，寻求一种信念的弥合，自有一种无声的呐喊。

对我而言，2022年下半年以来发生在身边的诸多事件，计我生发深深的倦怠感，而倦怠感的深层则是希望的丧失，特别是业师严绍璗先生的过世，给我带来极大的冲击。先生博学广识、谦退不争、温雅如玉。先生首倡的"变异体""发生学"理念，将中国的日本学研究提升到辨析其源、追溯其因的发生学层面，并开创了中国改革开放以来的国际中国学（汉学），且在上述多个领域引领着学术的进步和发展。严先生作为日本文化研究中心的学术顾问以及鄙中心主办刊物《国际中国学论丛》的名誉主编，对中心事业的推进和发展给予了悉心指导和无私贡献。故本辑特设"怀念严绍璗先生"专栏，以示我们的深切感念。

本辑除了缅怀严绍璗先生的文章，我们还推出了"中外文学关系与思想研究""东亚汉学与中国学史""中国文学译介与研究"等固定专栏，这些文章虽然主题各异，但也可纳入"我们（当下）—文本（生成与接受）—历史（意义与真实）"这样的视野之内，将文本纳入内部与外部、当下与历史、我与世界交融、对话的复杂而具体的场域中，既关注时代共生的大语境，也注意某个具体时段的特殊性以及事件参与者的个性化表征，而在描述上述历史文本时，"我"并非置身事外的他者，更不是远在太阳系外静观地球的其他高等文明，作为观察者和描述者的"我"实则已经镶入"我们（当下）—文本（生成与接受）—历史（意义与真实）"这样的文化生产之中了，唯一的问题，或许只是我们是否有这样的自觉和意识罢了。依编者愚见，以往的以科学性为唯一目标和前提的人文学术已是明日黄花，科学性（基于理性的客观实证主义）和人文性（基于人性的文化审美意识）相统一的人文学术才是未来学术的方向。换言之，真正的学术不是被职业化、被垄断化、被等级化的领域，因为每个人都应该成为世界（历史世界和生活世界）的见证者和描述者。正如我们在《国际中国学论丛》（第一辑）的《序》中所言：

我们主张的"中国学"绝非仅仅是国外学者研究中国之学问（Sinology、China Studies等），即国际中国学，而最终归属于某一个学科；也非仅仅是中国学者对于国外学者之汉学、中国学、中国问题研究之再研究，即国际中国学研究。我们所期待的"中国学"更是指一种在广泛的人文社会科学领域内，基于对人类历史和世界现实整体的观照和理解，进而考察"中国"以怎样的方式和状态参与构建人类所在"世界"的过程及其对这一过程的多元诠释。

或许还可以对上述观点进行一点补充，即所谓"中国"，唯有将其放入世界之中才能称为"中国"；所谓"中国价值"不仅仅是纸面上漂亮的言辞，更取决于每个生活在当下的我们"自己"。

此外，严绍璗先生的日本中国学（汉学）研究，之所以可以引领改革开放之后国际中国学研究之潮流，一个重要的原因是将国际中国学研究定位为一门涉及双边甚至多边文化领域的跨文化的学术。而且，也如严绍璗先生教示，无论从文化生成的原理上，还是从已然被证明的事实上，在当下可以称为文化抑或文明的事物，必然是多元而混合的，纯种文化的建构面临着必然失败的命运。因此，面向人类未来的文化，也一定是一种新型的多元文化，而国际中国学及对其展开的逆向研究——国际中国学研究之核心任务，就是寻求和探讨"中国文化"在未来人类社会文化中所处的位置。然而，不无遗憾的是，纵观数千年的文明史，能够为工具理性盛行、一味追求技术高效而致人类已然踏上危途的当下（人类生存最重要的三大自然资源——淡水、空气和土地悉数遭受污染，缺乏新时代哲学和伦理学基础的人工智能以及气候恶化、核威胁、核污染等），提供独特性、开创性的中国思想者，依然是先秦的诸子百家，然后是汉化的佛教思想，特别是老庄对人类文明的深刻质疑与深情忧虑，其"反者道之动"的保守思想及价值尚未得到充分重视，也唯有将"中国文化"放入当下日趋复杂的人类整体生存境遇、面向扑朔迷离的人类整体之未来，在与西方自启蒙时代以来的思想、其他地区的优秀文化展开对话中，才能厘清自己的文化结构与逻辑，并找到在人类未来文化多元结构中"中国文化"的位置。只是需要注意的是，融入世界的某种文化形态，最终会以自身相对否定的形态进入人类文化的整体，即以"多元文化内共生"而非"多元文化共生"的场域与方式生成、运行着一种超越了简单的"和而不同"的人类整体文化样态，或许，那时正是人类"大同"之时。

而关于文化与文明的本体，迄今为止尚未有多少人认识到如下事实：人类作为自然之子，人类的文化与文明也是自然衍生之物。如农业文明的诞生与人类额叶前皮层之进化关系、十四种主要家禽在不同地域的分布与其生物习性的联系等，无不揭示出人类文化与文明，是一种自然选择而非人类自主选择与设计的结果。与此相对，工商业文明则是打破原有农耕文明之固定地域获取能量与信息的跨区域生存方式。因此，东西方文化对话之深入，还需要在历史还原与现象阐释的基础上，加上更为深入的视野（如生物社会学），面向人类文化之本质，面向人类之历史与未来。自然，以上超越狭隘科学主义与人文主义的宏大思路非鄙书所能承载，但我们愿尽自己一份绵薄之力，为中国学术之真正觉醒与崛起而努力。

在学术分化的今天，《国际中国学论丛》以辑刊的形式运营，面临诸多困境和挑战，但至少它还有一个优点——相对自由。我们不以跻身核心期刊为目标，也不以权威和热点而规训，我们只是尽力而为、自省而忠于自身。

春节在即，谨祝有缘的读者安康、好运！不辞加一岁，唯喜到三春。

编者谨记

壬寅年冬月廿四

卡塔尔世界杯决赛前日

目 录

怀念严绍璗先生专栏

我所认识的严先生/刘建辉 …………………………………………………… 003

严绍璗先生学术的发生与发展/张哲俊 …………………………………… 008

永远的师生缘

    ——追忆恩师严绍璗先生/刘萍 …………………………………………… 020

比较文学园地的中国耕耘者

    ——敬悼业师严绍璗先生/钱婉约 ………………………………………… 024

严绍璗先生的东亚文学关系与日本中国学研究

    ——为纪念严先生七十寿辰而作/周阅 …………………………………… 030

追随严绍璗先生问学点滴/聂友军 ………………………………………… 059

悼念我永远的导师严绍璗先生/王广生 …………………………………… 063

中外文学关系与思想研究

有关《罗生门》的"外部"解读/李强 ………………………………………… 079

胜海舟的忠与逆

    ——从《冰川清话》的"篡改"到民本主义/郭颖 ……………………… 099

朝鲜前期的杜诗接受与《杜诗谚解》刊行的文学史

    意义/［韩］金南伊 著 ［韩］林惠彬 译 …………………………… 114

关于日本"和魂洋才"与中国近代思想关系的再思考/边明江 ·············· 142

东亚汉学与中国学史

金谷治的《论语》研究

    ——以"《论语》郑氏注"研究为中心/钱婉约　苏豪 ·············· 161

风流与雄壮

    ——夏目漱石与正冈子规的山水汉诗浅析/周晨亮 ·············· 178

明治时代的幼学便览类文献研究/荣喜朝 ·············· 193

东亚同文书院的中国调查/程真 ·············· 207

宫崎市定研究之回顾与评述/郭珊伶 ·············· 218

中国文学译介与研究

古小说的语法

    ——论人称代词及疑问代词的用法/［日］小川环树　著　严绍璗　译 ······ 241

《文选》学习与古代日本的汉文教育/高薇 ·············· 260

中国文化在海外

1807—1949年中国文化在日本

    ——基于以"支那"为检索关键词段的文献学考察/梁辰 ·············· 277

21世纪日本的《易经》主题出版概要/吴娇 ·············· 288

本卷作（译）者一览 ·············· 300

怀念严绍璗先生专栏

我所认识的严先生①

刘建辉

严先生离开我们已经四个多月了。几个月来，回想起同其交往的岁月，先生的音容笑貌、举手投足，不时地会浮现在我的脑海中。特别是当我看到书房里至今还保存着的先生的来信、讲稿时，由字及人，更感到一个鲜活的身影就在我的面前。

这些天，一直想写些文字，来悼念这位对我如师、如兄以至如父的长者。但几度下笔，终未能就。细想起来，一是在我的人生中，曾有几个时间段，可以说是与先生朝夕相处，记忆中的画面，犹如一盏走马灯，使我不知如何落笔；二是晚年的几次隔海通话，先生的声音，都还洪亮，直至他去世前的一个月，才得知他已患大病。对我来说，先生的离世，实在是太突然，太震惊了，以致我至今仍无法接受这一突如其来的现实。

我与先生最早相识于日本京都的日文研（国际日本文化研究中心）。1994年4月，先生作为客座教授来到日文研，供职一年。其间，恰好我也在此进修，先生与我可以说是一见如故，很快就无所不谈了。当时，先生54岁，长我21岁。由于先生的谦和以及我的不逊，我们的交往从未因年龄而受阻，

---

① 原文刊载于《文艺报》，2022年12月30日。此处略有改动。

一起谈天说地，一起出游，一起访友。记得因日文研在京都西郊的半山腰，每天报纸送得较晚，我便在上班的路上购一份《朝日新闻》带到所里，两人边看报纸，边海阔天空地议论中日的"国家大事"，其乐融融。这件事，先生始终未忘，直至晚年，还经常提及，笑我为一个小报童。

1995年，在先生的帮助下，我由南开大学外文系调到北京大学比较文学研究所（现名为比较文学与比较文化研究所），做先生的副手。在此后的五年多时间里，无论是生活还是工作，我始终都是在先生的关怀与照顾下度过的。在此不便详述，仅各举一例。生活方面，我刚到北大时，没有马上分得住房。为此，先生带我去找校长，希望能够解决。但当我们拿到校长的批示，到房产科去办理时，竟遭到拒绝。这样，我俩又不得不多次往返于校办与房产科之间，最后终于争取到了一个燕东园翌年才完工的新房指标。当天，我们马上赶到工地，查看施工情况。到工地后，先生就对工人大喊："你们要加油快干啊，这位老师等着入住哪！"先生急切的样子，至今历历在目。工作方面则是我初入比较所，尚为无名小辈，没有研究生报考。为了不让我沮丧，也为了让我能够拿到导师奖金，先生就把他的硕士研究生统统转到了我的名下，使我不仅能够顺利地开展教学工作，还有了属于自己的"弟子"。这些眷顾，每一件，都是刻骨铭心的。

我在比较所工作期间，一如在京都时一样，每周都同先生见上几面，在研究所里、在燕园咖啡厅、在彼此的住处……我们一起商定课程，一起举办会议，一起接待外宾，一起出差……当然，也少不了一起长时间"高谈阔论"。由于经常形影不离，以致中文系的王会计总是"嘲笑"我就像一个先生的"跟屁虫"。但就是在与先生的频繁接触中，我胜似一个"严门"弟子，从他那里学到了无论是学问上还是处理事务上的各种境界、知识与方法。受教于先生的点滴日常，足够我享用一生。可以说，在先生身边的日子，是我一生最充实、最快乐，也是最幸福的一段时光。

离开比较所之后，我来到了现在的工作单位，即同先生的相识之地——

京都日文研。最初的几年，只要有先生的博士生答辩，他都会邀我参加。我也借此机会，前往北京看望先生。而每次见面，先生也从未把我当一个"外人"看待，一切都如以往，始终让我有一种回家的感觉。后来，由于日文研工作繁忙，我回北京的次数逐渐减少，尽管利用召开国际会议的机会，邀请过几次先生来访，但大都来去匆匆，更多的是靠书信与电话联系了。

让人欣慰的是：2008年，为纪念先生出版其毕生巨著《日藏汉籍善本书录》，日文研专门召开了一次研讨会及庆祝会，会议邀请了多位日本中国学的前辈如安藤彦太郎、户川芳郎、兴膳宏、小南一郎等，数十位中日友人无不高度赞扬先生的壮举，一起举杯为之庆贺。其间，先生在京都小住数日，我们又得以尽情交谈。还有一次，2013年6—8月，基于先生对中日文化交流做出的巨大贡献，日文研再次聘请先生访学，虽然只有短短3个月，但让我又能近距离接触先生，共度一段宝贵的时光。与先生的这些深度交流，至今仍在影响我的工作与生活。

先生去世后，很多学友纷纷发文追悼，对先生的学问和人品，从不同的角度做了高度概括和总结。每每读到这些文章，其中讲述的各种"故事"，无不进一步加深我对先生的认知和理解，亦愈发让我敬仰这位"共事"多年的先辈。下面，我也来讲述一下我所认识的先生，以此让我们再一次深切缅怀先生一生走过的足迹。

先生睿智。与先生交往中，感受最深的就是先生的智慧。日文研里，曾有一位提出日本海洋文明观的学者，当我们所有人都听得津津有味时，先生马上嗅出了其中的"危险"，指出这是在切割历史，是为日本创立独自文明观点服务的。先生这种高屋建瓴、一针见血地指出对方或对象本质的智慧与敏锐，在其工作与生活中随处可见。只要读一下他为后学所作的书序便可知，篇篇都直指核心与要害，又能在更高的理论或实践层面上归纳、总结，并加以针砭或褒扬。

先生勤奋。20世纪80年代，先生每天带上两个馒头、一壶开水"泡"

在北京图书馆（即位于文津街的国家图书馆古籍馆）里的故事，大家已有所知。在其60岁出头后，一到暑假，当我去日本期间将房间借给他工作时，他都是在没有空调的状态下，冒着近40度的酷暑，夜以继日地整理、抄写那部《日藏汉籍善本书录》的卡片，直至我回到北京。听先生讲，他的第一部著作《李自成起义》（中华书局，1974年），也是于同样艰苦的条件下，在一个小圆凳上完成的。

先生健谈。严先生爱讲话，很多人都会有同感。由于他丰富的经历和广博的学问，每次都会讲上一个下午或一个晚上，直到大家催他回家。从家史、北大史、"文革"史、中国史、日本史到他师长、同学、同事、国外友人的个人趣事，可以说是无所不谈，无所不讲。就连平时自诩善谈的我，在他面前，也只能是一个默默的小听众。但看似聊天的漫谈，都有着极高的含金量。在日文研时，先生经常会在茶余饭后给这里的中国学者和学生讲"故事"。一位已毕业的同学后来说，他的很多有关中日两国的知识，特别是一些书本之外的学识都是从严先生的聊天中获得的。可见，先生走到哪里，哪里就是一个妙趣横生的课堂，其功德惠及无数后学。

先生善良。严先生为人和善，无论对何人，几乎是有求必应。即使工作再繁忙，对约稿、作序、讲演、推荐、评审等请求，先生都是爽快应允。但当截稿或会议等日期将要来临时，他又常常忙得团团转，有时甚至抱病工作，以致夫人邓老师总是说他"没有那金刚钻，就别揽那瓷器活"。岂不知先生正是用着最好的金刚钻，打磨着自己满意的瓷器，而这些又都是影响几代学人的高端"产品"！

先生仗义。严先生在校内行政上，在国内外学术界均身居高位。但谦和的他，面对"弱者"，总是会及时伸手相助。我见过无数人找他商量考研、就职等事宜，他都做了相应的安排或合理的建言。一次，一位报考先生博士的学生，因本人不在国内，无法办理相关手续，为了能够让其顺利报名，先生几度往返于科研处与中文系。看此情形，那位王会计调侃道："是你考学生的博士啊，还是学生考你的博士啊？"先生付之一笑，只是说："她人不在，她人不在。"还有一次，我俩从国外出差回到北京，在机场过马路时，我差一点被疾驰的公交撞到，先生挺身而出，冲着司机，用外人看来非常文明的"粗话"，大骂了一通。这是我第一次看到先生骂人，但心中着实被其勇敢和仗义所深深感动。

以上这些，都是我经历的先生工作和生活中的一些"小事"或"细节"，这样的例子还可以举出很多很多。即使只是桩桩件件的"小事"，也足以让我们领略先生为人、为师的不朽风范。

先生虽去，但其精神与功德将永远铭记在后人的心间！

2022年12月18日于京都日文研

严绍璗先生学术的发生与发展[①]

张哲俊

在人们的印象之中，中国的比较文学是一个非常年轻的学科，吴宓等人开创比较文学的时代已经远离了记忆，更为新鲜的记忆是随着新时期的开始，在学术界活跃起来的比较文学。新时期开始的比较文学也已经经历了三十年的时光，回顾三十年的中国学术历程，梳理当代学术的成就，似乎是目前学术界最热的课题之一，各种概述性的当代学术史著作纷纷问世，各类学术年鉴是回顾三十年学术的又一种形态。然而在研究三十年学术发展的整体历程时，也应当更多地关注三十年学术发展的个案，总体的研究总是应当建立在许多个案研究的基础上。从这个意义上说，将严绍璗先生的学术历史作为当代比较文学发展过程的个案来看，是再合适不过了。严先生的比较文学历程与新时期比较文学的发展差不多是同步的。将严先生的学术发展过程作为研究对象，对于新时期比较文学的学术史研究，不能不说是很有意义的事情。

当迎来比较文学三十年的时候，也迎来了严先生的七十寿辰。为此编辑出版这一本论文集，不只是为了纪念严先生个人的七十寿辰，也是为了反思

---

① 原文标题为《辉煌学术的发生与发展》，载《严绍璗学术研究：严绍璗先生七十华诞纪念集》，北京：北京大学出版社，2010年，第10页。此处略有改动。

三十年比较文学的历程。这是中国比较文学开始走向辉煌成熟的时代，在这里赫然触目的是严先生的学术，他的《日藏汉籍善本书录》（本文中以下简称《书录》）更是触手可及的真切标志。所谓学术的成熟无非是有自己的问题，有自己的方法，也有自己的理论和观念。人云亦云、望风而动的学术，只能是成长过程中出现的普遍状态。不管是跟着西方的各种主义，还是翻拣出东方的古代思想，通过不断地复制来表明自己存在的学术是不成熟的。在自己的三十年学术实践中不断积累经验，不断探索，最后提出自己的问题、观念和方法，并以坚实的研究成果展示出来，才是成熟的标志。严先生的三十年比较文学历程，正是呈现了这样的特征，这是编辑这部纪念集的学术价值所在。严先生的学术成就表现在很多方面，其中有东亚文献、东亚比较文学、海外汉学、思想文化以及其他相关的领域。那么这些主要领域的研究是如何发生，又是如何彼此联系着发展，是一个值得思考的命题。严先生致力于发生学方法的建构，也将发生学方法运用于东亚文学与文化的研究。那么现在有必要用发生学的方法与观念，研究严先生的学术，也许能够更加近距离地触摸严先生的学术成就。

一、起始于文献目录学的学术

在严先生的学术研究之中有许多重要的著作，《书录》是最近出版的著作，这部著作在严先生的学术发展史上有着极其特别的地位和意义。这是严先生积三十年的时间完成的巨著，三十年的时间在严先生的学术生涯中应该是相当漫长的，差不多占据了严先生学术生涯的所有历程。如果除去20世纪50年代末开始的求学阶段，再除去"文革"十年不能正常进行学术研究的时间，就会明白《书录》的意义是何等重要。当然严先生最初接触与日本相关的学术是始于50年代末，但是《书录》的撰著显然开启了新的时代。严先生出身于北京大学中文系文献学专业，他的学术从目录学开始，这也是产生东亚比较文学与文化研究的基础。当然在撰著《书录》的数十年间，严先生也写了其他的重要著作，但与《书录》相比，无论是占用的时间，还是学术价值，都是有所不同的。在当今学界如此浮躁的时代，真是不知道有几个人愿意用几乎是毕生的精力来撰著一本书。余嘉锡先生曾经用五十年的时间撰著了《四库提要辨证》，并以此书评选为学部委员。严先生的《书录》，可以说是当代学术的典范。余嘉锡先生的时代在很多方面不如今天，但没有今天的学术量化的体制，没有逼着学者昏天暗地地制造论著，而是可以随心所欲地潜心于一个课题，从这一点来看，那是学术的幸福时代。可是在今天一切都要以数量标记水平的时代，能够以数十年的时间撰著一本书，实在是罕见的个例。以三十年时间写一本书，就意味着无以估量的损失。然而在损失许多实际利益的同时，实际上建构了真正经得起考验的学术生命，而且《书录》代表的学术生命将会一直存在下去。更重要的是，《书录》是一部难以替代的著作，撰著这样的著作，光有恒定不变的决心是没有用的，不仅要有广博全面的学术修养，也要具有难得的调查书籍的机会。在严先生调查这些书籍的过程中，日本的著名学者、大学校长等都陪同他去亲自翻阅国宝级的珍贵文献，这种机会很难再落到其他人身上。没有这些极其难得的机遇，是不可能完成《书录》的。如果期待同类的著作问世，那么只能是具备更好的调查文献的条件，但恐怕难以再有这样的机遇和条件了。《书录》撰著的过程是十分艰难的，所有的藏书都在日本，这就造成了极大的困难。如果是就职于日本的大学或研究机构，这样的困难就会少一些，但严先生是在北京工作，不是随时随地可以调查书籍的。为了《书录》，严先生无数次赴日调查，其间的艰辛是可以体会的。

　　《书录》一般可能只是当作工具书来看，国家图书馆将《书录》也放在了工具书类。从现代学科分类或图书馆书目分类的角度来看，《书录》就是辞书。当然将《书录》看成辞书是完全没有问题的，这是一本查询书目的工具书，提供了日藏汉籍书目，也可以查到相关的信息。用毕生的精力撰著一本辞书，似乎是在做一件价值不高的工作。从今天的学术观念来看，工具书的价值不高。时常可以看到，某某先生带领一批学生，甚至是本科生，一起编撰工具书。好像工具书是任何人都可以编写的，用不太长的时间就可以出版。从当今学科分类的角度来看，辞书的撰著不是学术研究，只是与学术研究相关的工作。辞书、工具书的分类是近代学术建立以来的学科分类，现今也有辞书研究会之类的学术组织。然而这一分类无疑掩盖了目录学著作与普通工具书之间的本质差异，从人文科学的研究性质来看，这是完全不同的著作。不同在于目录学著作是学术研究不可缺少的一部分，普通工具书是有无皆可，不过有是更好而已。表面看来两者非常相似，甚至是相同的。但在中国传统的学术之中，目录学与辞书是两个不同的领域。目录学与普通辞书的一个重大差异就是目录学是古代学术研究开始的第一步，任何一种学术都要始于目录学。目录学是一切人文学术的起始，所有的研究应当从目录学开始。这是中国古代学术的基本原则，在这一基本原则基础上出现了无数不朽学术的大师。来看看离我们不算太远的王国维，就是从目录学开始的。王国维一生中最重要的成就之一是戏曲史的研究，代表作是《宋元戏曲考》（又名《宋元戏曲史》），撰著于1913年。应当思考的问题是王国维的戏曲史研究是如何展开的，他最先是从目录学开始的。1908年，戊申，光绪三十四年，三十二岁。9月，辑《曲录》初稿二卷。又手录明抄本《录鬼簿》，并作《跋》。《曲录》是一本什么样的书呢？《曲录》就是一本目录学著作，辑录了戏曲作品目录，其中有传世的作品，也有只是存目的作品，还有残篇存世的作品。既然没有传世，只有篇目，从文学史的角度来看是不重要的。其实不然，这是撰著文学史基础的基础。王国维不仅自己撰著了《曲录》，甚至自己还要抄写《录鬼簿》，《录鬼簿》也是一本目录学著作。显然王国维不是随意地抄录《录鬼簿》，这是与《曲录》联系在一起的工作。王国维十分重视《曲录》的撰著，1909年，己酉，宣统元年，三十三岁。修订《曲录》成六卷，又成《戏曲考源》一卷。《曲录》的内容增补了许多，可见王国维的重视程度。王国维如此重视戏曲的目录学，要撰著《宋元戏曲考》就要首先调查清楚，宋元之际究竟有过哪些曲家和作品，这是研究宋元戏曲史的基础工作。其实在撰著《曲录》的过程中，也产生了其他相关篇章，《雍熙乐府跋》《〈碧鸡漫志〉跋》也是与戏曲研究相关的篇章。王国维还校了《录鬼簿》。读《元曲选》，并以《雍熙乐府》校之，作《〈元曲选〉跋》。撰著《古剧脚色考》。搜集唐宋滑稽戏五十则，这一辑录也可以认为是目录学的工作。在此基础上做了《宋大曲考》《录曲余谈》《曲调源流表》。1913年，癸丑，民国二年，三十七岁。1月，撰成《宋元戏曲考》，并作序。从王国维撰著《曲录》入手，最终完成《宋元戏曲考》，两者的关系看得一清二楚。《曲录》这本目录学著作，是《宋元戏曲考》的基础，没有目录学的起始工作，后面所有的研究都是不可能出现的。《曲录》也可以看成普通的工具书，但《曲录》绝不是普通的辞书，只是用来查阅相关信息的工具书。《曲录》是有着极大学术生命力的目录学著作，在此基础上能够生长出极其伟大的学术。这是普通辞书所不具备的，普通的辞书只能是辞书，不会有生长出学术的可能性。现今只要提到王国维的学术方法，就会想到地上与地下二重证据法，几乎完全忘记了王国维学术中由目录学到专门史的方法。现今常常提到《宋元戏曲考》，甚至把《宋元戏曲考》放在前面，把《曲录》放在后面，或者根本不会提及《曲录》。其实这是本末倒置，完全没有明白王国维学术的科学方法。产生这种现象的原因是现今的文学史或专门史，往往不是原创性的学术，只是根据已有的文学史之类著作，只要对作家作品或文学现象提出些许自己的看法就可以了。这样也就完全省去了目录学的部分，目录学显得完全没有价值，也只能把目录学著作看成无益的东西。这当然是完全不懂得科学的治学方法的结果。

严先生的《书录》是目录学著作，也是产生了很多学术成果的目录学著作。从发生学的角度来看，除了《书录》之外，严先生还撰著了其他著作，如《中日古代文学交流史稿》《日本中国学史》等。这些著作与《书录》也存在着密切的关系，不是各自独立、互不相干的。如果把《书录》看成一个大的学术课题，那么《中日古代文学交流史稿》《日本中国学史》等重要著作，都可以看成他中期的成果。《汉籍在日本流布的研究》、《日本藏宋人文集善本钩沉》和《日藏汉籍善本书录》等著作是具体部分的深化，也可以看成另一种形式的目录学的深化。《日本藏汉籍珍本追踪纪实——严绍璗海外访书志》是撰著《书录》的副产品。严先生的学术研究有文献目录学、东亚比较文学、日本中国学、比较文学的方法与观念，以及思想文化的研究，如果考察它们之间的关系，就会发现文献目录学不只是伴随严先生新时期以来的学术，也是其他所有领域的基础。严先生是在文献目录学的基础上建立了他的学术大厦，以文献为基础的学术才是可靠的学术。

《书录》是具有无限学术生长可能性的著作，目录总是根据研究的对象与主题有所变化，从而深化与细化。就以严先生关于日本物语的产生而论，严先生穷尽了《浦岛子传》各个不同时代的传说，这其实就是目录学的问题。各个不同的时代都产生过浦岛子的传说，究竟有怎样的传说，这个调查过程就是浦岛子传说故事的目录，有了这个目录再继续研究。在进一步研究的过程中还要进一步确立和搜寻更为细小的目录，这是以浦岛子传说中的各种因素为单位重新排列的目录，这个目录会把学者带入更细更深的故事形态的演变过程中。当然一般不会把这个细目的建立过程看成目录学，但在我看来这是目录学的细化深入的延伸过程。当这个目录不只是停留在日本的文献中，而是延伸到中国的古代文献中，就自然而然地形成了中日比较文学的研究。这也是严先生在《书录》中将比较文学与比较文化的内容纳入书目的具体内容的深刻原因。一些不懂学术发展的所谓目录学家，只是囿于传统目录学的范围，则不可能明白这一新发展的价值所在。一切学术都要从目录学做起，这话显然不是空话。然而这种研究方式与当今学术界通常的研究方法大不相同，现今学术界都是强调理论的价值，所谓理论的价值就是运用西方学术理论，再找一些中国文献和文学的例证。这样的研究较少出现成功的范例，原因是没有目录学基础上的整理和研究，只有目录上的几种作品，或者这是一种例举式的研究。例举式的研究总是存在着部分的吻合，又以部分的吻合来描述和概括整体，这显然是不好的研究方法。学术研究从目录学开始，也是目录重新确立和细化的过程。没有目录学的方法，研究很容易陷入空泛的困境。

严先生以"经史子集"四部分类编排了书目，这并不意味着严先生完全赞成四部分类。他在各种场合多次表述了四部分类的缺陷和问题，尤其是从近代学术的观念来看四部分类，问题是显而易见的。严先生指出四部分类在思想上也存在严重的问题，认为这是以儒家思想为核心编排的分类书目。以某种思想为核心编排的分类，可能适合于某种思想，但不一定适合学术的一般状况。但严先生的著作仍然沿用了四部分类，这难道不是矛盾的吗？一方面批评四部分类，一方面又在沿用四部分类。这只能说明严先生始终保持着清醒的学术意识，既尊重古代学术传统的事实，也保持着当代的学术意识。既然日藏汉籍都是古代的书籍，此书的总体分类采用了四部分类，但也没有完全恪守传统目录学的一般规则，是在传统目录学的规则之上有所变化和发展。在各个书目中增加了中日文化交流的内容，这是日藏汉籍书目的需要，也是最具学术创新与价值的部分之一。这为后人的进一步研究，提供了极其珍贵的学术信息。

《书录》是中日文化交流史上的重大事件，其价值与通常的目录学著作还是存在着一定的区别。对中日文化交流史来说，最重要的是调查清楚有哪些书籍流入了日本。这是研究中日文化交流史最基础性的工作，其实也是最需要的工作。然而至今没有如此全面地调查过日藏汉籍的书目，全面调查日藏汉籍书目给中日文学与文化关系提供了坚实的基础。在研究中日文化与文学关系时，常常遇到的一个问题是明明感觉到日本文人的作品中涉及了中国古代的某部典籍，可是要解决是否存在中日典籍的关系时，必须解决的一个问题是中国的典籍是否曾经流入日本。如果日本根本就没有收藏过，那么确定中日作品之间的关系就显得虚无缥缈了。《书录》正是给中日文学与文化关系的研究提供了极其珍贵的内容，此书无疑是中日文学与文化关系研究中不可缺少的书籍。自从有了《书录》，中日文学与文化关系的研究，将会进入一个崭新的阶段。从这个意义上说，《书录》是具有划时代意义的著作，开启了全面展开中日文学与文化关系研究的大门。在《书录》提供的书籍信息基础上，能够生长出极其丰富的学术，这是《书录》的强大学术生命力所在。也正是基于这样的思考，《书录》更多地将力量倾注在书目的全面性上，究竟日本藏有哪些书目是最重要的。至于各个书目的各种版本信息当然也很重要，但《书录》毕竟不同于通常的目录学著作，这是中日文学与文化关系的目录学。表面看来《书录》与通常目录学之作相似，国内版本学者可能更为关注版本的其他信息。但《书录》记述的是藏于日本的书籍，这些书籍是中国文化与日本文化发生关系的证据，它们是中国的书籍，也是日本的书籍，这是不可忘记的一点。最重要的是日本是否存有这些书籍，有无的问题是最重要的。这与西方国家收藏的汉籍有着不同的意义，绝大部分收藏于西方国家的汉籍在古代西方国家的文学与文化发展过程中，并没有发生过千丝万缕的关系，只是中国的书籍收藏于西方国家而已。既然只是收藏于西方国家的图书馆，那么其意义和价值更多地体现在目录学的一般意义上。然而收藏于日本的汉籍具有完全不同的特别意义，从这个意义上说这是一种特别的目录学巨著。如果不能理解这一点，那么就等于基本上没有明白《书录》的意义和价值。目录学著作由于时间和地域不同，应当具有不同的意义，那种四海皆宜的目录学，不一定适合于东亚学术研究的需要。也正是基于这一点，《书录》在日本学术界得到极好的评价，日本著名文献学学者交口赞誉，对日本学者来说也是十分珍贵的著作。

《书录》开启了建立东亚比较文学文献学的大道，建立了目录学的基础。比较文学研究多重视理论化的研究，较为缺少文献学的基础，也没有相对完整地建立过比较文学自己的文献学。中国的比较文学总是离不开中国文学，与中国文学关系较为密切的是东亚文学。东亚比较文学应当率先建立比较文学文献学，没有文献学基础的比较文学总是没有根基的学科，这是比较文学走向成熟的必要条件。《书录》正是向着建立比较文学文献学的方向迈出了最为关键坚实的一步。纵观现在出版的各类比较文学教材，数量可谓壮观，但遗憾的是都没有讲述比较文学文献学。比较文学是一门相当独特的研究领域，应当建立自己的文献学。然而这也不是中国国内学术的问题，似乎国际比较文学研究中也相当缺少文献学，多是在追逐着各种眼花缭乱的主义。建立自己的目录学和文献学，这是中国比较文学走向成熟的必由之路。

二、东亚比较文学、日本中国学、思想文化的研究

严先生的学术成就体现在多个方面，东亚比较文学、日本中国学与思想文化的研究，都是严先生取得丰硕成果的领域。这些领域与《书录》之间的关系已在前文中论述，也可以看成在《书录》的目录学基础上的不断细化与深化。

除了《书录》之外，严先生用力最勤的研究就是东亚比较文学，这方面的代表作是《中日古代文学交流史稿》，这是二十多年前的著作，至今仍然不失其学术价值，常常被引用。20世纪80年代是比较文学刚刚复兴的时期，《中日古代文学交流史稿》带着一种强烈的震撼力出现在读者面前。还记得当时购得此书，初读之时，不能不产生一种感觉：中国学者也可以写出如此厚重的学术著作。比较文学的认识尚处在较为粗浅的阶段，但是《中日古代文学交流史稿》以深厚的文献学的方式切入，深入地探讨了日本神话的产生、日本和歌五七调的产生、浦岛子传为核心的物语文学的产生，还有以《源氏物语》等为代表的日本文学作品的比较研究。这些研究不是将不同国

家的文学简单并列对比，而是把问题意识明确地指向了各类文本的发生问题。从具体的研究中就可以知道，严先生是精心地选择了最有代表性的初期之作。对这一类作品的研究可以解明神话、和歌、物语的发生过程，这既是对具体文本的研究，同时也是文类的发生过程。这里也再一次看到文献目录学与东亚比较文学的关系，实际上各类研究就是以日本文学的核心文本为基础，确立了相关作品的目录，但这个目录没有停留在日本文学层面，而是进一步延伸到中国文学，也确立了相关的目录。当然这些目录不只是目录，还可以看到列入目录的作品具体内容的目录。通常三级目录是著作目录的规范，但是如果把更小单位的内容也看成目录，就是相关具体内容的目录，就可以明白目录学在研究中的重要意义。通过各个文本的研究，实际上严先生建立了完整系统的东亚文学发生学，这是具体个案研究与方法论研究相结合的方法。

方法论是严先生始终思考的问题，严先生的学术并非只是一味地沉埋于个案，他是从无数个案的研究中，不断总结自己的经验，概括出来自实践的比较文学方法与观念。原典实证的方法与发生学的方法，在本质上是相通的。这不是从西方理论的概念中推导出来的，而是在学术个案研究中行之有效的方法。研究实践也证明了他提出的方法是科学的方法，不只是他个人按照这样的方法取得了辉煌的成果，其他学者也取得了坚实可靠的成果。这是适合于东亚文学与文化的方法，生长在此地，亦适于此地。中国传统的学术多是埋没在无限的个案研究中，在许多历史事实的研究方面取得了极其辉煌的成就。乾嘉学派的考据学就是如此，代表了中国古代学术的巅峰，这是不可否认的事实。但是其中也不无缺憾，因为理论与方法的自觉意识较少。尽管取得过难以趋及的成就，也运用过科学的方法，但是不大自觉地总结方法与理论。即使是现在研究乾嘉学派的著作，虽然会涉及乾嘉学派的科学方法，但更多讨论的是乾嘉学派方法产生的原因，方法本身往往显得比较简单，似乎无话可说。这当然是乾嘉学派本身没有十分关注方法论的结果。严先生是当今的学者，他以明确的方法论意识，不断地总结经验，体现了当代学者的特色和价值，这也是当代学人应当不断追求的目标。自觉的方法论意识无疑可以进一步推进个案的研究，也可以使学术研究更为成熟。

日本中国学的研究成就也是严先生学术研究中的主干，严先生是最早开始研究日本中国学的学者之一，这一方面的研究是有目共睹、举世赞誉的。从20世纪50年代开始，严先生就开始接触日本中国学。他的《日本中国学史》是这一方面的代表作。由于成就卓越，他被誉为海外中国学研究界的领袖，这不是政府官方给予的冠冕，而是无数学者真诚的心声。在从事日本中国学研究时，也可以看到目录学式的研究痕迹。在《日本中国学史》产生之前，严先生编著了一本目录学的著作——《日本的中国学家》。目录学与专门史的关系再一次体现在严先生的研究成果上。《日本的中国学家》是《日本中国学史》的基础，《日本中国学史》是在《日本的中国学家》的基础上进行学术史的梳理。

思想文化的研究是严先生特别关注的方面，在他纯学术的研究背后，往往具有深刻的思想基础。严先生的学术是开放的学术，他的主要成就是在古典学术方面，但他时时关心当下的各种学术问题，关心当下的政治、社会、国际关系等问题，他的思维不一定直接以社会政治评论的方式表现出来，而是以另一种形式表现出来。在他的学术论著中，时常可以看到中国现代文学相关的论述，其中不少是日本学者相关的研究。这一类内容可以看成中国学研究的一部分，也是对现当代各种政治社会问题的关怀。这展示了严先生宽阔的视野与胸怀。各种思想文化研究中，严先生尤其关注儒学思想的历史发展及其在近现代史中的意义。在很多学者为儒学在近代化过程中的虚拟贡献而欢呼的时候，他始终保持清醒的认识，指出儒学的东亚文化圈过去不存在，近代化的儒学作用更是学人的夸张与虚构。尊重古代思想文化的事实，但又不泥古，反对复古，坚持开放的当代意识，是严先生学术研究的思想原则。他关注中日战争，这几乎是从事日本研究的中国学者不能不遇到的问题。但他同样保持冷静清醒而客观的立场，其中也包含对儒学思想的认识与批判。

严先生以其辉煌的学术成就，成为当代学术史上巨大的存在，也引起了国际学术界的广泛关注。海外各种学术机构为严先生的学术举办过很多次学术会议，这在当代中国学者中是不多见的。在天津师范大学国际中国文学研究中心召开的会议上，王晓平先生曾以"五个一"来高度赞誉严先生的学术贡献。这"五个一"分别是：第一个全面系统地调查日藏善本书籍的学者，第一个从事日本中国学研究的学者，第一个撰著中日文学关系史的学者，第一个培养中国历史上东亚比较文学博士的学者，第一个培养海外中国学博士的学者。严先生在东亚比较文学、中国学领域的开拓之功，必然会成为当代学术史的研究对象。

实际上由我来研究思考严先生学术发生与发展的问题，似乎有一些不太合适。因为我是严先生的弟子，不免带有感情色彩，难于将严先生作为一个完全客观的对象来研究。但另一方面这也是一个优点，虽然不能宣称十分熟悉严先生的学术，但十余年来的耳提面命、耳濡目染，总会留下不少痕迹，这也使我对严先生的学术有相当程度的了解。学术史的研究往往要过一定的时间，才能够看得更为清楚。但当代人研究当代的学术，也自有不可替代的价值。

永远的师生缘

——追忆恩师严绍璗先生

刘　萍

2022年8月6日，在临近立秋期待熬过暑热的日子里，我却被一个惊人的噩耗瞬间打入冰冷的世界——敬爱的严绍璗老师驾鹤西去，永远地离开了我们。在惊惧错愕、茫然失措中一点点收拾记忆，沉潜在岁月中的往事渐渐复现、定格。是的，今年是我们82级入学四十年的纪念之年，时光的那头，仿佛依稀可见严老师在南门的林荫道上向我们微笑招手……

1982年9月，我考入北京大学中文系古典文献专业，严老师是我们大学一、二年级时的班主任。对初入大学校园的我们来说，严老师不是高中生们想象中的那种班主任，相反，他重新树立了我们对班主任的认知。

首先严老师不是那种威严的老师，他从不疾言厉色，总是笑意盈盈，特别亲和，没有大知识分子的架子。这导致我们和严老师一起出游、一起谈天说地时，可以十分随意，甚至敢大胆要求老师披露恋爱史，老师也会很大方地告诉我们他和师母是中学同学，彼时我们便会大叫："原来老师也早恋啊！"

严老师对我们时而很"放任"。我们班的同学都不会忘记在大学度过的第一个新年——包饺子加跳交谊舞。那一天我们把老师家的煤气罐从中关村搬到了20楼的会议室，师母只得带着孩子去外边用餐了。我们用脸盆和了面，在桌子上擀了饺子皮，然后大快朵颐地饱餐一顿后，便开始了我们大学时代的交谊舞首秀。不知什么时候，我们发现老师已经悄悄离开了，他把一个快乐的夜晚留给了我们这些还舍不得摘掉胸前校徽的大一新生们。

当然这不是说严老师好脾气到没原则，在安排首届班干部人选这件事上，严老师还是非常"政治正确"的。老师"钦定"的首任班委，都是在原来的中学就具有丰富班级管理经验的学生干部。但是，老师的管理方针又不是一成不变的，到第二届班委会时，便开始放权，采用选举的方式，以投票结果组建了新的班委。这种既讲原则又不刻板的管理思路，使我在20年后自己也当了班主任时充分体会到其益处，甚至推衍开来，对我后来学术治业的起始与展开也不乏启发之功——研究中既注重坚持原典的实证，又注意不固守、不拘泥，勇于将思考放置于充满弹性的多维空间，老师教给了我很多……

1986年本科毕业后，我考入严先生门下，攻读"日本汉学—中国学"方向硕士，在老师的学术引领下，我开始了一次研究领域上的转向与进阶，也见证了这一学科从无到有的开创。"日本汉学—中国学"方向是由严先生倡言并获批准，于1985年率先在北京大学中文系古典文献专业设立的硕士学位招生方向；同年在北京大学古文献研究所内建立了"国际中国学研究室"。这标志着以北京大学为舞台，"国际中国学"已成为一门独立的学科门类。1987年11月，在高校古委会及诸位学界前辈的支持下，严先生策划并主持了北京大学与深圳大学在深圳联合举办的"国际中国学讲习班"，聘请了当时我国学术界许多著名学者担任讲师，这是我国学术史上首次举行的以"国际中国学"为主题的全国性的研修会，我作为先生的弟子，也是40名学员之一，躬逢盛会，受益良多。

这一讲习班的出现事实上宣告了"国际中国学"作为一个独立的学术体系，在中国学术界已经形成。及至20世纪90年代以后，"国际中国学"日益成为一门为世界瞩目的学科，作为标志性的体现，严先生做过精准的总结——一是各大学对"国际中国学"的重视和参与度大幅提高；二是公开出版了具有学术专业性质的学刊；三是有计划地将"国际中国学"成果推向中国学术界；四是开始了"国际中国学"学术史的研究。而严先生本人率先垂范，在日本中国学领域做出了非凡贡献。早在1980年，严先生的《日本中国学家》就作为"国外研究中国丛书"之一，由中国社会科学出版社出版。作为日本中国学学术史总结的大作《日本中国学史》，则于1991年由江西人民出版社出版，后于2009年又由学苑出版社出版了此著的增订版《日本中国学史稿》。这些皇皇巨著都显现出先生不仅是"国际中国学"筚路蓝缕的开创者，更是苦心孤诣的践行者。

受教于严先生的这一时期，我也谨遵师命，从对日本中国学名家名著的基本文献爬梳着手，进而尝试对早期日本中国学学术流派做基础分析，亦步亦趋，小心耕耘。1996年9月，李学勤主编的《国际汉学著作提要》（江西教育出版社）中，日本部分的名著提要由我撰写完成；1996年12月，严绍璗、源了圆主编的《中日文化交流史大系3·思想卷》（浙江人民出版社）中，收录了我的1篇论文和3篇译文。这些可以看作此前在老师指导下初见成效的结果。如果说早期的这些浅微的学术积累，也可以算作在某种程度上参与了推动日本中国学的学科建设，那么这一切无一不是因为严先生的指引和推举而促成的。

有幸第三次执弟子之礼，是在1996年9月成为严先生的博士研究生。1990年，严先生的学术隶属从中文系古典文献研究所转为北京大学比较文学研究所（现名为比较文学与比较文化研究所）。1994年，在北京大学比较文学研究所设立了"国际汉学"博士招生方向，由孟华、严绍璗两位老师担任导师。1996年4月，我完成了在日本庆应义塾大学为期一年的访学回到北京大学后，便决意继续师从严先生攻读博士学位。

关于前文提及的严先生大著《日本中国学史》（江西人民出版社，1991年）一书的写作缘起，老师曾多次向我们师门弟子讲述过。1985年，先生在日本国立京都大学人文科学研究所担任客座教授期间，曾经和日本学者反复磋商如何认识和把握20世纪日本中国学研究的本质和业绩及其存在的问题，一起拟定了一个认识"日本中国学"的、具有学派谱系性质的四十余位学者的名单图谱，确认把握他们的学术状态和脉络是进入"日本中国学"的钥匙。在此基础上，进一步深入推进具有学术史意义的日本中国学家的个案研究，就成为新一个阶段的重要课题，在此方向上深入开掘，也有助于深入理解"日本中国学"的整体性面貌。1998年，严先生开始主持"北京大学20世纪国际中国学（汉学）综合研究"项目，分编为"日本编""法国编""美国编"等。研究成果以《北京大学20世纪国际中国学研究文库》面世。正是基于上述学术思考，又应体系研究需要，我的博士论文选题确定为《津田左右吉研究》。

读博期间我同时任职于北京大学中文系古典文献教研室，一边工作一边攻读学位，这要付出更多的精力和心力。在这个过程中，来自导师的理解、支持和悉心指导与鼓励，就更加令我感怀。终于在2001年6月，我顺利完成了博士论文答辩，获得了北京大学博士学位。我的博士论文经修改后作为《北京大学20世纪国际中国学研究文库》之一册，于2004年由中华书局出版。在该书"后记"里我记述了对先生多年指导教诲的感佩之情："我要感谢我的导师、北京大学比较文学与比较文化研究所所长严绍璗教授，是他引领我迈进了'日本中国学'这一神圣的学术殿堂，严先生以他深厚的学术素养、赅博的学术见识以及严谨的学术风范，深深地影响和启发着我。论稿的写作，从主题的设定、篇章的布局、论旨的阐述一直到学理的究明，严先生更是无一不给予提纲挈领的宏观指导与具体而微的悉心点拨，实在使我获益良多。"

1982年到2022年，从初见到永别，中间绵亘着四十年的岁月，对老师的感激与怀念，实难一一尽述！当我把严老师遽然仙逝的讣闻报于82级古典文献班级群时，同学们都备感惊愕伤怀。王丽萍同学当即拟挽联一副，代表我们大家敬献于先生：和煦音容长忆年，宏富典文永传存！山高水长，师恩难忘！唯愿老师在天国健康安宁，舒心开怀！

比较文学园地的中国耕耘者

——敬悼业师严绍璗先生[①]

钱婉约

严绍璗老师于8月6日正午12时02分，在他晚年歇隐的昌平泰康燕园养老中心的医院不幸病逝。连日来，唁电唁函像雪片飞到老师生前工作的北京大学中文系，他曾经执掌的北大比较文学与比较文化研究所的微信公号，也连续编发了多篇学界同人和后辈学子的悼念文章，包括我在2010年为纪念严老师七十周年诞辰而作的两篇文章，一篇是《严绍璗日本中国学研究的几点启示》论文，另一篇是人物速写短文《严绍璗：圆融与超越》。后者发表在当年《人民日报》的"学人足音"专栏上，曾幸得严老师认可，并援引作为他个人自选文集的代序。

从我1981年秋入读北京大学中文系古典文献专业拜识严老师算起，到今天，师生情缘已经四十年有余了。这几天，内心悲悼，思绪纷繁，无以成文。很多往事像电影回放一样，一幕幕在脑海中跳转，临纸彷徨，勉强写下一些，权当心香一瓣，敬献于先师的灵前。

---

① 原刊于《中华读书报》总第550期，2022年9月7日，国际文化版（17）。

不正确理解的方式——文化变异体——比较文学中国学派

严老师的课上得特别有神采，吸引人，是史论结合的典范，从课堂讲述到研究著述，到最终形成严氏标志性的理论体系，有一以贯之的精髓所在。

20世纪80年代初，他给大学生上一门"历史文化论"课程，内容大致是介绍马克思、恩格斯论文化的经典性历史理论，并以此解析中外历史文化现象，同时也介绍其他中外名家的历史文化理论。它的理论色彩和古今中外宽广的视野，对刚刚进入大学又是古典文献专业的学生来说，特别具有吸引力。记得我第一篇像样的小论文，就是受到这门课的启发而写，刊发在当年北京大学学生期刊《学海》上。文章题目是《论"不正确理解的方式"是文化继承的普遍方式》，其中"不正确理解的方式"是马克思经典论说之一，指欧洲文艺复兴借用古希腊罗马思想资源的历史事实，这种"借用"不是原封不动地拿来，而是有意无意地进行"不正确的理解"，经典论述中还用了"借尸还魂"这四个字。我以中国近代史上康有为《新学伪经考》《孔子改制考》的思想为例，认为康有为也谙熟"借尸还魂"之术，以"不正确理解的方式"借用了孔子的思想资源，来发动近代中国的戊戌维新。当时写完，私心颇有收获的感觉。

冥冥中似乎有巧合，若干年后，我师从严老师攻读比较文学的博士生，在接触到"一切阅读都是误读"的接受学理论时，不由得想起，这不就是严老师课上所说"不正确理解的方式"吗？1998年，严老师又写成《文化的传递与不正确理解的形态——18世纪中国儒学与欧亚文化关系的解析》一文，正式阐释了"不正确理解"与"文化传递"的关系。

20世纪末，中国比较文学界在引进法国学派、美国学派等理论的同时，提出了一个"学术自觉"的话题，即如何建立比较文学的中国学派？中国学派的内容和特征应该是什么？当时好几次国内国际的学术会议和论坛上，同行的老师们都曾热议这个话题。今天可以说，严老师以他四十多年关于中日文学文化发生发展的实证研究为依据，在《比较文学与文化"变异体"研究》（2011年）、《日本古代文学发生学研究》（2020年）等著作中逐渐形成与完善的"文化变异体"和"文学发生学"的理论体系，正是他对中国特色比较文学理论和研究范式的重要创获和学术贡献。这些富有标志性特征的严氏理论与著作，是中国比较文学教学科研、人才培养的奠基性重要学术存在。

抚今追昔，从严老师80年代课堂上"不正确理解"的理论，不正可以看到严氏理论的思想滥觞吗？不知先师地下有知，是否会再次认同我对他思想学术的认识与推论呢？

京都访学——记纪神话——日本中国学

严老师待人热诚而亲和，凡与他有过接触的人，一定都领略过他那睿智、明快、滔滔如江河般的谈风，那些以渊博的知识、丰富的阅历、敏锐的断识编织起来的纵横排闯、亦庄亦谐的讲演或闲谈，令人在享受中获得学术与人生的启发。所谓如沐春风，润物无声，说的大概正是这种情况吧。

1994—1996年，我在日本京都大学人文科学研究所做访问学者。当时我是武汉大学历史系的青年教师，教学内容与研究兴趣在中国近代思想学术史上，所以，在京大人文研选择师从狭间直树先生进修学习。

我到京都不久就获知严老师也在京都，在京都郊外日本文部省直属的"日本文化研究中心"驻所工作。同在异国他乡，我自然热切地想去拜访当年的老师。自北大毕业后，已有六七年时间没有与严老师联系过了，当我打通电话时，他不仅清楚地记得我这个"古八一"的学生，还当下约定让我周末上午到他的寓所去，并在电话中详细关照我，从我的住处修学院出发，如何坐电车，坐几站，在哪里转巴士，下车以后又如何走……这样听着，电话一端的我，真是感激之至，又佩服之至。一个被文部省特别邀请的中国权威学者，一个热诚可掬、无微不至的老师长辈，就这样在我的心中完美统一起来。

那日在京都严府做客，师母特为我准备的饭菜中，有一道久违的江南美味——清蒸大带鱼。老师和师母是上海人，我是苏州人，这道菜真是大大慰勉了师生两代人"舌尖上的乡思"。20世纪90年代中期，能走出国门的学人还不算多，同在京都，同样面对日本人关于中国研究的很多着先鞭、出新意的成果，那种家国之情又岂止是在"舌尖之上"？

对我这个初出国门的人，严老师像家长一样给我种种叮嘱与提示：比如与日本人相约一定要恪守时间，比如对所需学术著作一定不要整本地全部复印，比如要留心京大东洋学文献中心的资料搜检与利用。当然，说得更多的，还是他自己的研究计划和随后一个月要在京都某会馆做的公开讲座，记得所讲内容是关于"记纪神话中的文化变异形态"。讲座当日，我与京大东洋史方面的几个青年学子一起赶去现场聆听了严老师的日文演讲，增长了学术见闻。在京都的一年半中，又有多次相聚的机会，其中一次是带老师、师母到京大博士生钱鸥家做客，饭后由钱鸥带领一起探访辛亥后罗振玉、王国维京都居处遗址，王国维住处已消失在京大百万遍附近的道路上，罗振玉寓所永慕园中自建的"大云书库"，则还岿然独立，据说已成了一家公司的房产。

正是这段京都访学的岁月，使我的研究兴趣从本来的中国近代思想学术史转移到同时期中日学术关系上，特别是使我被以内藤湖南为代表的京都中国研究者所吸引。发生这样的转折，除了内藤湖南的学术魅力外，严老师对于日本中国学研究的示范引领，是起了相当重要的作用的。此后，追随严老师回到北京大学，选择以"内藤湖南研究"作为博士课题，就都是顺理成章的了。后来，我的《内藤湖南研究》一书得以出版，与师兄张哲俊的《吉川幸次郎研究》、师妹刘萍的《津田左右吉研究》一样，都是因为严老师主持的"北京大学20世纪国际中国学研究文库"所给予的机会，师恩陪伴一个个学生的成长之路，我们铭感不忘。

严老师以《日本中国学史》为代表的一系列研究，不仅做到了一般研究者比较留意的对古代日本接受中国文化影响的历史性考察，在此基础上，更注意对中日两国复杂的文化关系的廓清，显示了不同一般的史识。严老师还特别对儒学在近代日本巩固皇权观念、鼓吹"大东亚圣战"思想上所起到的负面作用，做了深入独到的揭示和批判，体现了一个儒学本邦学者对异域儒家文化形态的敏锐洞察力。

北大情怀——与历史对话——隐入历史

自从1959年考入北大，严老师做了大半生的北大人。他的著述、谈论，常常体现出对于北大自由思想和批判精神的深切认同和自觉继承。要说严老师的北大情怀，正在这份始终不移的知识分子不妥协、不盲从的反思精神吧。在入住泰康燕园前，严老师将自己的大部分藏书捐赠给北大国际汉学家研修基地"汉学图书馆"，设立"严绍璗文库"，相信薪火相传、斯文相继，代代北大学子可以延续严老师不了的北大情怀。

我在《严绍璗：圆融与超越》一文中，曾预告"近期将有先生新著《与历史悄悄对话——严绍璗北大50年亲历纪事》问世"，这本书终于没有能在严老师生前问世，我的这句话也成了一句空言。事情的缘由是，2010年严老师七十岁诞辰时，在北大和香港大学先后举办过两次纪念性学术研讨会，会上除了论析严老师的学术成就与贡献以外，还有一个话题就是有关严老师回忆录的出版。那几年，他陆续撰写的"个人回忆录"渐成规模，个别章节也曾打印出来分享给人看，我也得到过几篇样章，因为客观条件的限制，一时自难出版。等到严老师八十诞辰北大出版社张冰师姐编辑《严绍璗文集》

时，又曾将书名改成《严绍璗北大一个甲子的纪实》，但终于也只是部分章节收入了文集第五本而已。严老师常年有写日记的习惯，他曾给我们展示过20世纪70年代中期的一本"专题日记"——严绍璗外事日记，记录了在改革开放之前，他参与北京大学外事活动，接待日本、美国等国的外宾学者的事情，很多本这样的日记是这本回忆录的基础。今天看到陈平原老师《那位特会讲古的严老师走了》文章最后也写道："能言善辩、特会讲古的严老师，留存在五卷本文集里的'自述'实在太少了。不知是因晚年身体状况不好，还是某些客观条件的限制，反正严老师的回忆录最终没能在生前完成并出版，令人扼腕。"深有同感。

2016年秋严老师入住泰康，当我还没有来得及为老师高兴"老有所安"时，不幸就接二连三地发生。先是师母中风，随后是严老师眼疾、腿脚不便、鼻炎等接踵而来，身体精神日渐衰退，看到昔日谈笑风生的老师变得沉默少语又语多重复时，真是特别无力而感伤。去年6月看望严老师时，我再次向他问起回忆录书稿的事情：有没有全文打印稿？电脑里有没有留存？他的回答是："电脑早就坏了，那些书稿，不是被他们拿走了吗？要作为整我的材料拿走了。那天，一高一矮两个人闯进这个屋子（他抬手指着对面的书架），就从这里把材料都拿走了啊……"我无语接续，转而问师母，师母说她不在场，她也不知道书稿的事情。这真是让人无比惋惜。他的这种"被迫害的妄想"，在生命的最后一两年内，时有发生。被这样的魔怔控制着，可以想象精神上的煎熬。

哲人其萎，斯人已去，他的生平行谊，他的笑谈謦欬，像一本终于写完的书，合上了书页，隐入历史。这本用生命与真诚写就的特殊的书，与他出版的众多学术著作一样，将永远留在人们的记忆里，留在学术发展的长河中，庄严而馥郁，给人启示，又令人哀伤……

2022年8月19日于苏州

严绍鋆先生的东亚文学关系与日本中国学研究

——为纪念严先生七十寿辰而作^①

周 阅

中国的比较文学研究，自20世纪70年代后期以来，经过几代学者的努力，已经发展成为具有完整体系的独立学科。其标志是：在大学建立起了系统化的专业研究人才的培养机制；出版了与国际学界接轨的体系性的学术研究论著；形成了具有影响力和权威性的学术期刊；出现了国内外学界认可的学术领军人物。在中国比较文学的发展历程中，尤其是在东亚文学与文化关系的研究领域，北京大学比较文学与比较文化研究所所长严绍鋆教授是国内外同行学界认可的一位杰出学者。在中国比较文学形成独立体系的上述四个标志性方面，无一例外地都有严先生的积极参与和重大贡献。

北京大学比较文学研究所是教育部于1985年直接发文建立的我国最早的培养比较文学高级学术研究人才的实体性学术机构，创始所长乐黛云教授执掌十余年后传薪严先生担任该所所长至今。严先生是国内第一位在东亚文学与文化关系方向招收硕士和博士研究生的指导教师，迄今为止培养了14名硕

① 原文刊载于张哲俊主编《严绍鋆学术研究：严绍鋆先生七十华诞纪念集》，北京：北京大学出版社，2010年。

士生和15名博士生①，这些毕业生不仅在国内而且在海外学术界都承担着重要的工作，发挥着积极的作用。在研究著述方面，严先生先后出版了学术专著与论集14种，编著教材、文库等12种，发表学术论文百数十篇，有不少是用日文撰写的，其中有些极具学术分量和理论深度。由于严先生卓越的学术成就，他已成为东亚文学与文化关系以及日本中国学研究领域蜚声海内外的知名学者。早在1985年严先生还是北大副教授的时候，日本国立京都大学人文科学研究所就聘请他出任日本学部客座教授，这是日本国立大学战后第一次正式聘任的在文部省注册的中国大陆第一位客座教授。②严先生在任期间参加了"教育研究经费预决算"投票，"副教授职称升迁"的考评和投票等，我国学界担此责任、获此经验者至今恐无数人。1994年，严先生又成为中国大陆以"教授"资格进入日本文部省直属国际日本文化研究中心的第一人，同年11月7日受到日本明仁天皇接见，双方就《古事记》与《万叶集》的阅读交换了见解。2001年，日本文部科学省直属国文学研究资料馆（National Institute of Japanese Literature）以日本国立大学教授最高工资（001俸）月薪92.7万日元邀请严先生在该研究所组织"日本文学中的非日本文化因素及其价值意义"研究班一年。同年开始，他受国际比较文学学会会长邀请出任"东亚研究委员会"主席至2004年。自1993年起，国务院因"对我国高等教育事业做出的突出贡献"向严先生颁发"政府特殊津贴"至今。1998年11月9日，因在"中华文明志"中从事《中国与东北亚文化交流志》的撰著，成为当时国家主席江泽民接见的15位作者之一。江主席对他们说："你们为人民写了好书，人民感谢你们！"严先生先后获得北京大学社会科学研究第一届（1986）、第

① 有些硕士研究生后来继续成为严绍璗教授的博士研究生，此处人数为分别统计数字。

② 关于1985年日本京都大学人文科学研究所坚持聘请当时北大副教授严先生为教授的经纬，可阅读《比较文学视野中的日本文化——严绍璗海外讲演录》（北京大学出版社，2004年）一书中关于此事的记载。

二届（1988）、第四届（1993）优秀成果奖，中国比较文学学术著作一等奖（1990），亚洲-太平洋出版协会（Asian Pacific Publishers Association）学术类图书金奖（1996），国家图书奖名誉奖（1999），北京市第十届哲学社会科学研究优秀成果一等奖（2008），改革开放30年北京大学人文社会科学研究"百项精品成果奖"（2008），2009年1月又被北京大学表彰为"人文社会科学研究优秀学者"。①

总体来讲，严先生的学术研究包括两大体系——以东亚文学与文化关系为中心的比较文学研究和以日本中国学为中心的国际汉学②研究，二者密切相关、互相促进。

一、以东亚文学与文化关系为中心的比较文学研究

1980年8月，《中国哲学》第3辑（三联书店）发表了严先生的《中日禅僧的交往与日本宋学的渊源》，这是严先生步入东亚文化关系研究的标志。③1982年，在两家全国性重要学术刊物上，严先生连续发表了两篇探讨中日文学关系的论文：《日本古代小说的产生与中国文学的关联》（《国外文学》1982年第2期）、《日本古代短歌诗型中的汉文学形态》（《北京大学学报》1982年第5期）。这两篇论文，分别在日本古代文学的散文文学和韵文文学这两大类型中，探讨了其中所蕴含的中国文化因素，标志着严先生的学术研究正式进入了比较文学领域。上述论文已经具备了严先生日后发展起来的

---

① 以上信息均经严绍璗教授本人确认。

② "汉学"与"中国学"以及"Sinology"这几个概念存在着内涵上的差异，详见后文。本文为了表述的流畅，使用汉语词汇，同时权且顺应学界较为普遍的说法，采用"国际汉学"一词。

③ 此文收入1982年人民出版社出版的《中日文化交流史论文集》中。

学术方向和研究方法的雏形。

　　严先生在比较文学研究领域最为突出的贡献，是建立了一套科学而严谨的比较文学研究观念和方法论体系，即"以原典实证为基础的文学与文化的发生学研究"。这一观念和方法论体系，在以往任何"比较文学原理"或"比较文学概论"之类的经典教科书中都不曾论述过。因此，它是严先生的独创，这一独创性的学术观念和研究方法绝非凭空幻想出来，而是严先生在自己的实际研究中经过长年的艰辛钻研和反复摸索而逐步获得的。

（一）文学的"发生学"理论

　　严先生着力倡导的比较文学的"发生学"研究，具体来讲包含三个部分：第一，在多层面的"文化语境"中还原文学文本；第二，深层把握文学与文化传递中的"不正确理解"的形态；第三，解析文学与文化传递过程中的"中间媒体"并揭示"文学的变异体"本质。

　　第一部分中的"文化语境"（Culture Context），是指"文学文本生成的本源"。它"是在特定的时空中由特定的文化积累与文化现状构成的'文化场'（The Field of Culture）"。严先生指出，从文学"发生学"的立场来看，文化语境至少存在着三个层面："第一层面是'显现本民族文化沉积与文化特征的文化语境'；第二层面是'显现与异民族文化相抗衡与相融合的文化语境'；第三层面是'显现人类思维与认识的共性的文化语境'。每一层'文化语境'都是有多元的组合。"①

　　严先生在对日本古代文学的研究中发现，在传统的国别文学史的范畴内，往往会遇到无法解决的问题，而一旦将其纳入比较文学的"发生学"研究领域，便能够拥有一种崭新的视角和理念。这使他对以往所获得的文学史

---

　　①　此段引文见严绍璗《"文化语境"与"变异体"以及文学的发生学》，《中国比较文学》2000年第3期，第3页。

"知识"产生了怀疑和反省。例如几乎所有的日本文学史著作，都把作为日本历史和文学肇始的"记纪神话"①阐述为从内容到形式都是日本文化民族性特征的最初始形态，代表着纯粹的民族传统。但是如何解释日本的创始神太阳神是女神？为什么太阳神将最高权力传给第三代，即她的孙子？为什么伊邪那歧（イザナキ）和伊邪那美（イザナミ）二神创世时首先在大地竖立起一根巨柱？……诸多问题扑朔迷离。当严先生从比较文学的跨文化立场出发，将日本神话系统置于多层面的文化语境中加以考察时，他便获得了一种解析其内在的多元文化构造的逻辑路径。严先生将《古事记》置于第一层面的"显现本民族文化沉积与文化特征的文化语境"之中，探明了日本古代社会中持久而深刻的"女性崇拜"的心理特征乃是形成这一文本内容的根源，从而反驳了日本学者梅原猛教授将其解释为宣传天皇政治需要的、脱离《古事记》产生的特定文化语境的主张。严先生又将"记纪神话"放入第二层面"显现与异民族文化相抗衡与相融合的文化语境"之中，揭示了"天孙降临"与中国道家文化"三极创生"的经典命题之间的关系。严先生还从第三层面"显现人类思维与认识的共性的文化语境"入手，论证了"记纪神话"中巨柱这一文化符号所代表的生命起源认识与世界范围生殖崇拜的内在联系。

在"文化语境"中还原文学文本，就如同将一个成熟的个体生命，重新置于其诞生之时的场域中加以分析，以探寻其所拥有的基因来源。严先生借助文本分析与实证材料的印证，在上述三层文化语境中，通过揭示文学文本的情节、人物、场景等象征意象或隐喻符号所内含的真实意义，解答了在"日本文学史"范围内难以回答的诸多问题。

---

① 日本最早的文献《古事记》和《日本书纪》中记录的神话称为"记纪神话"。《古事记》是日本保存至今的第一部完整的文献，全书三卷，成书于公元712年，由安万侣用"万叶假名"编撰而成。《日本书纪》全书三十卷，成书于公元720年，用和式汉文写成。

　　"发生学"研究的第二部分中关于文化传递的"不正确理解"形态的命题，最初是由卡尔·马克思提出的。马克思指出，不同文化之间发生"对话"时，"不正确理解的形式正好是普遍的形式，并且在社会的一定的阶段上，是适合于普遍使用的形式"[①]。这一命题，"实际是以后发展起来的比较文学与比较文化研究中关于'误读'的最早的、而且是最具有理论意义的表述形式"[②]。一般来说，无论是纵向的文化继承还是横向的文化交流，其发生过程中都存在"不正确理解"的形态。严先生主张，包括比较文学与比较文化研究者在内的所有文化学者，都应该深层把握这种"不正确理解"的形态，这样才能清楚地解析出文学与文化传递的轨迹。例如，同为中国的儒学文化，在启蒙时代的欧洲，表现出批判封建神学束缚的理性意义，成为争取资产阶级权力的精神力量，而在德川幕府时期的日本，却表现为巩固幕府统治、维护极权制度的封建意识形态，并在日后成为日本资产阶级思想革命的精神敌人。严先生分析儒学文化在向东西方传播的过程中，分别被欧洲启蒙思想家和日本德川幕府思想家进行"不正确理解"的事实，解释了这一文化传播史上看似矛盾的现象。严先生指出，经过欧洲启蒙思想家和日本德川幕府思想家理解和阐述的儒学，已经不是中国本土的"事实的儒学"，而是由阐述者从各自的需要出发演绎出来的"描述的儒学"，后者即在特定时空中对前者所做的"不正确理解"。事实上，被描述是所有文化传递的必由之路，因此"不正确理解"是文化传递的普遍形态。

　　但是，把"事实的文化"以"不正确理解"的形式演绎成为"描述的文化"，并不是文化传递的终极形态。文化传递的最终结果，是进一步把"描述的文化"消融在另一种异质文化之中，从而产生新的文化形态。这样，就出现了"发生学"理论第三部分中的两个关键概念——"中间媒体"和"文

---

　　① 马克思1861年7月22日致拉萨尔的信。
　　② 严绍璗：《文化的传递与不正确理解的形态——18世纪中国儒学与欧亚文化关系的解析》，《中国比较文学》1998年第11期，第6页。

学的变异体"。

严先生对"中间媒体"这一概念进行了如下界定："异质文化（文学）以'嬗变'的形态，即异质文化整体或部分以一种被分解的形式，介入本土文学之中，在文本成为'变异体'之前，形成一个过渡性走廊，并成为未来新的文学（文化）样式的'成分'，这就是'文学变异'中的'中间媒体'。"①"中间媒体"是为解明异质文化传递中复杂的变异而特别确认的一种特定的文化形态。当中国儒学传入欧洲遭遇启蒙主义思想家时，其非宗教性的以人而非以神为本位的道德文化因素，被注入了启蒙主义思想家自身的反对宗教神学的理性精神，继而被阐发为从宗教启示中独立出来的纯粹道德。这种纯粹道德，即是一种中间媒体，它成为启蒙主义者构建理想社会模式的基础。同样，中国儒学进入德川时代的日本，德川幕府的思想家们便抓住了其中封建阶位制的伦理文化因素，特别是将程朱理学表述为一种符合武士本位和敬神本位需要的全民身份制度的理论，这一理论也便以中间媒体的形态成为构成日本儒学的积极因子，并且最终与国粹主义同流合污，成为天皇制政治体制和军国主义的理论基础。

"中间媒体"的存在促成了"文学变异体"的形成。严先生首次明确提出"变异体"的概念，是在长篇论文《日本"记纪神话"变异体模式和形态及其与中国文化的关联》（《中国比较文学》1985年第1期）中。论文分析了中国伏羲、女娲创世神话被日本神话吸收和融化的样态，阐述了中国多民族文化在日本创世神话构成中的意义，从而揭示了古代日本"记纪神话"的所谓"民族特征"产生的本源，论证了"记纪神话"实际上是一组"变异体神话"，也就是说，它是在本民族原始神话观念的母体中，融合了异民族文化的若干因子而形成的一种"新神话"。该论文受到相关研究者的高度重视

---

① 严绍璗：《"文化语境"与"变异体"以及文学的发生学》，《中国比较文学》2000年第3期，第12页。

和支持，被收入《北京大学哲学社会科学优秀论文选》第3卷（北京大学出版社，1988年）。同一时期，严先生进行了大量相关课题的研究，如"竹取物语与中国多民族文化的关系""白居易文学在日本古韵文史上的地位与意义""日本古代小说浦岛子传与中国中世纪文学""明代俗语文学的东渐和日本江户时代小说的繁荣""唐人传奇游仙窟与日本古代文学"等。1986年暑期，严先生在季羡林先生主持的"东方文化讲座"上以《古代日本文化与中国文化会合的形态》为题做了演讲（文载《文史知识》1987年第2期），将研究的对象从"记纪神话"等个案扩展到整个日本古代文化，将日本古代文化的本质归纳为"复合形态的变异体文化"，指出"日本传统文化'变异性'的养成，恰恰是在民族文化的'排异'中实现的"。"日本传统文化为保持其民族性所表现的排异能力，并不在于简单地拒绝外来文化，而是在于追求与外来文化相抗衡的力量，这便是在排异中实现自身的变异，中国传统文化的因素，主要是在这一过程中，被逐步吸收和溶解于日本民族文化之中的，这便是古代中日文化交会的主要轨迹，也是日本古代文化的主要特性之所在。"①从日本"记纪神话变异体"研究开始，严先生以一系列学术论文完成了日本文化变异体本体论的阐发，在此基础上构成了阐明日本文学生成轨迹的"发生学"理论。②

1987年，湖南文艺出版社出版了严先生在东亚文学与文化关系领域的代表性专著《中日古代文学关系史稿》。在这部专著中，严先生对日本文化的变异体性质进行了阶段性总结，对文学的"变异"进行了明确的界定：

　　　　文学的"变异"，指的是一种文学所具备的吸收外来文化，并使

---

① 严绍璗：《古代日本文化与中国文化会合的形态》，《文史知识》1987年第2期，第118页。

② 当本文即将成稿之时，得知严绍璗教授的《比较文学与文化"变异体"研究》一书已交由复旦大学出版社出版，相信此书一定能加深读者对"变异体"论说的理解。

之溶解而形成新的文学形态的能力。文学的"变异性"所表现出来的这种对外来文化的"吸收"和"溶解"，不是一般意义上的理解。如果从生物学的观点来说，"变异"就使新生命、新形态产生。文学的"变异"，一般来说，都是以民族文学为母本，以外来文化为父本，它们相互会合而形成新的文学形态。这种新的文学形态，正是原有的民族文学的某些性质的延续和继承，并在高一层次上获得发展。[①]

继《中日古代文学关系史稿》之后，严先生又先后出版了《中国文学在日本》（与王晓平合著，花城出版社，1990年）、《中国文化在日本》（新华出版社，1993年）、《比较文化：中国与日本》（与刘建辉、王勇合著，吉林大学出版社，1996年）、《中国与东北亚文化交流志》（与刘渤合著，上海人民出版社，1999年）、《比较文学视野中的日本文化——严绍璗海外讲演录》（日文撰写，北京大学出版社，2004年）等一系列著作，并且编著了《中日文化交流事典》（副主编，辽宁教育出版社，1992年）、《日中文化交流史丛书·文学卷》（与日本文学会会长中西进联合主编，日文版：大修馆出版社，1995年；中文版：浙江人民出版社，1996年）、《日中文化交流史丛书·思想卷》（与日本思想史学会会长源了圆联合主编，出版信息同上）等东亚文学与文化关系的学术论著。上述扎实而厚重的研究系列，在多重文化语境中，将文学文本解析为诸多要素，并确认诸要素所蕴含的文化学意义和价值，进而在切实的文本解析的基础上展开细致深入的分析和论证，通过梳理文学与文化传递中"不正确理解"的轨迹，揭示出"中间媒体"的样态、作用和意义，最终从各种"变异"形态的文学与文化中还原出"事实的"文学与文化，形成对文本的综合性阐述。这就是严先生建构和倡导的"发生学"研究。"文学的发生学，是关于'文学'生成的理论。……文学

---

① 严绍璗：《中日古代文学关系史稿·前言》，湖南文艺出版社，1987年，第3页。

的发生学更加关注文学内在运行的机制，从而阐明每一种文学文本之所以成为一种独特的文学样式的内在逻辑。"①"发生学"可以还原出文学文本最接近真实的生成过程，在这一意义上，"发生学"关于文学生成的阐述不同于文学的诠释，其答案具有客观性、科学性和唯一性。

严先生30年来的比较文学研究，不但系统地揭示了东亚文学与文化的历史联系及各自的民族特征，阐明了形成各种复杂联系的文学与文化的内在运行机制，而且在此基础上进行理论的概括和提升，建构了关于理解文学与文化"变异体"本质并探明其生成过程及传播路径的、具有高度学理性的"发生学"理论体系。这一体系把对东亚文学与文化的"双边关系"的研究发展到了"文化语境"的层面，把对比两种或几种文学样式之相同与相异性的肤浅研究提升到探究异文化互融的高度，把相对表层的"影响研究""平行研究"推进到文学与文化的内部，并且打破了民族文学、国别文学研究的禁锢，以切实的探索和实践真正把比较文学做到民族文学的研究中去，在民族文学的研究中开辟了比较文学的新天地。②严先生在总结自己的比较文学学术活动时强调，他"希望经过'比较文学的研究'，在'发生学'的意义上重新审视日本文明史（包括文化史），最终能够在更加接近事实的意义上，以'文本细读'为基础'重写日本文学史（或文化史）'"③。"发生学"研究的理论价值与演示模式在比较文学的一般研究中具有普遍性意义，拓展了比较文学研究的视野和空间，成为比较文学，特别是中国比较文学学科极具学术价值的重要成果之一。

---

① 严绍璗：《"文化语境"与"变异体"以及文学的发生学》，《中国比较文学》2000年第3期，第2页。

② 关于民族文学研究与比较文学研究的关系，严先生有过诸多阐述，在《中国比较文学》2005年第3期上发表的《民族文学研究中的比较文学空间》一文，对此问题进行了总结性论述。

③ 严绍璗：《关于比较文学博士养成的浅见》，《中国比较文学》2005年第2期，第4页。

值得注意的是，严先生的"发生学"理论建构，完全是建立在以原典为根本的实证研究基础上的。严先生一向反对空谈理论，从不发表没有文本解析和实证根基的空泛的理论文章。事实上，严先生始终坚持并极力倡导的"原典实证的方法论"，不仅是对比较文学，而且在某种意义上也是对整个人文科学研究的贡献。

（二）原典实证的方法论

"所谓'原典性的实证研究'，是指在研究过程中依靠'实证'和'原典'来求得结论的'确证性'。"[①]严先生将原典性的实证研究作为双边与多边文学文化关系研究的基本方法，作为一个可操作的系统分为五个层面：

第一，尊重学术研究史；

第二，确证相互关系的材料的原典性；

第三，原典材料的确证性；

第四，实证材料的二重性与多重性；

第五，研究者健全的文化经验。

"尊重学术研究史"，是严先生在早期的原典实证理论的基础上，通过自身的学术实践而进一步发展起来的一个层面。它要求研究者首先要充分尊重学术史的成果，即对于本学科与本命题形成与发展的历史有切实而全面的了解，以此作为自己研究的前提。严先生以国内关于孔子祖籍的河南、山东之争为例，其实两千年前的《史记》中已明确记录孔子的祖先乃是"宋人"（当时的宋国在今河南省境内），因此对这一命题的研究是典型的不了解学术史的无前提、无意义的研究。严先生指出，对学术研究史的尊重具体表现在两个方面：一是对于研究命题，应该充分掌握这一命题内各个概念的学术

---

① 严绍璗：《多边文化研究的实证观念和方法论》，《华夏文化论坛》2008年第9期，第20页。

史演进轨迹，这是因为许多概念的内涵是随着文化史的发展而不断延伸和变化的，把握其演进轨迹就可以避免命题概念的错位；二是必须对研究命题已有的先行研究成果进行学术史的清理，这是因为任何时代的任何相关研究都必然是该学术史上的一环，任何新的研究成果都是建立在前辈研究的基础上，是对相关研究的继承、发展或怀疑、否定，凭空诞生的完全"创新"的研究是没有根基的，也是不可能存在的。"尊重学术研究史"的主张，使我们不仅能够脚踏实地，谨慎于自己的学问，同时也慎重看待充斥学界、轻易标榜的所谓"第一次""新创见""填补空白"等等。

"确证相互关系的材料的原典性"包括两个方面。首先是研究的材料对于研究的对象来说应该具有"原典性"，也就是说材料与对象在时间上必须一致，不能以此一时代的材料去证明彼一时代的"事实"。严先生举出中日文化界一些人士的"徐福研究"为例，他们预先设定好或者说假想出一个结论——徐福到达日本并繁衍了后裔，然后拿出公元17世纪的文献加以证明。然而，根据《史记》的记载，徐福是秦始皇时代即公元前3世纪的人物，以两千年后的文献去证明两千年前的"史实"，这样的文献材料就不具备"原典性"，因而其结论也不具备正确性和说服力。其次，研究的材料必须是研究对象本国或本民族的"原典材料"，也就是说，论证中具有主体意义的材料必须是母语文本材料，而不能以翻译甚至转译的材料作为立论的关键性证据。严先生指出，翻译家的"翻译"与研究家的"研究"是两个层面上的活动，比较文学的研究不可依靠翻译来进行，因为世界上不存在两种完全一一对等的语言文字，译本与原本的差异本来就是不可避免的事实，此外，译者的主观能动、误解臆想以及他所受到的时代政治环境的限制都会扩大和制造更多的差异。笔者在研究川端康成的小说《睡美人》的佛教救世主题时，对于国内权威译本中关于睡美人像"像一具僵尸"的细节感到十分费解，查阅原文却是如同"佛祖（ほとけ）"一样，虽然仅为一词之差，但却关系到小说的主题。再如最近出现的把"蒋介石"译为"常凯申"一事，如果以这样的译本为基础展开研究，恐怕会"创造"出一位新的历史人物了。译本是供人阅读和欣赏的，不能作为学术研究的材料。只有把握原文的本意，才有可能做出最接近真实的分析。遗憾的是，现今许多学者的研究仍然完全依靠译本展开，甚至在完全不懂对象国语言的情况下完成了大量的"研究成果"，这些成果的学术价值究竟有多少，相信真正潜心学问的人自有明断。

"原典材料的确证性"，乃是在已经具备了材料的"原典性"的前提下，其中的主要材料还必须具备"确证性"，即必须是不能辩驳、无法推翻的"死证"。在双边（多边）文学与文化的研究中，有些材料虽然具有"原典性"，但却可以得出双向影响的结论，也就是说，同一个材料既可以证明A命题也可以证明B命题，这就是没有"确证性"，极易招致反驳甚至被彻底推翻。如，在研究日本古代最早的物语《竹取物语》与中国文学的关系时，典型的材料是中国秦汉时代"嫦娥飞升"的传说和四川阿坝地区"斑竹姑娘"的传说，但研究者却从相同的材料中得出了相反的结论。严先生通过比证日本上古时代与中国秦汉魏晋时代的"竹崇拜"心态，以及中国秦汉之际的"日月神客体论"新神话与日本"日月神本体论"神话的差异，寻找到了反映文化事实本质的原典材料，获得了材料的"确证性"，从而有力地证明了《竹取物语》中所汲取的中国文化因素。

"实证材料的二重性与多重性"，是指研究中应该尽量使用地下文物与书面文献共同参与实证，此二者的结合，相当于法律上的"物证"与"人证"，这在古史研究中尤为重要。早在19世纪末20世纪初，甲骨文字的出土与敦煌文献的发现就已经促成了二重实证法的实现。严先生在论证中国上古时代以"倭"作为人种译名来记录日本原住民时，就采用了日本九州志贺岛出土的一枚金印的印文作为二重证据。①此外，严先生在关于东亚原始图腾的考证中、在就日本古代神话与"梅原古代学"进行的论争中、在关于日本

---

① 参见严绍璗著《中国文化在日本》第一章，新华出版社，1993年。

早期物语文学的构造的解析中，都引入了实物作为文献的佐证。在"二重证据"的同时，严先生更倡导"多重实证"，他十分强调"发生学"研究中民族学、民俗学、人类学、地理学等诸方面的文化原典材料的参与。他本人在1992年7月与8月曾经参加日本学者组织的"阿伊奴访察组"，在日本北海道白老等地进行人类学与民族学的访察，获得的材料在他90年代以来的论著中多有表述，特别是2001年12月3日，严先生应日本东京大学比较文学研究中心邀约，以"『浦島伝説』から『浦島子傳』への発展について —— 日本古代文学における神話から古物語への発展の軌跡について"（"从《浦岛传说》向《浦岛子传》的发展——日本古代文学中从'神话'向'古物语'发展的轨迹"）为题发表的日语讲演，大量地使用了多学科的原典材料。[1]讲演一结束，82岁的东京大学名誉教授平川佑弘就站起来说："了不起的讲演，真正的比较文学！"此次演讲生动地体现了多元文化视野与多学科原典实证的价值。

应当注意的是，对于实物的实证材料，也需要以学术的警惕去鉴定其"确证性"。日本当代考古学界就发生过在发掘过程中自己放入捏造的文物作为"重大发现"的事件。因此，研究者也应该具有相关的文化学、考古学乃至文物鉴别的知识。

"研究者健全的文化经验"，是针对从事双边（或多边）文化研究的学者自身经验的要求，他们应该具备与研究对象相关的两种或两种以上文化氛围的实际经验，包括对象国文化氛围中美意识的体验、对象国语言中特殊语义的体会、对象国与本土在文化观念方面的差异性认识以及关于对象国文化的综合性体验。这是一些比较文学研究者还不曾意识到的层面，然而对于跨文化的研究却是至关重要的。笔者在翻译一位日本学者有关澳大利亚

① 见《比较文学视野中的日本文化——严绍璗海外讲演录》（日文），北京大学出版社，2004年。

的论文时，发现其中引自英文书籍的一句话里有"中国人"一词（日文的汉字词汇也写作"中国人"），当进一步查对原出处时，发现英文用的是"Chinaman"而不是"Chinese"，这两个说法虽然都指代中国人，但在英文语境中的内涵和感情色彩是不同的，前者带有明显的鄙视和贬义，相当于我们说"日本鬼子"和"日本人"的差异，结合该文所涉及的"黄祸论"的意识形态，笔者将其"改"译为"中国佬"。这就是典型的对象国文化中的特殊语义。"人文学术的研究，说到底，它实际上是以研究者的'主观性判断'来处理各种'客观性材料'。人文学术的成果，正是处于'主观性判断'与'客观性材料'的交接点上，因此，研究者具备健全的文化经验就成为最重要的条件了，由此便可以获得进行双边文学与文化研究的良好的主体境遇。"①研究者在文化氛围诸方面的实际体验，直接关系到他对于文学文本以及相关的文化语境能否拥有准确的理解和真实的把握。经验的缺失只能靠主观臆测或道听途说来弥补，而这是学术研究的大忌。

基于原典实证方法论的立场，严先生反复强调研究者一定要进行文本细读。没有文本分析基础的理论研究，无异于空中楼阁，这一道理已无须赘言。比较文学研究中的文本细读包括了双边和多边的文本，尤其要避免因自以为是的心理而对自身的中文文本采取不求甚解的态度。严先生在指导学生的过程中，一方面要求学生要对中文文本保持"敬畏"心态，另一方面，对于外文文本，要求在引证时必须注明文本原名，同时对重要引文应以附录形式列出对应的原文。这样做，一是显示出作为论文立论基础的材料没有经过"文化过滤"，确保文献的原意；二是便于读者检验并判定论文的真实性与价值。

中国学术界关于实证的方法已经有过长期的争论，但事实证明，真正

---

① 严绍璗：《多边文化研究的实证观念和方法论》，《华夏文化论坛》2008年第9期，第26—27页。

经得起文化事实的检验、富于学术生命力的研究成果，都是有确凿的原典和强大的实证作为支撑的。当然，原典实证的研究绝不是追求文献资料的堆砌，而是要在对实证材料的选择与追索中，以学术的眼光和理性的思维进行学理性的分析、归纳和阐释。方法论问题在比较文学的发展进程中是一个无法回避的问题，"从根本上来说，所谓方法论问题，实际上是一个学术观念问题，又是一个学术知识问题，也是一个研究者的学风问题。从近来的一些所谓研究来看，方法论问题，其实也是涉及研究者的人品道德的问题"①。人文科学的研究虽然不像自然科学那样可以通过"实验"加以证明，但却可以借助"实证"加以推导。在比较文学研究中坚持原典实证的方法论并非易事，这首先需要有踏实的学术作风、严谨的学术态度，同时还需要付出艰辛的努力。在当今学术浮躁的时代，严先生提倡的"原典实证的方法论"，对于纠正急功近利、追逐虚名的不良学术风气，无疑具有警示的作用和深远的意义。

严先生对中国比较文学学科的贡献，还表现在学科定位与人才培养方面，这也是与严先生自身的学术研究和理论建构密不可分的。

透过热热闹闹的学术表象和自我张狂的学者身影，严先生看到了比较文学学科定位中所谓"世界文学"的非学术性并深表忧虑。为此，本着学术的严肃性、严谨性和科学性原则，严先生一直致力于澄清比较文学"是一种'学术存在'而不是一种'文学存在'"，反复强调"比较文学"的宏大多元的跨文化性质、严肃深奥的学术本位性质，以及作为一个学科的独立性质，为"比较文学"正名。严先生指出，比较文学是"必须经过严格规范学习和训练、至少应该在掌握双语的文化语境中、对文学与文化在经典的层面上展开研究的学术"，其"最基本的学理不是把'比较'仅仅作为'对比方

---

① 严绍璗：《双边文化关系研究与"原典性的实证"的方法论问题》，《中国比较文学》1996年第1期，第5—6页。

法'，甚至也不是作为一般的认识事物的'方法'，而是把'比较'作为研究中特殊养成的一种基本的'思维形态'"，而"所谓的'比较思维'，就是'文化认知'和'文学认知'的'多元性思维'"，多元性思维所产生的判定和结论，更加接近文学与文化发生、发展的事实。①

与对比较文学学科性质的思考相关，严先生提出了考核和培养比较文学研究生的四个标准："养成比较的思维形态"（不是"对比"的思维）、"奠定原典文本的基础"、"具备足够的理论素养"、"建立宽广的文化视野"。②后学的培养对于中国比较文学学科的发展与成熟，无疑是至关重要的。限于篇幅，本文对严先生在比较文学学科定位与人才培养方面的具体观念和主张不展开评介。

严先生的东亚文学与文化关系研究，突破了"欧洲文化中心论"的藩篱，同时也脱开了中国比较文学研究初创时期"法国学派"和"美国学派"的束缚与论争，走上了一条对中国比较文学有所创建的道路。

二、以日本中国学为中心的国际汉学研究

如前所述，严先生在20世纪80年代初进入了比较文学的研究领域，此前十年，严先生已经从日本中国学研究开始了他的学术道路，其东亚文学与文化关系的研究正是始于日本中国学研究，而且他于1986年开始培养的第一位硕士研究生也是国际汉学（日本中国学）的研究方向。

严先生在国际汉学研究领域的学术贡献主要包括两大部分：日本中国学

---

① 此段引文见严绍璗《对"比较文学与世界文学专业"名称的质疑与再论"比较文学"的定位》，《中国比较文学》2004年第1期，第3—9页。

② 参见严绍璗《树立严谨的比较文学研究观念和方法》，《中国比较文学》2003年第1期，第10页。

研究和日本汉籍文献学。

（一）日本中国学研究

论及严先生在国际汉学领域的学术研究，首先必须廓清"汉学""中国学"和"Sinology"这几个概念。严先生本人更愿意对这一学科采用英语的"Sinology"来指称，之所以不使用汉语的"汉学""中国学"或"中国研究"等概念，是因为中国学术界在对这一学科的汉语表述上还存在着极大的分歧，这些分歧的存在恰恰表现出中国在这一领域的研究尚未摆脱学术史上的混乱，因而在与国际学术界，特别是日本学术界的对话中出现了很大的差异和错位。

"Sinology"指海外学者对中国文化的研究，包括语言、文学、历史、哲学、考古和宗教等经典人文科学，同时也包括某些"专学"，如蒙古学、满洲学（满族文化）、西藏学（藏学），乃至敦煌学、西域学、西夏学、渤海学等等。"Sinology"这一概念的内涵相对来说具有综合性和概括性。之所以这样说，是因为"Sinology"包含着以历史时间和研究内容相区分的性质不尽相同的学术。①严先生曾在多个场合重申，欧美各国及日本在工业文明建立之前对中国文化的研究，在汉语文化中称为"汉学"，而在各国的近代文明确立之后开展的对中国文化的研究，在汉语文化中称为"中国学"。

在"汉学"的时代，对研究者而言，他们意念中的"中国文化"就

① 实际上英文中也存在两个相关概念："Sinology"和"Chinese Studies"。《汉学研究》主编、北京语言大学阎纯德教授将其归纳为"传统汉学"和"现代汉学"两种汉学形态：传统汉学从18世纪起以法国为中心，崇尚中国古代文献和文化经典的研究，侧重于哲学、宗教、历史、文学、语言等人文学科的探讨；现代汉学则兴显于美国，以现实为中心，以实用为原则，侧重于社会科学研究，包括政治、社会、经济、科学技术、军事、教育等一切领域，重视正在演进、发展着的信息资源。参见阎纯德《从"传统"到"现代"：汉学形态的历史演进》，《文史哲》2004年第5期。

是"汉族文化"，作为研究对象的"汉族文化"，他们不仅是作为"客体"进行研究，而且在不同的层面上还作为"主体"的"意识形态"的材料来加以吸收。……而在"中国学"时代，对这些国家的学界而言，总体上说，以"汉民族文化"为主体的"中国多民族文化"是作为世界文化的一个类型而存在，即只是作为研究的客体而存在，……研究者并不把自己的研究对象作为意识形态的材料吸收，而是在学理上作为认识与理解世界文化的一种学术，并进而利用这样的学术来构建自己本国的文化话语……[①]

例如，18世纪欧洲思想革命之前的欧洲学界以及19世纪中期之前的日本学界，学者们（包括传教士们）对中国文化的研究便是一种"汉学"领域的研究。前文讲到的分别进入欧洲和日本的中国儒学，就不仅仅是客体研究对象，而是被有意无意地纳入了他们自身的主体意识形态之中，德川幕府甚至把朱子学推升为当时日本的官方哲学。此种"汉学"与"中国学"的差异，在日本学界表现得尤为突出，这是中日之间文化交流的先天密切性使然。

之所以要强调"汉学"与"中国学"在"在汉语文化中"的表述，就是因为在日语的汉字词汇中同样存在"漢学"和"中国学"的概念，而二者是截然区分的，不同于中国学界目前的混淆状态。1994年12月在海南召开第一次国际汉学大会，日本学者到会后向组委会抱怨，他们按照"汉学"的概念准备了明治维新之前的材料，参会之后才发现讨论的议题竟是明治维新之后的"中国学"。在日本文化学术史上，把形成于14—15世纪、在江户时代（1603—1867）得到极大发展的对中国文化的传统研究称为"漢学"；而把

---

① 严绍璗：《我对Sinology的理解和思考》，《世界汉学》2006年第4期，第6—7页。

形成于20世纪初期、在近代文化层面上展开的对中国文化的研究称为"中国学"（战前称"支那学"）。"日本近代中国学，是指在近代文化运动中从世界文化的研究中独立而形成的对中国文化的近代性研究，它并不是明治时代之前的传统的'汉学'的自然的衍生。……它在学术观念与方法论上，都具有与'汉学'不同的新的内容和新的形式。"①日本传统汉学不单把中国文化作为研究对象，更重要的是作为吸收对象，因而汉学本身亦成为日本文化的组成部分。日本中国学则是在辩证地否定汉学的基础上发展起来的，研究者摆脱了汉学的经学主义文化观念，拥有客观的、世界性的学术眼光。严先生对"Sinology"概念的坚持，也折射出他清晰明确的学术思维、一丝不苟的学术态度以及坚定不移的学术立场。

严先生不但清楚地界定了上述三个概念，而且明确地廓清了国际汉学研究的范畴与性质。国际汉学研究最主要的范畴包括以下四个部分：第一，研究中国文化向域外传播的轨迹和方式；第二，研究中国文化在对象国语境中的存在状态，即对象国文化对中国文化的排斥、接受和变异；第三，研究世界各国（对具体的学者来说则是特定的对象国）在历史进程中，在不同的政治、经济和文化条件下形成的中国观；第四，总结各国学者对中国文化各领域进行研究的具体成果和方法论。

从上述范畴可以看出，国际汉学研究与比较文学研究，在学科性质上存在着内在的联系，在学术观念和研究方法上也存在相通之处。②国际汉学的研

---

① 严绍璗：《20世纪日本近代中国学的实证主义研究——实证论的特质与经院学派的先驱者们》，见阎纯德主编《汉学研究》第一集，中国和平出版社1996年，第122页。

② 关于汉学研究与比较文学研究的关系，可参见乐黛云《迎接汉学研究的新发展》（《中国文化研究》2000年秋之卷）及阎纯德《比较文化视野中的汉学和汉学研究》（《文史哲》2000年第6期）等文章。严绍璗教授在复旦大学出版社即将出版的《比较文学与文化"变异体"研究》一书中，把"国际中国学"列为该书第二编的第三章，标题为《关于"Sinology"（中国学或汉学）的属性与范畴的思考——"比较文学"研究中一个重要领域》。

究客体即研究对象是中国的人文学术，如文学、历史、哲学等，因此，这一学术研究实际上是中国的人文学科在域外的延伸。但是，国际汉学的研究主体即从事研究的学者，却生活在异文化语境当中，他们的价值观念、人文意识、美学理念、道德伦理等都与中国文化不同，因此，他们的研究中所蕴含的价值判断以及所体现的批评标准，在本质上又都是其"母体文化"的一部分。从这一意义上说，国际汉学既是中国文化，又不完全是中国文化，它是中国文化经过外国学者的理解、阐释和评价而形成的一种独特的学术。而国际汉学研究则是中国学者对海外汉学家及其对中国文化研究成果的再研究。严先生这样总结国际汉学研究的性质："这是一门在国际文化中涉及双边或多边文化关系的近代边缘性的学术，它具有'比较文化研究'的性质。"①

同比较文学领域的研究一样，严先生也始终坚持从理论与实践两方面为国际汉学研究正名。在一些人看来，国际汉学研究只不过是一些零星的情报、片段的信息，不成其为学术。严先生指出，将国际汉学研究定位为学术性工具的狭隘观念，是由于其评价标准建立在了对中国人文学术价值的自我中心的认定基础上，这将造成对国际汉学研究的真正的学术内涵和学术价值缺乏理解与把握，从而导致对中国文化的世界性价值认识不足。严先生以自己切实的研究和确凿的论证，纠正着人们的偏见和误解，证明了国际汉学研究是一门具有确定学术内容和重要研究价值的学科。

1964年，严先生从北京大学中文系古文献专业毕业后，在北大副校长魏建功先生的推荐下留校从事燕京–哈佛学社（The Yenching–Harvard Institute）的资料整理工作，这是严先生对国际汉学领域的最早接触，由此他开始了对"国际中国文化研究"的关注。20世纪70年代，严先生正式介入了"日本中

---

① 《国际中国学（汉学）的范畴与研究者的素质》（来新夏、张广达、严绍璗：海外汉学三人谈），《中华读书报》2000年7月19日，"文史天地"版。

国学"研究。在研究的初期，严先生虽然对这一学科还没有明确的认识，但却已经敏锐地意识到，从事古典文化研究的人应该对国外如何看待中国古典文化有所认识。因此，从那时起严先生就在极为困难的条件下尽己所能地查找、编辑和报道一些日本对中国文化的研究成果。1979年，严先生利用中文系提供的有限的经费，与古文献专业同人一起编辑、打印并散发了《国外中国古文化研究情况》。同年开始，严先生在由国务院古籍整理出版领导小组主持的《古籍整理情况简报》（中华书局出版）上发表了很多关于日本学者研究中国古代文化的学术情报报道，如《日本学者对中国文学史分歧的见解》《日本学者论〈诗经〉》《日本学者论〈尚书〉》等等。1981年，严先生还为《简报》做了一个总结日本学者十年来对中国古史十大问题研究的增刊。这些小册子，是严先生在日本中国学研究领域筚路蓝缕的见证。它们的问世，成为开启国际汉学研究大门的重要推动力量。

1974年，34岁的严先生来到日本近代中国学的发源地之一——日本国立京都大学人文科学研究所，这是他第一次亲身接触日本文化。此次日本之行，成为严先生日后深入日本中国学研究领域的契机，他不但结识了吉川幸次郎、增田涉、小川环树等许多日本学界知名的中国学家，而且缘此而受中国社会科学院孙越生先生之邀开始编辑日本研究中国文化的机构与学者的目录，这份目录不断扩大、充实，成为严先生在日本中国学领域的第一部工具书——《日本的中国学家》（中国社会科学出版社，1980年）的基础资料。《日本的中国学家》共收录了1000位日本中国学家，对这一领域日本学者的全貌做了一个基本的、全景式的呈现。该书如今已成为中国学术界研究国际汉学的开山之作。此后，同样在孙越生先生的主持下，《美国中国学手册》（中国社会科学出版社，1981年）和《苏俄中国学手册》（中国社会科学出版社，1986年）相继出版。这三部书作为"国外研究中国丛书"，代表了自20世纪70年代末至80年代中期中国对国际汉学的认识和研究状况，为这一学科的发展提供了基础性资料，尽管有些内容略显陈旧，对学界最新发展的介绍亦有不足，但仍然第一次系统地为海外中国学研究铺展了入门的道路。

1991年，严先生出版了专著《日本中国学史》（江西人民出版社），该书以十章46万字的丰厚阐述，系统地梳理了日本从传统汉学到近代中国学的学术发展史，被国内外学界评价为中国人研究"国际中国学"的国别史中非常有价值的著作。中国文化弘扬于世界，以传入日本的时间为最早、规模为最大、反响为最巨。因此，要针对日本的中国研究的历史脉络进行梳理和研讨，其工程之浩大可想而知，加之在起步阶段可借鉴的成果和可依靠的资料几乎都是一片空白，其工作之艰辛亦不难想象。但严先生经过孜孜矻矻的努力，终于在《日本中国学史》中，将中国文献东传日本的轨迹，日本传统汉学的发生、形成与流派，以及日本近代中国学形成的条件、过程和性质等，条分缕析地呈现在了读者面前。应该特别注意的是，20世纪以后的日本中国学性质十分复杂，它既表现了日本人文学术界在中国文化研究领域中的近代性觉醒，又杂糅承继了前几个世纪的武士领土野心，并且在某些方面包含了近代以来的军国主义观念。因此，严先生所从事的研究，面临着一个特殊的挑战，即面对一份研究中国文化的国际性人文资源，一方面要剔除其腐朽性成分，另一方面要揭示出其科学性、学术性的成分。《日本中国学史》的第十章"近代日本中国学的挫折"，对日本"大陆政策"下的中国观、"满洲学"、"大东亚战略"体制下的中国研究机构及其研究、日本军国主义对中国文献和文物的掠夺等方面，都展开了研究和批判。同时，第九章"近代日本中国学对现代中国文化研究的宝贵业绩"，则对战前日本中国学界在鲁迅研究等方面的思想意义和学术价值进行了分析和肯定。①

严先生在自己的学术实践基础上总结了从事国际汉学研究的学者所应具备的素质。他批评了在考察外国人的中国文化研究时常见的一种思维惯性，

---

① 《日本中国学史》经严绍璗教授修订补充后定名为《日本中国学史稿》，收入阎纯德、吴志良二先生主编的《列国汉学史》中，即将由学苑出版社出版。

即一看其态度是否友好、结论是否赞扬，二看其理解是否与我们一致。严先生指出，国际汉学的研究者首先必须确立一种基本的国际文明史观——把中国文化看作世界文明的共同财富。正因为世界各国都可以在他们自身的文化背景下来研究和阐释中国文化，中国文化才得以表现出其世界性价值。国际汉学研究对于研究者的知识结构、文化修养及学术积累都有较高的要求，研究者应该具有超越国别文化研究的相对宽阔和深厚的知识结构：既具有本国文化的素养，又具有特定对象国的文化素养；既具有关于文化史学的学科理论素养，又具有两种以上语文即汉语和对象国语言的素养。

在如今的中国学术界，国际汉学研究已经成为一门引人注目的显学。这一学科的迅速发展，意味着我国学术界对中国文化所具有的世界历史性意义的认识日益深化，也意味着我国学术界越来越多的人士开始意识到，中国的文化作为世界人类的共同精神财富，对它的研究事实上具有世界性。严先生认为，国际汉学研究的发展以及学界对国际汉学的日益重视，"是三十年来，我国人文科学的学术观念的最重要的转变，也是最重大的提升的标志之一"①。

严先生在国际汉学研究领域从最基本的原始材料的积累开始，在对学术情报资料进行翻译、整理的基础上，展开对"日本中国学"的学术阐述，以《日本的中国学家》和《日本中国学史》等研究成果为代表，奠定了"日本中国学"的学科史基础，推进了国际汉学研究的学科建设，其研究成果具有深刻的现实意义和学术价值。

（二）日本汉籍文献学

严先生在总结自己的日本中国学研究时曾说，他在这一学术方面"着手于两件工作"，"一是始终坚持从基础性资料的搜集和整理编纂做起，二是

---

① 严绍璗：《我对Sinology的理解和思考》，《世界汉学》2006年第4期，第7页。

努力于学术史和学科理论的建设，这二者又是相关联的"①。如果说前文介绍的是第二件工作，即"学术史和学科理论的建设"成就，那么下面要介绍的则是第一件，即"基础性资料的搜集和整理编纂"工作的贡献。

众所周知，书面文献是文化继承与传播的主要载体。中国文献典籍肇始东传，迄今已有1600余年的历史。在漫长的历史中，中国文献典籍在日本的流散情况和存在状态如何，是一个非常值得重视却长期未能得到关注的问题，只有掌握了这些典籍的来龙去脉，才能弄清楚中国文化传入日本的方式和特点。严先生通过几十年坚持不懈的努力，使汉籍文献的文化价值和世界意义得以更加清晰地凸显出来。

1985年，严先生应日本国际京都大学人文科学研究所的邀请，担任该所来自中国的首任"日本学"客座教授，从此开始着手实现他全面查访日藏汉籍的计划。1988年，严先生在香港树仁学院教学，他利用这一机会对抗战期间日本侵略军在香港劫掠的汉籍进行了调查，摸清了许多真相。1989年夏至1990年春，严先生又应日本佛教大学的邀请，担任该校文学部客座教授，主持"中日文化与文学研究"讲座，在工作之余，严先生继续访书，在日本友人的帮助下展开了更加广泛深入的追踪、调查。多年访书之后，1992年，严先生出版了日藏汉籍文献调查的第一部阶段性成果——《汉籍在日本的流布研究》（江苏古籍出版社）。该书分上下两编：上编"汉籍流布概论编"共五章，对汉籍作为中国文化的主要载体传入日本的轨迹、形式以及日本保藏汉籍的方式、特点等进行了宏观论述，从整体上梳理并呈现了汉籍向日本的流布；下编"汉籍流布特藏编"同样为五章，对日本汉籍的主要收集和保存机构以及流入日本的具体汉籍的形态和价值，进行了微观研究。

自20世纪80年代中期以来，严先生在海外查访汉籍的工作始终没有中

---

① 严绍璗：《我和日本中国学》，见《日本中国学史》，江西人民出版社，1991年，第6—7页。

断。1996年，严先生出版了日藏汉籍文献调查的第二部专著——《日本藏宋人文集善本钩沉》（杭州大学出版社）。2005年，又出版了《日本藏汉籍珍本追踪纪实——严绍璗海外访书志》（上海古籍出版社）。到2007年，严先生出版了日本汉籍文献学的集大成之作——3卷本《日藏汉籍善本书录》（中华书局）。

《日藏汉籍善本书录》共计350余万字，从1985年正式起步以来，完全是作者凭一己之力，花费22年的心血，往返日本30余次，造访日本100多个藏书机构，搜集目前日本汉籍藏本约80%—85%，整理文献10 800余种，才得以完成付梓的。从萌生编辑此书的想法，到最终正式出版，作者走过了从年过不惑到年近古稀的漫长岁月。在飞速变化的时代潮流中，能够如此忍耐寂寞，坚守理想，不能不令人钦佩和赞叹。恰如任继愈先生在该书序言中所言："作者用力之勤，功力之深，超过前人。……以他在学术上的成就，博得日本汉学家们的钦重，因而能够接触到一般读者难以接触的善本珍本。有利的外缘再加上他为探索文化交流现象的宏愿，锲而不舍的毅力，达到了文献整理的新天地。"该书从文化史学的立场出发，整理自古以来传入日本的汉籍善本，分"经、史、子、集"四部，详细考察了其版本状态、保存机构、传递轨迹、识文记事、相关记载等，成为我国出版的第一部全面著录日藏汉籍的大型工具书。但是，其价值和意义远不止于此。严先生长期从事东亚文学与文化关系的比较文学研究，因此在调查整理日藏汉籍的过程中，十分留意文本传递的历史轨迹和文化后果，并把这一学术理念与传统的目录学研究结合起来，以更广阔的学术视野推进了跨学科的融通。该书在宏大的文献考察的基础上，又以文本事实为依据，进一步论证了中日之间两千年的文化联系，为东亚文学与文化关系研究以及日本中国学研究奠定了坚实的文本基础。任继愈先生称："读此书，不仅广其见，也能助人开思路。"因为"前辈学人访求海外汉籍，他们的目光着眼于'访书'，寻访中土失传而东土现存的珍本古籍，而没有从文化交流的大局做进一步系统的探讨"。而严先生的《日藏汉籍善本书录》则"体现了现代学者治学的方法，透过中日汉籍交流的现象，揭示出文化交流的脉络"①。

汉籍向日本的流布是中日文化总体关系当中的一种文化现象，只有把它与总体的中日文化关系以及两国各自的文化综合起来考察，才能更加深入地理解它的真正意义。严先生的敏锐之处在于，他能够以宏观的视角和跨文化的立场，从文献的搜集和信息的整理当中，发现具有学术价值的命题，并进行学理性的研究和提升，逐步建构起体系性的学术理论。对严先生来说，把材料发掘出来仅仅是第一步，更重要的是把材料学理化，使之成为构筑学科大厦的砖瓦，这不仅需要学术的敏感，而且需要理性的头脑和深厚的知识背景及学术积累。

中国文献典籍在域外的传播，是国内文献的文化和学术价值在异质文化背景下的延伸，对它的研究本身即构成了中国文献学的一个特殊系统。当今许多年轻人，甚至一些小有成就的学者，都不愿从事资料性的工作，也看不起从事资料工作的人。实际上，基本资料的收集、整理和研究，正是学术研究的开端和基础，是必不可少的重要一环。严先生的学术也是从研读日本汉学和中国学的基本资料入手的。如今，经过40余年的积累，严先生独立追寻与钩沉散存于日本的汉籍文献，考辨其在东亚地区流传的轨迹，解析域外汉籍的文化学意义，为东亚文学与文化的研究提示了原典实证的途径，并拓展了域外汉籍研究的文化视野。严先生以《汉籍在日本流布的研究》《日本藏宋人文集善本钩沉》《日本藏汉籍珍本追踪纪实》和《日藏汉籍善本书录》等学术成果为代表，已经构筑起了"日本汉籍文献学"。②

严先生治学，既有日本学者追索资料的细致翔实和一丝不苟，亦有中

---

① 此段引文见任继愈《序》，《日藏汉籍善本书录》上册，中华书局，2007年，第1页。

② 在本文完稿时获悉，2009年9月《日藏汉籍善本书录》又获教育部人文社会科学研究成果一等奖。

国学者对理论的宏观视域和总体把握，另外还有其自身的坚持不懈与勤奋钻研。"文革"期间，为了在没有条件的情况下创造条件学习外语，严先生买来全国唯一的外文唱片《为人民服务》（用英文和日文朗读）反复地听。1969年，在江西鲤鱼洲"五七干校"劳动期间，严先生带去日文版《毛主席语录》和《毛泽东选集》反复阅读。20世纪70年代末，仅为编撰《日本的中国学家》，严先生就记录了两万张卡片，触摸了几千种材料。笔者在90年代初到严先生家拜访时，看到狭窄的书房里堆满了各种书籍资料，从书桌上方到书架之间拉了一条绳子，上面挂满了写着密密麻麻小字的卡片，印象颇深。这种潜心学问的精神，值得晚辈后学及学界同人的尊重和学习。

严先生的学术道路始终伴随着中国比较文学以及国际汉学研究的发展历程。关于自己的学术研究体系，严先生有这样一段总结：

> 40多年前，我从触摸国际"Sinology"，特别是从30年前以较大的精力从事"日本中国学"起始关注"东亚文化关系"，又从宽泛的"文化关系"的兴趣中专注于"东亚文学关系"的研究。我的目的是，希望通过这些"关系"的研讨，从中获得关于"东亚文化"或"东亚文学"传递的某些"学术图谱"，从而成为阐述"日本中国学"的具有确定性的"真实的背景"。不意一旦进入这些领域，就把自己放置于"比较文学"的研究之中，从此便堕入了"万劫不复"的境地，从而使自己研究的主次颠倒，把"比较文学"的研讨变成了"主业"，而把"Sinology"的研讨变成了"副业"，但同时也使这一"副业"在相对广泛的层面上逐渐夯实了应有的学术基础。①

---

① 严绍璗：《确立关于表述"东亚文学"历史的更加真实的观念——我的关于"比较文学研究"课题的思考和追求》，《中国比较文学》2006年第2期，第3页。

实际上，严先生的两大学术体系并无所谓主次，二者是交叉渗透、互补互益的。严先生的日本中国学研究，实际上也是"在'比较思维'的指引中"①进行的，因此不仅在研究的地域范围和学科范畴上，而且特别是在研究的观念方法上都与其比较文学研究密切相关。他正是通过比较的思维，探究并描摹了19世纪后期到21世纪初期"日本中国学"发生与发展的历史。

严先生的学术生涯，可以他的两句座右铭来概括："踏实的学风，刻苦地学习；独立的思维，实在地研究。"

---

① 严绍璗：《关于比较文学博士养成的浅见》，《中国比较文学》2005年第2期，第4页。

追随严绍璗先生问学点滴

聂友军

2022年8月6日12时02分业师严绍璗先生永远离开了我们，追随先生问学的过往历历浮现在眼前。余生也晚，2007年始在先生指导下初窥学问门径，追随先生问学凡十五年。曾在博士论文"后记"中简短记下读书期间先生对我的引领："选课、选题、职业规划，先生为我的成长殚精竭虑；邮件、短信、越洋电话，先生的关爱悉数化为催我奋进的鞭策；学习、生活、为人处世，先生率先垂范为我指明了航向。"工作后先生继续为我的科研、教学和生活指点迷津，令我受益终生。先生含道必授，无论在学业还是人生方面都是我永远的导师。

我一入学，先生即悉心指导我选课，鼓励我不要满足于修满学分，须不抱持门户之见，也不必固守学科界限，建议多听一些自己感兴趣的课程。先生某种程度的"放养"，更加助长了我兴趣驳杂、旁涉过多的积习野蛮生长。我也担心自己"兴趣颇广，心得全无"，为此特地向先生请教，先生笑而不语，谈笑间每每喜欢从报纸上的某一则报道引申开来，最后又总能不期然间归结、收束到"不正确的理解"、原典实证、"变异体"或文学发生学上来。如此潜移默化，我对先生的用心也形成了某种"不正确的理解"：广泛的兴趣无疑可以带来更丰富的材料，而进入研究层面则非有明确的问题意识不可；理论和方法说到底只是分析问题的工具，抓住问题的本质与事物的区别性特征才是解决问题的关键；好的思想方法在合理的范围内用到极致，便能产生"寸铁杀人"的功效。

先生手把手地教会我如何做好答辩秘书的工作，并让我在读书期间持续担任师兄师姐的答辩秘书，令我获益良多。后进如我得以近距离观摩师兄师姐的论文撰著全过程，也有机会向久已成名的同门诸前辈当面请益，并有幸向学科领域的顶尖学者问道求教，在此过程中更加深切地体悟到先生严谨的学风和对弟子的深情。每次和先生茶叙、餐叙时，总能听到他谈及师兄或师姐的某一篇论文，开题、预答辩、答辩等环节先生给出的意见建议和以先生的意见为大纲的答辩决议总能做到要言不烦，且有四两拨千斤的力道，师兄师姐都坦承这些意见建议对于完善论文乃至日后的书稿修改都极具针对性和导向价值。先生确保每一场答辩会既是一场学术盛会，又尽力促成师门的一次小型聚会，师友们在学问的分享交流中互相启迪，同门之谊在学术碰撞中绵延不绝。经由严格的学术训练，先生为弟子配备了足够的独立开展科研的装备，进而"扶上马，送一程"，并确保每一位学生在科研道路上都不孤军奋战，先生不仅用心，而且心中充满对学生与学术的大爱。

2011年毕业离京后，当面向先生请教的机会少了，主要通过电话时时请益，维持差不多每个月一次的频率。每次简单问候先生和师母健康起居后则主要听先生聊，先生总是中气十足，而且一般都能讲超过半小时。犹记得有一阶段我工作上不十分顺心，言谈中带有情绪，先生一直宽慰我并反复告诫"心里急，面上不要急"。每逢取得点滴成绩向先生汇报时，先生爽朗的笑声伴随着"太好了，太好了"的感叹从听筒另一端传来，极富感染力，每每听得我心潮澎湃。和先生定期通话给了我无尽的前行动力，激励我继续脚踏实地砥砺前行。

2017年4月25日，先生发给我一则很长的电子信息：

友军，你好！大著因我一篇序而延宕多时，于心戚戚焉。我自感近一两年来，神思散乱，手笔僵硬。此谓老之将至云尔！近日又眼睛不大好，医生判大概是生长因子有断裂，不明医理的人听来有些吓人，但医生又安慰说，不要紧的，老知识分子中有些人就是这样的，这也是一种职业病。她安慰说，如果老年人还与中青年身体一样，那又怎么能表现出老人的体征呢！我写文有一个陋习，文章出笼后总要再放一放，如家里做面食那样，要让和好的面醒，来回两三次，老人说这就有吃头了。

这是笔外闲谈了。

［中略］

说了这些，以代一夕之言。万事保重！

先生提到的"序"系指为我博士论文修改成的书稿《日本学研究的"异域之眼"》所撰的《序》（载《中国比较文学》2017年第4期）。在《序》中先生不吝揄扬，勉励有加，当铭记在心，并朝先生对我的期许不断迈进。

先生苦眼疾久矣，仍克服重重不便，逐章阅读我的书稿，令我既感且愧。在收到先生微信前，张冰老师已告诉我，先生日前冒着料峭春寒，从昌平泰康燕园出发，赶早班地铁，亲自将手写的十余纸《序》送到北大出版社了。面对先生如此关爱，感激之情充溢心间，再多的语言都显得苍白。

先生提到"文章出笼后再放一放"，虽谦称"陋习"，实则是先生始终坚持的一条治学原则：不急于发表，好文章是改出来的。反复修改文章像面醒发后多揉几遍的比喻可谓熨帖。先生说他的先生也是如此教导他们的，他模范地做到了。仔细阅读先生的文章和著作，可以发现这种不断深化、反复修改的功夫是一以贯之的，无论观点的提炼、材料的解读还是论述的展开都清晰地展示出一个持续提升的过程。

先生的微信中尚有我节略的一段，其后半评骘时下部分学人其"学术从本质上说［是］一种'商人原始积累'状态，无论做什么题目，聚拢多少人，都是这种形态的"。我视此为一记警钟，时刻提醒自己，先生一定不希望我步此后尘。

毕业十年后，我有机会换一个工作岗位，2021年3月14日先生欣然拨冗给我写推荐信，对我的成长多所肯定：

> 他在杭州工作十年，深受历史上与现实中浙东学派的学风浸润，体现为兼容并蓄、广采博取的治学风格和汇通文史、经世致用的学术理念。

先生嘉许我毕业十年时光没有尽行荒废虚度，稍慰我心，但我深知，自己远没做到先生期待的程度，但先生的指引无疑为我明确了今后一个阶段继续努力的方向。

愿先生的道德文章永世长存！

特悼挽严绍璗先生：

沿波讨源，万钧洪钟无细响，馀风足染时；

影徂心在，千里木铎有远应，名与天壤俱。

弟子聂友军敬

悼念我永远的导师严绍璗先生①

王广生

前日回京，约去泰康而不得。内心惴惴，如今日风云不定。十一点四十分，接到张冰老师哽咽来电：最坏情况在即，已上呼吸机，自"昨日"已失去意识。鼻中酸楚，不禁落下泪来。不多时，传来先生去世的消息。十二点零二分，严绍璗先生永远离开了我们！

一个人待在屋内，不知道要做些什么，微信群内闪现的都是悼念先生的文字。张西平老师在群内说：伟大的学者，永远的导师！然而对我来说，窗外还下着雨，如我之悲不能停息。

虽然我还不愿相信这是一个事实，但新的电话和微信提醒我，今晚要修订一篇关于先生的文字。作为严绍璗先生在北京大学荣休前指导的最后一名博士生，幸得亲炙，受教良多，也对严先生的学术与人生有了较多直接的了解与感受。容我从与先生交往的记忆中拣取二三事，与大家分享，以示我们共同的哀思。

---

① 此文底稿为《咖啡与理性：漫谈严绍璗先生的学术与人生》，拟刊登于王晓平先生主编的《国际中国文学研究丛刊》第十三集。特此说明。

一、 咖啡与"严学"

若论及近代以来的文化史，咖啡的位置甚为特殊。文艺复兴以降，在咖啡馆里喝咖啡，思考并讨论人生就成为流行的生活方式之一。如在18世纪的巴黎，咖啡馆成为当时文艺和思想界的汇聚地。可以说，咖啡不仅是现代生活的一部分，也是现代生活之现代性生成的一个不容忽视的原因。

咖啡，也是严先生最爱的饮品之一。我在北京大学攻读博士的四年间，跟严先生见面的地点多半是在咖啡馆。要么是北大校内的"师生缘"，要么是距离他所住蓝旗营附近的几处咖啡馆，要么是在国图的咖啡厅。即便在餐馆约餐，餐后也常常会点一杯咖啡，借以闲谈。若是我去他家拜访，遇到雨天，就会在客厅冲杯无糖的简易咖啡。我考入北大比较文学与比较文化研究所之际，严先生作为校聘教授，研究所和中文系已经没有再给他安排具体的课程，他只是偶尔受邀来校做几次讲座。因此，可以说，咖啡（馆）聊天，就是严先生给我开设的博士课堂。

说起来，咖啡不仅见证了我和严先生的一段师生缘，在此之前，也是我和严先生相识的某种机缘。

2009年4月初，我刚从日本调研汉学、中国学机构回国不久，因为业务的关系，在国图程真老师的介绍下，参加了北京外国语大学海外汉学研究中心主持的一场会议。一开场，严先生就作为特邀专家做了指导性发言，他言辞凝练而幽默，直指问题的要害。旁边的一位学者不由得感叹：不愧是大家风范！会议中场休息，我鼓起勇气走到严先生席前，想要请教一个萦绕我心头多日的困惑。但前面与严先生交谈的人很多，在一旁等候时，看到严先生谈话间，习惯性地拿起面前已经没有水的水杯，又轻轻放下。我便走上前去，端起那只空空如也的水杯，问道："严先生喝茶还是白开水？"严先生十分热情而和蔼地说："谢谢，麻烦给我续杯咖啡吧。"我想，当时严先生应该把我当作服务生了吧。①等我端来咖啡，跟他自我介绍后，他面带笑容，说："咱们彼此学习。"

大约是2009年9月末的一天，在钱婉约老师的引荐下，我第一次正式和严先生会面，地点就在北大东门蓝旗营万圣书园的咖啡馆。我进去的时候，看到严先生已经坐在那里，点了一杯咖啡，手拿一部书稿正在翻阅。颇为尴尬的是，那一天我穿的西服，从颜色到款型，和严先生身着的那套西服十分相近！那一年，我即将而立之年，而严先生已近古稀。

后来，严先生不无调侃地跟我说起此事：看来，我们注定是有些缘分的。在当时，我大概是既尴尬又紧张，很多细节都已模糊，只记得严先生很平和地问起我当下的研究计划和课题。在他看来，所谓博士研究，是在已有自己的思考和研究方向后的抉择。记得在引起学界热议的《关于比较文学博士养成的浅见》（原文为2004年10月"北大—复旦比较文学学术论坛"第三届年会上的讲话，载《比较文学与文化"变异体"研究》，上海：复旦大学出版社，2011年）一文中，严先生指出，对指导博士研究生而言，最好的状态是博士生既保持"原发性启动力"，也可以和导师的总体兴趣相一致，这种一致性，使导师具备指导学生的能力，也能够将学生的研究纳入一个总体的学术系统中。这无疑是一种实事求是的而又充满学术理想的态度，在他的著述和谈话中，经常可见朴实无华却又不失远见卓识的思考。就指导博士研究生这一话题来说，严先生提倡一方面尊重学生的自主思考和创造性，一方面也顾及导师自身的学术兴趣和能力范围，而非如某些高校集团作战式的博士生培养方式。今日重读此文，从这一博士培养之"浅见"中，我又深刻体会出严先生的学术理想和追求。

---

① 先生温文尔雅，谦退不争，不忮不求，待人接物皆以君子之风。2015年迁居泰康，我和根法兄、明江师弟协助搬家。在我责备搬家公司运输途中损坏物品时，先生却笑着多给了搬运工人几百元作为辛劳之资。偶遇他人中伤，他则以隐忍为主。而面对长者受辱、仁者之哀时先生却时而显示出悲怜和激越的一面。

众所周知，严先生自己的学问具备一种"圆融与超越"的特质，横跨古典文献学、比较文学与跨文化研究、国际中国学等多个领域，义理、考据、辞章并举而合一，是上述学术领域内均保持国际学术影响力的大学者。[①]但严先生从未在学生面前提及自己的学术成就，也未曾谈及自己在某某方面的创建等，更没有论及自己的学术理想，而始终持君子之风，谦和有度，留有对学术的警醒和自觉。但直到最近，重读先生文字，我隐约感到严先生早熟而又具备整体方法论意义的学术体系，与生俱来有一种内在而深刻的学术理想和追求，或者说正是这种内在而深刻的学术理想和追求，才使得严先生的学术早熟而又形成了完整意义的学术体系。在本土传统的学术史之外，这应该也受到了日本和欧洲汉学/中国学领域内的学术谱系现象的启发和影响，据此，严先生很早就开始尝试开拓兼具学术个性和普遍性的学术体系，若一言以蔽之，姑且称之为"严学"。

何为"严学"？所谓"学"此处可理解为一种"学派"，而非"门派"。严先生向来主张摒除门户之见，认为学术乃天下之公器，学者应秉此公器，以宽广之胸怀、自由之理性追求学术理想，获得真知。

在中国学术史上，伴随"道统"论的出现，也曾产生了"学派"的概念，但这种传统的"学派"多是政治性的，后受西方近代学术思想的冲击和影响，近代以来的"学派"概念多在其学术的理念与方法。

严先生的学术无疑具备了近代以来的"学派"之风，有着明确的认知论前提、学术原理和方法论指引以及学术的理想与追求，自成一个完整的学术体系。自1964年留校任教以来，在长达五十年的教学科研生涯中，严先生的学术主要在以下两个方面展开：第一，比较文学领域内，在原典实证、文本细读的基础上，于"变异体"和"发生学"意义上重新审视日本文明史（包

---

① 钱婉约：《严绍璗：圆融与超越》，载《人民日报》2010年8月6日《文苑副刊》。

括日本文化史）的生成、变异的过程，从而重新阐释日本文明的深层；第二，将上述"比较思维"引入日本中国学的研究领域中，在个案研究的基础上，完成对"日本中国学史"的整体性表述。就严先生的学问的整体状态和特色，张哲俊、周阅、王立群等"严门弟子"在《辉煌学术的发生与发展》《严绍璗先生的东亚文学关系与日本中国学研究》《打通与超越：严绍璗的学术历程》等文中有过更为完整而丰富的评述。算起来，严先生一共培养了24位博士（其中7位外籍留学生博士），而培养的方向，没有超出严先生自身所追求的上述学术系统。

回到第一次正式见面的话题。在咖啡的香味萦绕中，我似乎侥幸通过了初次的"面试"。此后，又有幸跟着严先生一起参加了王晓平先生主持召开的"国际中国文学研究中心成立暨东亚诗学与文化互读国际学术研讨会"等系列活动。在天津师范大学召开的学术会议上，王晓平先生用中国人文学术界的"五个一"①来比拟严绍璗先生的学术业绩和影响力，使我对"严学"有了初步的认知。而这些都发生在尚未正式步入"严门"之前。

2010年9月正式进入北大比较文学与比较文化研究所攻读博士学位，一切都似乎自然而然。但我知道，这是严先生在北大最后一次招生。自此以后，在北京大学的博士研究生招生导师的名单上，再也看不到严先生的名字了。

仅此一点，想起严先生对一个资质较差、年龄偏大又非所谓重点高校生源青年给予的信任和希望，我内心中便充满了暖意。

有人说，相较于茶的内敛和酒的纵情，咖啡文化最吸引人的地方，是它对理性的滋养。此话有道理，但也只说对了一部分，因为我们还要追问是怎样的理性——是黑格尔意义上的，还是康德意义上的？在严先生身上，我

---

① 第一个全面系统地调查日藏善本书籍的学者，第一个从事日本中国学研究的学者，第一个撰著中日文学关系史的学者，第一个培养中国历史上东亚比较文学博士的学者，第一个培养海外中国学博士的学者。见张哲俊：《辉煌学术的发生与发展》，载《严绍璗学术研究：严绍璗先生七十华诞纪念集》，北京：北京大学出版社，2010年，第10页。

看到的是后者。日常生活中流行的茶和酒的文化是社会现实的变形，充斥着欲望和秩序，但咖啡却似一剂醒药，刺激人的独立思考和自由想象。换句话说，严先生身上所见的"咖啡文化"，是一种自由的理性精神，其中不乏茶的清香、酒的温情，是独立，是追疑，是学术的谦虚自知，也是待人接物的平和与平等。

当然，熟悉严先生的人都知道，喝咖啡之余的闲谈，基本上是严先生在侃侃而谈，天南地北、古今中外，无所不容。有时我被先生风趣的故事和幽默的话语所吸引而忘记起始，先生却总能适时圆融归位，回到本初的话题。

在蓝旗营万圣书园东迁之前，我曾在这里度过了最美好的读书时光。那时，聂友军师兄、张冰师姐、洪生师兄（博士后）还未毕业，严先生还住在蓝旗营，伟山师兄还在人间。在北大上完课，就一个人或约着师兄去逛书店，在书店内的咖啡厅临窗而坐，时而闭目于耀眼的阳光，回想适才所见文字中描绘的景象，时而看向脚下那两只慵懒的肥猫，抑或窗外成府路上飞驰的车辆。记得有一次，牟学苑师兄远道而来，严先生带着我们一起去附近的醒客咖啡，郭勇师兄、贺雷师兄也在，谈论的具体内容大多已忘记，但场面温馨而热烈，至今难忘。

就在此刻，我端起书桌上的咖啡，想起严先生曾说，他出生于上海租界内的一个资产阶级家庭，小时候就熟悉了咖啡的味道。而这一爱好跟随了先生一生。

二、变异体的理论

或许是咖啡的理性滋养，严先生的学术特色之一便是理论体系（且融自洽与他洽为一体）的创立。在我看来，其中最突出的便是"变异体"和"发生学"的理论。①

2021年王旭峰、王立新两位先生在《中国比较文学》（2021年第3期，第138—150页）刊文《论严绍璗先生的比较文学"变异体"与"发生学"理论》指出："20世纪80年代以来，严绍璗先生逐渐形成了自己的比较文学'变异体'与'发生学'理论。他的这一理论具有坚实的文学基础、广阔的文化视野和科学的思维底色，树立了比较文学研究中相对可操作的客观公正的价值标准。在思想和文化层面，严绍璗先生的比较文学'变异体'和'发生学'理论反映了一种动态的和开放的思想路径，展现了比较文学跨学科研究的真正内涵和影响。"

此文应该是中国学界除严先生及其弟子之外，以严绍璗先生的"变异体"理论为题展开的较为公允的一次评述。不过，此文并未意识到严绍璗先生的"变异体"和"发生学"理论及其实践足可视为中国比较文学学派创建与独立之完成的标志性事件。这是继1982年6月严先生在《读书》杂志举办的"比较文学的理论与实践"座谈会上，于国内（至少在大陆）学界首次提出"创建具有自己民族特色的中国学派的构想"之后，又以自己独特而又丰富的学术实践和理论创设为本体，终以近乎"个体户"的方式开创了真正的"比较文学中国学派"之事业。即便如此，王旭峰、王立新之文也实属难得，但也从一个侧面说明，国内学术界对严先生提出的"变异体"理论的"后知后觉"。

关于严绍璗先生的"变异体"理论，我也借此机会根据自身的体悟稍做补充，以便学界更为充分地了解。

第一，严先生的"变异体"理论，从发生学的角度观察，必须将其放在使其生成的具体文化语境中，才能知其所以然。第二，或将严先生所倡议的

---

① 目前学界多看重严先生以文献目录学为基础的原典实证学术方法论体系，但先生在理论方面的创见同样不可忽视，对未来国内学界的发展而言，理论体系的创生与独立之侧面或更具启发意义。

"发生学"理解为"变异体—发生学"理论更为合理一些。我们近来提出一种新的思路，即"变异体—发生学—内共生"的思考模型，就直接源于对严先生学术思想的理解与继承。

关于第一个问题，实则要回答如下疑问，即作为原本是生命科学领域内的学术概念，"变异体"为何首先"跨界"到跨文化研究领域？又为何是严绍璗而非他人率先在人文学术领域内借用、阐发"变异体"的理念？

就这个问题，咖啡闲谈间，我也问过严先生本人。用他的话来说，或许这就是历史的偶然与必然碰撞而产生的戏剧性效果。

1964年，时任国务院副秘书长的齐燕铭先生，向北京大学提出整理"燕京哈佛"和"中法"资料的建议，时任北大副校长的魏建功先生，就推荐了严先生留校负责此事（在此之前，严先生奉魏建功先生之命，考取了社科院的研究生，正办理离校手续）。自此，原本古典文献学出身的严先生开始了跨文化的思考之路。不久，爆发了"文化大革命"，作为青年教师的严绍璗虽然出身"不好"，但也并非革命的"对象"。[①]在参加首钢工厂的劳动之余，他夜晚还坚持学习日文，当时的课本就是日文版的《毛泽东语录》。1971年，在有识之士的关怀下，严先生开始被不定期安排负责接待日本访问团等"外事任务"，至1978年的八年间，相继参加了130余次对外交往活动。换言之，即便在极端艰苦又封闭的状态下，严先生的认知和精神，也不间断地接受了"异质文化"的冲击和刺激。

1974年11月12日至12月6日，严先生作为"北京大学社会科学友好访日团成员"访日，在日本访问了日本京都大学、东京大学、早稻田大学等数十所著名大学。借此机会，严先生直接参与会见了包括吉川幸次郎、贝冢茂树、岛田虔次在内的200余位研究中国历史文化的一流学者和专家，并在京都大学

---

① 严先生经常给学生讲起关于他在北大亲身经历的历史风雨。即便在最艰难的岁月，也不乏仁爱和智者的北大，是他终生感怀的事情，他也以自己的一生追求，守护着"北大的精神"。

人文社会科学所东洋学文献中心浏览了该所的汉籍，目睹了《永乐大典》原本残卷……[1]

触发严先生思考"变异体"概念的机缘，除了北京大学优良而丰厚的学术传统与氛围、在封闭状态中也受到丰富的"异质文化"的刺激之外，严先生个人的学术素养和家庭环境或许是最直接也最容易被忽视的一个因素。

这就不得不提严先生的妻子，即邓岳芬师母。她和严先生为小学同学，后共同考入北京大学，并先后留校任教。只是邓师母所学是生物学，留校任职于北京大学生物系（现为生命科学院）。

在严先生迁居泰康之前，我去严先生住所，刚开始的时候，由于不太熟悉，邓老师总是和蔼可亲地跟我寒暄后，就进入书房或厨房打理自己的事情去了。即便如此，腼腆内敛的师母也渐渐和我熟识起来，后来也开始加入我和先生的聊天中。我曾很失礼地问过师母："您不大爱说话，而严老师善谈，在家里都是他说您听的份儿吧？"孰料，严先生一旁插话："邓老师的同事来了，话也不少的。"师母笑着回应："嫌弃我话多？"严先生赶忙答道："不敢不敢，您和同事的话让我学习很多！"当时我就突然想到"变异体"这个话题，就冒失地说道："严老师提出的'变异体'这个概念，是从师母那里'偷'来的吧？"

严先生并未否认，并在后来一次谈话中认真地跟我说，这个"变异体"概念的确是从师母和她的同事关于植物分子的遗传和变异的多次谈话中得到的启发。

顺便说一句。在写这篇文章之际，我还特意在网上查阅了师母署名的部分文章，发现多是关于细胞遗传学和植物生长、变异的论文。

关于第二个问题。2000年，严绍璗先生在《"文化语境"与"变异体"

---

[1] 聂友军：《严绍璗先生七十年大事编（1940—2010）》，载《严绍璗学术研究：严绍璗先生七十华诞纪念集》，北京：北京大学出版社，2010年，第536—537页。

以及文学的发生学》一文中，系统地阐述了有关"变异体"与"发生学"的理论与方法，并将其统合于"文学的发生学研究"。

> 文学的发生学是关于"文学"生成的理论，作为比较文学的一个新的研究范畴，它更加关注的是文学内在运行的机制，从而阐明每一种文学文本之所以成为一种独特的文学样式的内在逻辑。本文以文学的发生学为基点，详细地讨论了构成文学的发生学的"文化语境"的三个层面，并指出文本的"变异"机制是文学的发生学的重要内容，而"文明社会"中的文学文本中的大多数都是"变异体"文学。①

周阅老师也曾专门撰文指出严先生在比较文学研究领域最为突出的贡献，是建立了一套科学而严谨的比较文学研究观念和方法论体系，即"以原典实证为基础的文学与文化的发生学研究"。在周老师看来，严先生着力倡导的比较文学的"发生学"研究，具体来讲包含三个部分：第一，在多层面的"文化语境"中还原文学文本；第二，深层把握文学与文化传递中的"不正确理解"的形态；第三，解析文学与文化传递过程中的"中间媒体"，并揭示"文学的变异体"本质。②

由上可知，严先生和周阅老师都将"变异体"的概念作为"文学的发生学"之有机组成部分，纳入"发生学"这一整体的学术理论之中了。实际上，仔细观察，我们还可以进一步发现，在上述表述中，"变异体"还处于"发生学"理论核心的位置。据此，我们斗胆主张将这一理论体系描述为："变异体—发生学"理论。

---

① 严绍璗：《"文化语境"与"变异体"以及文学的发生学》，载《中国比较文学》，2000年第3期（总第40期），第1页。

② 周阅：《严绍璗先生的东亚文学关系与日本中国学研究》，载《严绍璗学术研究：严绍璗先生七十华诞纪念集》，北京：北京大学出版社，2010年，第13页。

这一思路其实也是受到了严先生的启发。记得有一次约严先生去北大"师生缘"喝咖啡，向先生请教博士论文开题一事。我提及感兴趣的宫崎市定，说道："宫崎市定的学术具有标杆意义，影响颇大，但看其表述存在很多问题，可惜当下国内学界还没有注意到这一点。"严先生响应说，他去日本访问期间，曾打算编撰翻译一套日本当代中国学名著译丛，并和宫崎市定本人有过几次会面，专门讨论过此事。他说宫崎市定研究必须做，特别是在内藤湖南研究如此热烈的当下。记得严先生跟我说，若无宫崎市定，何来内藤湖南的"宋代近世"之说？当时，我颇为惊愕，没敢言语。后来才注意到，在学术史上，若无其高足宫崎市定坐镇京都，承京都大学的东洋史学之学脉（世称日本中国学研究的"京都学派"），向欧美学界推介内藤史学之观念与成果，继续开拓内藤史学之内涵与边界，何来后学眼中持续散发着学术之魅力的"内藤史学"？世人口中的"宋代近世"之说，在英美学界就曾被称为"内藤—宫崎假说"。

借用"内藤—宫崎假说"之结构，将严先生的"发生学"表述为"变异体—发生学"，我想，如此表述至少可以让学界更为直接而明了地认知这一独创性学术理论的体系性和丰富性。

此外，作为严先生的弟子和后辈，我也时常在思考如何继承和发扬严先生这一独创理论体系的价值和意义的问题。

其一，相对于既有的"日本"的文学样态，日本汉诗既不是原来的中国文学，也不是原有的日本文学，而是一种新的文学样态。

其二，日本汉诗虽然已经不属于中国文学而成为日本文学有机的组成部分，但是其所据的内在规则和审美形式依然具有原有汉语诗歌的部分功能和主要表征（如日本汉诗中的律诗创作也力求遵循相应汉语的平仄、古韵和对仗等规则）。

其三，两个或多个（微）生物相遇、形成内部共生的关系便会在客观上重构一个具有与原有生命不同的形态及功能的新的物种，以适应外部环境和内部生命的重组。若对照上述"内共生假说"的三个方面与日本汉诗的文化形态和构成的三个方面，我们可以清晰地看到两者之间在逻辑模型和思维结构层面的一一对应关系。

因此，作为当下的科学思维和研究范式，"内共生假说"完全可借用于描述和阐明多元文化相遇、冲突、融合、变异之后产生的一种新的文化样态。这一道理和严先生借用生物学界的"变异体"概念去诠释和分析文学文化的生成过程相似，这从一个侧面证实了当下新文科建设、跨文化融合之内在所求与焦虑。

而为何"变异"和"内共生"这些生命科学的概念和范式，可以在人文精神科学领域内效用犹在，激发学术思考，则涉及一个更为根本性的话题，即人的精神（人的生命）的本源和本质。此处不宜展开，但英国进化生物化学教授尼克·莱恩（Nick Lane，1967—）在其近著《复杂生命的起源》一书中提出的一个观点值得我们思考，即生命的演化是围绕能量进行的，我们必须考虑能量才能理解生命的各种特征。或许，人性乃物性之绽放，人道乃天道之赓续，我们所研究的人道，即人文精神，实则是宇宙万物在另外一个层面以相似或相同的存在纬度上的别样展开。

以严先生的"变异体—发生学"观念为出发点，若参照当今生命科学界的"内共生假说"和现象发生学思路，我们或可以更好地理解历史及当下许多文化的生成性原因，解析文化生成的"内共生的多元文化"结构。例如，就日本近代文化形态的生成与变异，我们即可借此思考，超越诸多流行的日本文化论的模式（如杂交文化论、远端文明论等），更为清晰而深刻地描述日本文化的成因及其本质。

三、悼念先生

2020年9月3日，严先生的八十寿辰，实应庆贺，我也拟订了一份PPT纪念文档。无奈困于疫情，诸事搁浅抑或受阻，加之严师尚在隔离，师门诸位邀约面访也难以成行，甚为遗憾，也深感愧疚。

我本不才，承蒙不弃，幸在先生隐退之际执弟子之礼，其后愈感先生之风，山高水长，非愚钝如我所能及，先生之温良与理性之诙谐，在无法面会的当下，亦让我日感亲切而产生对过去的回想。

先生荣休后，迁居泰康，不久师母入院，相较在校期间，与先生联系渐多，我也得以深切体会先生心路的坎坷与坚韧，更加敬爱先生的善与真。我曾修订旧作而成《严先生八十寿诞贺念》，严老师应该还没看到过。

> 生逢残世悟道真，轻舟独楫向海深。
> 身落狂雨志犹在，寒侵烛火夜始沉。
> 万卷灯下叹中外，跬步斋里游古今。
> 跨海东渡历卅载，日藏汉籍见辛勤。
> 原典实证变异体，比较文化好凉荫。
> 古稀虽至从所欲，耄耋之年尚思敏。
> 讲经论世意飞扬，娓娓道来有余音。
> 僻居凤山望日落，复得月下闻虫吟。
> 又是孟秋气高爽，再祝先生不老心。

我知道，我再也没有机会跟先生说起这首蹩脚的诗作了。令我伤心的是，自2020年9月以来，先生的身心健康日损，以至到了形容枯槁的地步。去年就曾摔倒入院，我和蒋洪生师兄接他从专科医院返回时，先生瘦弱的身躯靠在我的肩头，双眼紧闭，不时因疼痛而呼吸急促，但他的手用力抓住我的手，未有一刻放松。我知道先生以强烈的意志在支撑，这个世界还有他所渴望的东西……不出所料，严先生很快站立并康复起来。那个谈笑风生、风趣幽默、博学广识的先生似乎又回来了。那段日子，先生的坚韧，触发了我内心久违的感动。

时间总在消磨美好的东西。最近给严老师打电话总是无人接听，内心惶恐起来。后来师母接到电话，跟我说严老师住院了，已经两个星期不怎么吃饭了，靠点滴维系。记得那是2022年7月16日，我委托工作人员让我和严先生打视频电话，那是我最后一次跟先生见面，只有短短的几分钟。严先生还认得我，但眼中少了光泽，说了几句话，先生就要闭上眼睛，我赶紧说："老师您要加油啊，您不能放弃自己！"他勉强点了点头，随后便昏睡过去。后跟蒋洪生师兄和张冰老师联系，但因疫情预约泰康而不得。随之传来不幸的消息。我知道，我再也见不到先生了。

晚年的先生，是孤独寂寞的，他是那么渴望和大家交流。疫情之前，我会每隔段时间就去泰康一次，也会尽量陪着他去市内参加活动或去医院看病拿药，那时，总有我和先生见面的机会。可是，疫情期间，我只能隔三岔五地打电话关心他和师母的生活，给他些希望和鼓励……慢慢地，电话另一端的声音越来越弱，先生的情绪也愈发低落，但在结束时，还会跟我唠叨说："有空给我打个电话，代我向咱们都认识的朋友问好啊。"但如今，即使这样的话语，我也听不到了，再也听不到了……

写完上面的文字，我的泪水依然无法止住。先生的学问与品德是举世的楷模，很多人都在表达自己的哀悼之意。对我来说，我心痛更多的是，一个熟悉而亲切的老师不在了，一个美好而丰富的生命在我眼前枯萎了，一个伟大而风趣的灵魂在这个世上消失了，我再也没有机会跟他说话、和他见面了……

去路迢迢，天地长哭，悼念吾师，先生千古！

中外文学关系与思想研究

有关《罗生门》的"外部"解读

李　强

摘要： 1915年11月，当时在东京帝国大学读大三的芥川龙之介在本校的文学刊物《帝国文学》第21卷第11号上，用笔名"柳川隆之介"发表了短篇小说《罗生门》，但文坛反响冷淡。对此，芥川龙之介曾先后有过多次"回应"。这些"回应"给我们提供了许多从"外部"解读《罗生门》的线索。细读细究这些"回应"，你会发现《罗生门》的解读，"外部"和"内部"是互为表里、相互依存的。道理很简单，若按照"新批评"的文本自足原则，仅从《罗生门》的作品或文本"内部"，有些基本事实你是无法读到的。而先期了解和掌握这些基本事实，对于从"内部"解读《罗生门》是至关重要的。

关键词：《罗生门》；"回应"解读；基本事实

一、《罗生门》的发表与文坛

《罗生门》首次是在《帝国文学》1915年11月号上发表的。当时除了《帝国文学》编辑青木健作的编辑按语①外，文坛反响冷淡，基本没有正式的评价。用芥川龙之介自己的话来说：

> 《假面丑八怪》和《罗生门》都是在《帝国文学》上发表的，当然也没有引起任何人的注意，完全被无视了。就像现在的《罗生门》，连迄今交往甚好的赤木桁平都不予置评。（《写小说多是受到朋友的煽动》）②

> 那篇《罗生门》也是因为当时《帝国文学》编辑青木健作氏的好意，才变成了铅字，但没上"六号批评"③。不仅如此，连松冈和成瀬都说了坏话。（《那时候我自己的事情》）④

"回应"中提到的赤木桁平原名池崎忠孝，是夏目漱石的弟子，曾与芥

---

① 原文如下：本号には若月氏の「妻」柳川氏の「羅生門」の特色ある二篇を輯録出来たのは愉快である。（本号愉快地辑录若月氏的《妻子》和柳川氏的《罗生门》两篇具有特色的作品。——笔者译）

② 原文如下：「ひよつとこ」も「羅生門」も「帝国文学」で発表した。勿論両方共誰の注目も惹かなった。完全に黙殺された。現に「羅生門」の如きは、今日親しく交際してゐる赤木桁平すらも黙殺した。（「小説を書き出したのは友人の煽動に負ふ所が多い」，「新潮」1919年1月1日）筆者译。

③ 指使用六号铅字的杂评栏。

④ 原文如下：その発表した「羅生門」も、当時帝国文学の編集者だつた青木健作氏の好意で、やつと活字になる事が出来たが、六号批評にさえ上らなかつた。のみならず松岡も成瀬も口を揃へて悪く云つた。（「あの頃の自分の事」、『中央公論』1919年1月1日新年号）筆者译。松冈、成瀬全名松冈让、成瀬正一，都是芥川龙之介一高至大学的同窗，曾一起创办过第三次《新思潮》。

川龙之介关系密切。芥川龙之介在《帝国文学》发表《罗生门》，本来是想借助帝国大学的人脉，但无人置评。他只好把希望转向《新思潮》的同人，没想到"连他们都说了坏话"①。所以他觉得自尊心受到了伤害，不仅对赤木桁平表示不满，还把气都撒到成濑身上，"把成濑想象成说坏话的始作俑者"②。

以上两段"回应"是1919年1月1日同一天分别发表在《新潮》和《中央公论》上的。尽管已时隔三年多，但言辞间仍带有怨气。可见，芥川龙之介对"当时文坛不予置评"非常不满。结合芥川龙之介1917年6月30日给江口涣的信来看，他认为"《罗生门》是（自己）当时多少得意的作品"③。这说明芥川龙之介原本非常看好《罗生门》，是想用它来登上文坛的。

现在看来，这些"回应"都是事后以"回想"和"书信"的形式公开的。对此，日本学者长野尝一曾在《罗生门》一文中指出：

> 无论是给江口涣的信，还是《那时候我自己的事情》的文章中，丝毫看不到受到恶评后芥川本人表示服输的意思。这些文章不是事实发生后马上写的，而是在确保了自己在文坛无法撼动的地位后，才想起的往事。（《罗生门》）④

---

① 1917年6月30日给江口涣的信。原文如下：「羅生門」は当時多少得意の作品だったんですが新思潮連には評判が悪かったものです成瀬が悪評の張本人だったやうに想像してゐますが。笔者译。

② 同上。

③ 同上。

④ 原文如下：それは前記江口涣宛の手紙でも、未定稿「あの頃の自分の事」の文章でも、そうした悪評を蒙りながら、芥川自身少しも参ったらしいけしきの見えないことである。むろんこれらの文章は、事実のあった直後に書かれたものではない。すでに押しも押されもせぬ文壇的地位を確保してから、往事を想起したものである。（志村有弘編：『芥川龍之介「羅生門」作品論集』（近代文学作品論集成4），東京：クレス出版，2000年，第12頁。）笔者译。

　　我赞同长野尝一的这一分析。它提醒我们在梳理和引用类似的"回应"时应该特别注意它们与时间、场合、对象等的事实关系。这次重读《罗生门》，在阅读日本学者田中实的《小说的力量——为了新的作品论》[①]时，读到过一段由田中实从英语转译成日语的文字，起初并未在意，但结合其他"回应"和"实证研究"反复阅读后，觉得它从源头上把《罗生门》遭无视问题的"前因后果"用事实关系串联在了一起，文献价值极高。这段文字译自1993年10月29日发现的芥川龙之介在东京帝国大学读书期间的英语笔记[②]，题目为《拥护〈罗生门〉》：

　　　　这部小说，是我迄今写的小说中成就最高的作品。这是由衷的。尽管如此，但也不得不承认这部短篇未能充分表现想说的意思。也有许多不足和令人难以接受的地方。出版后反复阅读这部作品，痛感自己的过敏，还有就是对自己轻蔑同时代几乎所有日本作家的作品的傲慢感到可笑。这样的心情是不太愉快的。（《拥护〈罗生门〉》）[③]

　　这是芥川龙之介对《罗生门》，也是对自己的一次"直率"的自我辩护。从中可以读出他写这部"处女作"的不易，也可以读出他对文坛的看法，更可以读出他的自信和自负。至于芥川龙之介为什么用英语写这段文字，具体

---

　　①　大修馆书店，1996年2月。
　　②　现收入『芥川竜之介资料集图版 2 』，山梨县立近代文学馆，1993年11月。
　　③　原文如下：この小説は、自分が今までに書いたなかでも最高の出来の作品だ。心からそう言える。とはいえ、この短い作品の中で言いたいことを十分には表現できなかったことも認めざるを得ない。甚だしい弱点やどうしようもなくつまらないところもある。活字になったこの作品を何度も読み返してみて、過敏な自己を痛感し、また同時代の日本の作家達のほとんどの作品を軽蔑していた己れの傲慢さを笑わずにはいられなかった。こういう心境はあまり快いものではない。（田中実：《小说的力量——为了新的作品论》，第52—53页）笔者译。

是什么时间写的，我从《那时候我自己的事情》中读到了这样的线索：

> 自己一高以来的朋友中，有人竟然给我来信，说我本来就下不了决心写小说，还不如趁早退出。说我有"想写的毛病"。托他的福，让我记住了"Cacaoethes Scribendi"这个无聊的拉丁语词语（他在词语下用括号标注了"想写的毛病"）。（《那时候我自己的事情》）①

对于"一高以来的朋友"说自己"下不了决心写小说，还不如趁早退出"，芥川龙之介未做任何反驳，因为那是事实。但对于他说自己有"想写的毛病"，芥川龙之介做了辛辣的反驳和辩解。那个"一高以来的朋友"是否指成濑正一，现已无从考证。但有关的"实证研究"已证明：芥川龙之介与成濑正一确实在1915年11月22日傍晚，也就是《罗生门》发表后不久，曾就《罗生门》的不足，发生过激烈的争执。②另外，据田中实介绍，英语笔记中有一封信是写给成濑正一的，但只写了开头。③ 由此可以推断，英语笔记《拥护〈罗生门〉》是针对成濑正一写的，时间应该是1915年11月22日当晚或以后的几天内。这样就把芥川龙之介为什么会"记恨"成濑正一的事实理清楚了。

英语笔记《拥护〈罗生门〉》，是芥川龙之介在"事实发生后马上写"的"回应"。但它是1993年10月29日才发现的。所以可以说，自1915年11月《罗生门》首次发表后，至1917年5月第一短篇集《罗生门》出版前，芥川龙

---

① 原文如下：それから自分の高等学校以来の友だちの中には、一体自分が小説を書くのが不了見なのだから、匆々やめるが好いと意見の手紙をよこした男さえいた。自分がCacaoethes Scribendiと云う碌でもない拉甸語を覚えたのは、その男の手紙を読ませられたおかげである（彼はその下へ括弧をして「書きたがる病」と注を入れてゐた）が。笔者译。

② 参见关口安义：《罗生门的诞生》，台湾：翰林书房，2009年，第165—166页。

③ 参见田中实：《小说的力量——为了新的作品论》，第42页。

之介基本没有就《罗生门》遭无视问题公开说过话或写过文章。这说明芥川龙之介从一开始就采取了隐忍和克制的态度。就芥川龙之介性格来说，隐忍和克制就意味着不放弃：一是不放弃《罗生门》，二是不放弃文坛。但他心里很清楚：在解决《罗生门》的问题前必须先解决自己立足文坛的问题。

所以芥川龙之介以后做的一切都带有背水一战的倔强和不服输。1915年12月，经同窗介绍，芥川龙之介参加夏目漱石的文学沙龙"木曜会"（星期四会），成为夏目漱石的关门弟子。1916年2月，芥川龙之介、久米正雄、松冈让、成濑正一、菊池宽五人共同创刊第四次同人杂志《新思潮》，主要目的是想让夏目漱石通过杂志读到他们的作品。事实也证明了这一点，夏目漱石读到创刊号上芥川龙之介的《鼻子》后，马上写信给芥川龙之介，给予极高的评价：

> 《新思潮》上你的作品、久保君的作品、成濑君的作品都读了。我觉得你的作品非常有趣。沉稳，不戏谑，自然形成的幽默让人忍俊不禁，堪称上品。而且一看就知道用的材料很新，文章结构内容完整，令人佩服。这样的小说如果写上二三十篇，定能成为文坛上无与伦比的作家。不过仅靠《鼻子》还不足以引起多数人的注意，即使注意了也会被无视。这种事不必介意，不停地写就行。不去想外面的事，对身体是一种良药。（以下略）①

---

① 原文如下：新思潮のあなたのものと久保君のものと成瀬君のものを讀んで見ました。あなたのものは大變面白いと思ひます。落着があつて巫山戯てゐなくつて、自然其儘の可笑味がおつとり出てゐる所に上品な趣があります。夫から材料が非常に新らしいのが眼につきます。文章が要領を得て能く整つてゐます。敬服しました。あゝいふものを是から二三十並べて御覧なさい。文壇で類のない作家になれます。然し「鼻」丈では恐らく多数の人の眼に觸れないでせう觸れても、みんなが黙過するでせうそんな事に頓着しないでずんく御進みなさい。群衆は眼中に置かない方が身體の薬です（以下略）。笔者译。

　　《鼻子》获得成功后，芥川龙之介接受《新小说》的约稿开始写《芋粥》，因为担心文坛的负面评价会影响自己的声誉，所以写作期间表现得非常紧张和不安，曾四次给恩师夏目漱石去信诉说自己的心情。1916年9月《芋粥》发表后，夏目漱石及时给芥川龙之介寄去"读后评"，赞扬了《芋粥》。因为与夏目漱石的师生关系，加上又私淑森鸥外学习历史小说作法，所以芥川龙之介被人称为"夏目漱石和森鸥外的私生子"。在这样的背景下，芥川龙之介凭借《鼻子》和《芋粥》顺利登上文坛。

　　据《写小说多是受到朋友的煽动》一文的结尾所说，芥川龙之介是1918年夏天才真正拿出勇气决定当作家的。①也就是说他因《鼻子》和《芋粥》成名后在是否当作家的问题上，曾经犹豫了近两年的时间。《写小说多是受到朋友的煽动》是一篇"回想"，可信度如何暂且不提。但可以说，这期间他在观望，他想看到文坛对自己的真实评价，也想看到文坛对《罗生门》的"平反"。

　　从当时的情况看，自从有了夏目漱石对《鼻子》的评价后，文坛开始有人关注起芥川龙之介的《罗生门》。青头巾在1916年4月号的《新潮》上点评《鼻子》时说：

　　　　芥川龙之介的《鼻子》也很有意思，但不及此人同样取材平安朝的《罗生门》。《罗生门》写出了时代，不仅仅是世道人心，还把能够隐约感觉到的时代思潮都写了出来。这篇小说（指《鼻子》，引者注）只能说是一篇"寓言"，仅仅是一些想法而已。但是，轻快飘逸的写法与内容相得益彰，堪称"小品"。（《读过的作品》）②

---

　　①　原文如下：本当に小説を書いて行こうといふ勇気を生じて来たのは、最近半年ばかりの事である。文章是1919年1月1日发表的，1918年夏天是推算得出的。
　　②　『芥川龍之介「羅生門」作品論集』（近代文学作品論集成4），第6頁。

1917年5月23日，芥川龙之介把截至当时创作的14部短篇小说集结成第一本短篇集由阿兰陀书房出版。从卷首印有的"供在夏目漱石先生灵前"的字样看，应该是为了回报恩师的知遇之恩。但是从书名和编辑装帧看，有两点是非同寻常的。一是没有用得到夏目漱石赞扬的《鼻子》或《芋粥》作为书名，而是用了蒙受不公的《罗生门》。从作品的选择排序看，《罗生门》放在第一，《鼻子》放在第二，《芋粥》放在最后，没有收入《罗生门》以前发表的作品。他把《罗生门》放在"处女作"的位置，是向文坛表明他真正的小说创作是从《罗生门》开始的，另外还带有为《罗生门》"平反"的意味。二是在书的扉页上特意请一高时代的恩师菅虎雄题写了"君看双眼色，不语似无愁"的诗句①，表达自己对《罗生门》的钟爱和无法说真话的苦衷。

第一短篇集《罗生门》出版后，文坛反响很大。一个月后的6月27日，23位当红作家联合召开了出版纪念会。会后的6月28日，芥川龙之介的作家朋友江口涣在《东京日日新闻》上写文章高度评价了芥川龙之介的创作和《罗生门》②。本节开头提到的芥川龙之介1917年6月30日给江口涣的信，就是芥川龙之介看到江口涣的文章后写的。江口涣的文章在前，芥川龙之介的信在后，时间吻合，事实关系清楚，很能说明当时的情况。

另外，1917年7月号的《三田文学》上，有一篇无署名的文章，称当时的新近作家中像《罗生门》作者那样功底扎实的实属少见。并说：

> 读他的作品，感觉整体构思严密，无赘笔，无缺憾，有条不紊，井然有序。……《罗生门》（指第一短篇集，引者注）所收14篇作品，从数量上说，取材过去的占多数。但在被称为"历史物"的创作上，没有太优秀的作品。能够比得上《父亲》或《猿》的作品一篇都没发现。

---

① 为日本江户时代临济宗白隐禅师的诗句。
② 江口涣：《芥川君的作品》（上）（中）（下），1917年6月28日、6月29日、7月1日连载于《东京日日新闻》。

如勉强找的话，大概也就是得到夏目氏赞赏的《鼻子》，以及《孤独地狱》和《貉》三篇。而这三篇基本都没有突破讲故事的旧套。不过也没必要过于苛责，因为作者最近有一篇《偷盗》显示出令人惊喜的进步。再次强调，在只写would be的现今文坛，能够发现开始写genuine artist的芥川氏，是最大的幸事。（《〈罗生门〉（芥川龙之介氏著）》）[1]

这些评价都说明《罗生门》和他的作者已经开始被文坛接受和认可。需要补充说明的是，成名后的芥川龙之介在第一短篇集《罗生门》出版前，就已经在1917年5月5日的《时事新报》上发表《我走过的路·写于〈罗生门〉之后》[2]，第一次向社会公开了《罗生门》当时蒙受的不公，以后又多次以"回想"和"书信"的形式提及此事。这为我们从"外部"解读《罗生门》提供了宝贵的资料和线索。

从《罗生门》到《鼻子》，再到《芋粥》，芥川龙之介一路走得非常艰辛。至于以后该走的路，他在发表《我走过的路·写于〈罗生门〉之后》时就明确表示：

> 不过近来我愈发明白，只有以自己的方式走自己的路，才能多少有些长进。因此，我常常感到所谓"新理智派""新技巧派"之类的称号，对自己只能是麻烦的招牌。因为在那些称号的归纳下，我竟毫无勇气相信自己的作品具有鲜明而纯粹的特色。（《我走过的路·写于〈罗生门〉之后》）[3]

---

[1]　『芥川龍之介「羅生門」作品論集』（近代文学作品論集成4），第8—9頁。

[2]　后收入第一短篇集《罗生门》卷末。

[3]　引文为候为译，收入芥川龙之介著、林少华等译《文艺的，过于文艺的》，北京：金城出版社，2012年，第282—283页。

芥川龙之介说的"只有以自己的方式走自己的路"，就是继续写自己擅长的"王朝物"。他从《今昔物语集》特别是"本朝部分"中发现和找到了可以用来借古喻今，隐喻现代社会人性恶的"故"事。但如何将这些"故"事与现代社会产生联系，并隐匿自己的主观情感，这对于初登文坛，性格有点傻、有点较真的芥川龙之介来说，是必须优先考虑的问题。在"说话"故事和"说话"叙事的选择上，芥川龙之介选择了后者。因为《今昔物语集》的"说话"叙事，属于历史叙事，给人以尊重史实、真实可信的感觉。而且用"故"事写小说，也不可能只是单纯的复述，里面肯定要有"注进新的生命"式的改写或再叙述。所以，可以这样说，芥川龙之介在《今昔物语集》中发现了"说话"故事，更找到了契合自己的"说话"叙事。

二、《罗生门》的文本与《今昔物语集》

《罗生门》在日本被称为"历史小说"[①]。既然是"历史小说"，那就会涉及"出典"的问题。了解其"出典"，是从"内部"解读《罗生门》之前必做的功课。

关于《罗生门》的创作，芥川龙之介在《那时候我自己的事情》中说过，它取材于《今昔物语》。芥川龙之介所说的《今昔物语》，亦称《今昔物语集》，是日本中世成就最高的说话集。芥川龙之介曾撰文介绍说：

> 《今昔物语》三十一卷分天竺 、震旦 、本朝三部分。说本朝部分

[①] 《罗生门》在日本被称为"历史小说"。译介过《罗生门》的鲁迅曾在《译者附记》中指出《罗生门》是一篇"历史的"小说，而不是历史小说。本篇不讨论这个问题，因为无论是"历史小说"，还是"'历史的'小说"，对它们的研究都有严格的专业界定。

最有意思恐怕没有谁会有异议。本朝部分最令我等感兴趣的是"世俗"及"恶行"部。——即《今昔物语》中最接近社会新闻的部分。……作者这样的写生笔致清晰地描绘了当时人们的内心斗争。他们也和我等一样为了裟婆苦而呻吟。……《今昔物语》充满了野性美，……每当我打开《今昔物语》，就能感觉到沸沸扬扬的哭声和笑声。（关于《今昔物语》）①

可见，芥川龙之介从文之初，在改写或再叙述历史"故"事时，就把眼睛盯在了普通人身上，关注的是他们原生态的情感和人性。在选择与《罗生门》"出典"有关的两则"故"事时尤其如此。《罗生门》的主要故事取材于《今昔物语集》卷二十九《本朝·恶行》第十八话《盗人登罗城门②上见死人的故事》。全文如下：

从前，有个男子从摄津国一带上京城行盗，天还大亮着，便藏在罗生门下。珠雀大路上人来人往，他站在门下等候，听见山城方面来了很多人，怕被人看见，轻巧地爬上了门的二层，见迷迷糊糊燃着灯火。

盗人觉得奇怪，透过格子窗张望，有个年轻女子的尸体躺在那里，枕边燃着灯烛，有个白发苍苍的老妪坐在死人的枕头上，正拼命地撕扯死人的头发。

盗人见了有些疑惑，心想："也许是鬼吧？"他毛骨悚然，又想：

①　原文收于《日本现代文学全集　芥川龙之介集》，东京：讲谈社，1969年。译文引自：金伟、吴彦译：《今昔物语集（三）》，北京：万卷出版公司，2006年，第1502—1506页。

②　原文"罗城门"，芥川龙之介改用"罗生门"，但无任何说明。对此学界有过许多研究，尚无定论。具体参阅金伟、吴彦：《芥川龙之介的小说〈罗生门〉和〈今昔物语集〉》，《日语教育与日本学》2019年第14辑。

"也许是死者的灵魂吧？先吓唬吓唬。"他悄悄打开门，拔出刀来，叫道："谁，谁？"说着冲上前去。老妪慌忙合起手掌狼狈不堪。盗人问道："这个老妪是什么人，在干什么？"

老妪说："我的主人①死了，没人安葬，就放到这里了，那女子的头发很长，想拔下来做假发，来帮一把。"盗人剥下死人的衣服和老妪的衣服，又夺过拔下来的头发，跳下来逃走了。

那上面有很多死人的尸骨，不能下葬的尸体都弃置在这座门上。

这件事是那个盗人对人说起来的。②

《罗生门》的次要故事，即镶嵌故事则取材于《今昔物语集》卷三十一《本朝·杂事》第三十一话《大刀带阵卖鱼妪的故事》。全文如下：

从前，三条院天皇还是皇子的时候，有个女子经常到大刀带阵卖鱼，大刀带的卫兵们买来吃，味道很鲜美，赞不绝口，都喜欢这道菜，是些切碎的干鱼。

八月，卫兵们架小鹰到北野狩猎，卖鱼的女子也来了。卫兵们认识她，心想："这家伙到这里来干什么？"骑马过去一看，见她拿着一个大箩筐，手里还拿着一条鞭子。她见卫兵们过来了，慌慌张张想逃走。卫兵们想看看她的箩筐有什么，可她藏着不让看。卫兵们觉得可疑，夺过来一看，是切成四寸长的蛇。卫兵们觉得奇怪，问道："这是干什么用的？"可是她不回答，只是呆呆地站着。原来这家伙用鞭子打草惊蛇，把蛇杀死切成块，拿回去盐渍晒干后贩卖。卫兵们不知情，纷纷买来吃。

---

① 原译文为"丈夫"。译者金伟先生审读本文时，建议改为"主人"。特此说明。

② 《今昔物语集（三）》，第1389页。

都说吃蛇对人不好，可是为什么没中毒？

这种切得不成样的鱼，不能随意买来吃。人们听说此事议论纷纷。

（原注）大刀带阵：保卫皇太子的护卫们居住的地方。①

《罗生门》是将以上两则"故"事叠合后经过改写或再叙述而成的。与原"故"事对照可以发现明显的不同。日本学者长野甞一将其归纳为三点：一是主人公的境遇、身份不同；二是女子尸体的身份不同；三是《罗生门》穿插描写了主人公的心理，而原"故"事则没有。长野甞一认为芥川龙之介的文学功绩就在于将原"故"事现代化，对原来只能登在报纸第三版的社会新闻做了特写和强调。② 其基本特征是"穿着历史衣裳的现代小说"③。这一点就像鲁迅先生译介《罗生门》时说的那样：

他的复述古事并不专是好奇，还有他的更深的根据：他想从含在这些材料里的古的生活当中，寻出与自己的心情能够贴切的触著的或物，因此那些古代的故事经他改作之后，都注进新的生命去，便与现代人生出干系来了。④

《罗生门》讲的故事很简单。它讲了一个仆人的故事，在仆人的故事里套了老妪的故事，在老妪的故事里又套了女尸的故事，三个故事都讲了人

---

① 《今昔物语集（三）》，第1486页。

② 参见长野甞一：「羅生門」，『古典と近代文学——芥川龍之介』，筑波：有朋堂，1967年。收于『芥川龍之介「羅生門」作品論集』（近代文学作品論集成4），第19—20页。

③ 福田清人、笠井秋人：《芥川龙之介　人与作品7》，东京：清水书院，1966年，第106页。

④ 鲁迅：《〈罗生门〉译者附记》，《鲁迅全集》第10卷，北京：人民文学出版社，1981年，第227—228页。

性之恶。但在"恶"这一点上，仆人甚于老妪，老妪甚于女尸，程度是递进的。在这样一种俄罗斯套娃式的叙述中，我们可以清晰地看到两种递进的流变：一是仆人作恶的心理流变，二是人性恶互害模式的流变。改写或再叙述后的《罗生门》，不仅把原"故"事中的"强盗"变身为"仆人"，把"老妪"贬称为"老太婆"，把"年轻女人"变成"女尸"，而且还巧妙地利用原"故"事的素材，把静态的说话叙事虚构成动态的文学叙事，使《罗生门》具有了拓展性的文本特质和阐释空间。

三、《罗生门》的创作与"失恋问题"

1919年1月1日，芥川龙之介在当时的顶级刊物《中央公论》上发表《那时候我自己的事情》。其中有这样一段"回想"：

> 以后，在象征自己大脑的书房，当时写了《罗生门》和《鼻子》两篇小说。因为受到半年前夭折的恋爱问题的影响，一人独处时会情绪低落。所以为了摆脱现状，想尽可能写一点愉快的小说。于是，便从《今昔物语》中取材，写了这两个短篇。虽说是写了，但发表的只有《罗生门》。《鼻子》中途搁笔拖了一段时间。（《那时候我自己的事情》）①

---

① 原文如下：それからこの自分の頭の象徴のやうな書斎で、当時書いた小説は「羅生門」と「鼻」との二つだつた。自分は半年ばかり前から悪くこだはつた恋愛問題の影響で、独りになると気が沈んだから、その反対になる可く現状と懸け離れた、なる可く愉快な小説が書きたかつた。そこでとりあへず先、今昔物語から材料を取つて、この二つの短編を書いた。書いたと云つても発表したのは「羅生門」だけで、「鼻」の方はまだ中途で止つたきり、暫くは片がつかなかつた。筆者译。

这段"回应"记录了《罗生门》是因"失恋问题"而写的事实。为此，日本学界从20世纪60年代中期开始，就《罗生门》是写于"失恋问题"之前还是之后的问题①，做过许多"实证推断"。至20世纪80年代初，随着新材料②的不断发现，学界对此问题有了基本一致的看法。但"失恋问题"的内涵与外延，以及与《罗生门》的创作动机和主题之间的事实关系，仍是一个需要下功夫去梳理和解读的话题。

芥川龙之介的"失恋问题"是真实发生过的，而且是让他刻骨铭心，甚至给他造成了身心伤害。1915年2月28日，芥川龙之介给一高时代最好的朋友井川恭去过一封长信③，详细介绍了事情的经过。信比较长，择其要点介绍如下：

> 我很早就认识一个女孩。当她和别的男人有了婚约时，我才意识到我是爱她的。……我想向她求婚。……向家里人提起此事，遭到强烈反对。伯母哭了一晚，我也哭了一晚。……第二天早晨我阴沉着脸说"我放弃了"。以后不愉快的日子持续了好几天。④

1915年3月9日，芥川龙之介再次给井川恭去信说：

> 有没有脱离自我的爱？爱若有自我，那就无法消弭人际间的隔阂，

---

① 参见关口安义：《阅读〈罗生门〉》，天津：小泽书店，1999年，第72—75页。
② 参见《阅读〈罗生门〉》，第77—78页。
③ 参见《阅读〈罗生门〉》，第60—62页。
④ 原文如下：ある女を昔から知ってゐた。その女がある男と約婚をした。僕はその時になってはじめての僕がその女を愛してゐる事を知った。…僕は求婚しやうと思った。…家のものにその話をもち出した。そして烈しい反対をうけた。伯母が夜通しないた。僕も夜通し泣いた。…あくる朝むづかしい顔をしながら僕が思い切ると云った。それから不愉快な気まづい日が何日もつづいた。笔者译。

就无法疗愈落在人身上的生存苦的寂寞。如果没有无自我的爱，人的一生将无比痛苦。

周围是丑陋的，我自己也丑陋。满眼看去都是生存的痛苦，而且人被迫那样活着。如果这一切都是上帝的安排，那么上帝的这种安排就是恶意的嘲弄。①

这是芥川龙之介的初恋，本来是单相思，纯属男女间的情感问题。但他却用"天生的神经质"透过现象看到本质，把自己失恋后的痛苦上升到人间生存苦的高度，背后有他对"世纪末"的认识理解。失恋后的芥川龙之介曾一度自暴自弃，沉溺于花街柳巷，身心遭到摧残。朋友井川恭担心他自杀，特意安排他去岛根松江休养，用亲情和环境疗愈了他的身心疾患。结束休养回到东京后，芥川龙之介给井川恭寄去新写的《诗四篇·献给井川君》②，一是表示感谢，二是表明自己已逐渐摆脱失恋的痛苦，将开始新的创作。《诗四篇·献给井川君》的内容③与《罗生门》的构思酝酿关系极大。日本学者竹盛天雄据此推断，认为《罗生门》是9月中旬开始写作，9月底前完成的。④

现在看来，"失恋问题"确实影响到《罗生门》的创作。但它是如何影

---

① 原文如下：イゴイムズをはなれた愛があるかどうか。イゴイムズのある愛には人と人との間の障壁をわたる事は出来ない。人の上に落ちてくる生存苦の寂莫を癒す事は出来ない。イゴイムズのない愛がないとすれば人の一生程苦しいものはない。周囲は醜い、自己も醜い。そしてそれを目のあたりに見て生きるのは苦しい。しかも人はそのまゝに生きる事を強ひられる。一切を神の仕業とすれば神の仕業は悪むべく嘲弄だ。（1915年3月9日）笔者译。

② 1915年9月19日寄出。

③ 由"Ⅰ受胎""Ⅱ阵痛""Ⅲ相逢""Ⅳ希望"构成。全文参见《罗生门的诞生》，第37—142页。

④ 参见竹盛天雄：「羅生門」—その成立をめぐる試論—，菊池弘·久保田芳太郎·関口安義編『芥川龍之介研究』，明治書院，1981年3月5日。

响的？这里面有一个非常现实的问题，即《罗生门》是"实写"，还是"虚写"？"实写"是指把"失恋问题"背后的养父母和伯母都作为形象思维的对象写进小说。但这是芥川龙之介最忌讳的，他害怕由此牵扯到自己复杂的家庭背景。"虚写"是透过与"失恋问题"类似的现象看到本质式的抽象思维的写法。从芥川龙之介小说创作的特点看，我倾向于后者。关于这一点，日本学者柄谷行人曾经说过一段意味深长的话：

> 提到恋爱事件，在我的想象中，与其说是因为养父母的反对，不如说是因为自己的意志而放弃的。"父子纠葛"本来就不可能存在。也就是说，悲哀是有的，但其中没有思想性。芥川在某个时期曾经有过与此次恋爱事件极其相似的经历，那时他的"根源性选择"就已经决定了他的精神取向。所以，以后只能不停地重复同样的模式。（《芥川的死亡意象》）[①]

柄谷行人的话有点尖刻，但他说的"那时他的'根源性选择'就已经决定了他的精神取向"倒是事实。芥川龙之介成为作家前已形成的世界观认识论决定了他的思维定式，也决定了他写小说的构思模式和写作模式。"他为了解人生，对街上的行人视而不见。与其观察街上的行人，他宁可去了解书

---

① 原文如下：恋愛事件についていえば、私の想像では、芥川は養父母の反対によるよりはむしろ自分の意志で断念したのであり、「父子の葛藤」は本当はありはしなかったのだ。すなわち悲哀はあったが、思想性はそこにはなかったのである。芥川はある時期にこの恋愛事件ときわめて相似した体験をしており、その際の彼の「根源的選択」がもはや彼の精神の姿勢を決定づけてしまったため、結局同じパターンのくりかえしでしかありえなかったと考えられる。（柄谷行人：『「芥川における死のイメージ」新文芸読本　芥川龍之介』、東京：河出書房新社、1990年，第121頁）筆者訳。

中的人生（《大导寺信辅的半生·五书》）。"① 也就是说，他关心的是形而上的"人生"，而不是形而下的"行人"。《罗生门》发表后，芥川龙之介本人在英语笔记《拥护〈罗生门〉》"中也说过类似的话，很能说明问题。

> 《罗生门》是一部短篇小说，用来具体表现我的一些人生观。尽管不能说我已经确立了自己的人生观，但这部小说不是仅靠"游戏心态"写成的。里面涉及"道德"的问题。在我看来，至少是那些无教养的俗人的伦理观，是每时每刻因心情和情感而变化，又被每时每刻的状态所左右。（《拥护〈罗生门〉》）②

为了捕捉"每时每刻因心情和情感而变化，又被每时每刻的状态所左右"的人性恶，芥川龙之介写了《罗生门》。但他也承认"这部短篇未能充分表现想说的意思。也有许多不足和令人难以接受的地方"。为此，芥川龙之介生前对《罗生门》做过一些修改。③其中最重要的是对小说结尾的两次改动。第一次是1917年5月23日出版第一短篇集《罗生门》（阿兰陀书房）时，改动了《帝国文学》（1915年11月）版本"下人已经冒雨急着去京都城

---

① 原文如下：彼は人生を知る為に街頭の行人を眺めなかった。寧ろ行人を眺めるため本の中の人生を知らうとした。（宋再新译，收入芥川龙之介著、魏大海主编《偶人》（芥川文库本），广西：广西师范大学出版社，2022年，第360页）

② 原文如下：『羅生門』は私の人生観の一端を具体的に表現しようとした短編である。私に人生観なるものが確立しているとは言えないが、この小説は単なる〈遊び心〉で作ったものではない。ここで扱っているのは〈モラル〉の問題だ。私の考えでは、少なくとも無教養の俗物のような人物の倫理観なるものは、その時々の気分や感情の産物であり、その時々の状況によっても左右されるのである。（田中実：《小说的力量——为了新的作品论》，第42页）笔者译。

③ 具体参见石上敏：芥川龍之介の作品の校正上の諸問題—羅生門—，「解釈」1983年1月。收入『芥川龍之介「羅生門」作品論集』（近代文学作品論集成4），第75—88頁。

做强盗了"的谓语动词形态，①用客观描述替代了主观判断。②第二次是1918年7月8日出版作品集《鼻子》（阳春堂）时，直接删去"下人唯有做强盗"的描述，改为"下人的去向，无人知晓"③。从《帝国文学》版本到作品集《鼻子》版本④，两次改动历时两年零八个月，"可以看出芥川龙之介生对人性的思考和把握的动摇。正是这样的动摇增强了《罗生门》的真实性和艺术性"⑤。尤其是第二次改动，说明芥川龙之介对人性的认识已从原来的非善即恶转向两者皆有可能。其中应该说与作者对"虚写"小说的认识有关，当然也有这样的背景：1916年12月芥川龙之介与塚本文子缔结婚约，1918年2月2日喜结良缘，组成了自己的家庭。

　　《罗生门》发表至今已有百余年的历史，现在已成为一部经典。重读经典，应该是常读常新的。但无论从"外部"还是"内部"去重读，都应该基于这样一个基本事实：芥川龙之介是一个"天生的神经质"作家，他有自己的思维定式和写作模式。现有的研究普遍认为，《罗生门》是芥川龙之介借《今昔物语集》的"故"事隐喻现代社会，暗指自己身边的人和事，其中最重要的是对表现其中的人性善恶的体察和认知。他从《今昔物语集》的

---

　　①　《帝国文学》（1915年11月）版本的原文是："下人は、既に、雨を冒して、京都の町へ強盗を働きに急ぎつゝあった。"第一短篇集《罗生门》（阿兰陀书房，1917年5月23日）版本的原文是："下人は、既に、雨を冒して、京都の町へ強盗を働きに急いでゐた。"两版本结尾意思相近，均可以译为：下人已经冒雨急着去京都城做强盗了。

　　②　就两版本结尾的微妙区别，曾向日本都留文科大学周非特任准教授请教，得到该校高桥雅子特任教授的答复。此观点是依据高桥雅子特任教授的关键答复形成的。特此说明，并致谢忱。

　　③　为"新兴文艺"丛书8——作品集《鼻子》（阳春堂，1918年7月8日）版本的结尾。原文如下："下人の行方は、誰も知らない。"

　　④　此版本为《罗生门》的最后定稿。

　　⑤　金伟、吴彦：《〈今昔物语集〉研究》，上海：上海交通大学出版社，2021年，第119页。

"故"事中发现了与自己的认知契合，并能充分发挥展开的现代主题：人性是一个永恒和终极的话题，是因时因地因人而变化万千，永无休止的。这样的结论，从形而上的作家属性而言，无疑是准确的。但是，在面对形而下的解读时，又不得不提出这样的追问：《罗生门》写的人和事，究竟是"实写"还是"虚写"？柄谷行人说的"根源性选择"始于何时又源于何事？这些追问都涉及现象学还原的问题，也涉及《罗生门》的主题和艺术真实性的问题，而且都是未解的难题，需要我们从"外部"或"内部"下功夫去梳理和解读。

胜海舟的忠与逆

——从《冰川清话》的"篡改"到民本主义

郭　颖

摘要： 胜海舟作为明治维新的功臣而闻名，记录其思想与政治观点的语录集《冰川清话》也多次刊行，成为后世重要的思想资源。然而，不为人所知的是，《冰川清话》最初的编者吉本襄居然对胜海舟的话语进行了极为主观的改编。后世如松浦玲等学者也对于这种堪称"篡改"的胜海舟形象表示愤慨，并重新对《冰川清话》进行考校与重编。吉本襄为日本早期知名的阳明学者，还开办书院与杂志，当过记者，并主动给报纸投稿揭露三菱公司旗下的矿毒公害事件。文中以吉本襄版《冰川清话》为主，通过分析其中胜海舟的时事批判与政治思想，以及与吉本襄二人之间的碰撞与共鸣，可以看出二人均是以"民"为立场对近代日本进行批判与反思的。

关键词： 胜海舟；《冰川清话》；吉本襄；篡改；民本主义

一

　　1912年，乃木希典全家剖腹自杀，追随明治天皇而去，一时间受到全国上下盛誉，并被标榜成"为明治精神殉死"的"军神"，同时也标志着明治时期之终结。与此同时，日本历史上还有一位"反战求合"的将军，他打造了日本海军，却反对军备扩张；他通过江户无血开城使明治天皇顺利掌权，却又公开叱责政府，后悔明治还不如幕末；他身为政府元老，却带着皇室成员去花柳巷，体恤民间疾苦；他强调日本海军之重要，却主张中日朝联合，决然反对战争。他就是"日本海军之父"胜海舟（1823—1899）。后来，记者出身的吉本襄曾将约10年间散落于各个报刊上登载的谈话、不同人发表的关于胜海舟的报道收录成册，命名为《冰川清话》，分为正编、续编和续续编三部分在杂志上发表，后又将所有内容制成合集，一经出版便广为传播，成为后人了解胜海舟思想与精神世界的重要文本。然而，直到70多年后，学者松浦玲在编辑讲谈社的《胜海舟全集》时，将该书与《国民新闻》等原始的新闻报道进行对照，才惊讶地发现二者出入甚大，《冰川清话》中收录的语录居然是经过吉本襄"篡改"而成的。吉本根据内容进行分类，并用自己的语言加以修改，有些竟然因为忌讳而未被收录，尤其是关于政治的谈话内容，有意颠倒顺序，隐去具体时间，甚至改掉了内阁大臣的姓名，使得极具针对性的犀利的时事评论，变得好像"吃瓜群众"的茶馆杂谈。书中与其说是胜海舟的思想，不如说变成了吉本襄的胜海舟思想。

　　那么，究竟为何被改写，又改掉了些什么呢？胜海舟晚年，出于长期的政治生涯经验，对伊藤博文、山县有朋、松方正义等政客以及当时的日本政治发出了猛烈的抨击。当时新闻业兴盛，很多报社的记者闻此蜂拥而至，纷纷进行采访，以此为杂志卖点。其中与胜海舟接触最多的是一位叫作严本善治的人，他是明治女学校的经营者，还是《女学杂志》的发行人。他从1895年直至胜海舟离世前，共与其进行了34次谈话，每次的内容发行在《女学杂志》上。由于访谈内容过于丰富真实，其中有些关于时势、天皇制、战争与皇室的部分，严本进行一定程度的删减，但可信度较高。①

而吉本襄的《冰川清话》中只有部分是对胜海舟的采访，其他的均来源于各个报刊。特别是胜海舟去世后在出合集时，没有注明时间，而仅仅按照内容分类，虽然内容看起来丰富，可读性强，但可信度大打折扣。如吉本襄在《冰川清话》的正编中，将1893—1896年间的谈话，编作好像是1897年所说的一样。所以，对于这期间胜海舟对伊藤博文内阁施政的批判，明确的指向性表述被删除，并模糊了发表年代，让人误以为只是抽象的评述。之后1896—1898年间第二次松方正义内阁、第三次伊藤博文内阁及第一次大隈重信内阁时期的政府批判，甚至改写了大臣的名字以糊弄具体年份，让人看不出来到底抨击的是哪届政府。续编和续续编中也是，吉本甚至会加入一些季语，让人以为是最近的谈话。在1902年的合订本中，即使当时胜海舟已经去世，但依然出现一些地方，好像胜海舟的最新讲话。合订本中甚至出现了大量"原谈话"中分册本中没有的内容，将不同时间、不同谈话对象、不同谈话目的的内容串在一起，让人以为是同一件事情的评论。胜海舟指名道姓的时局批判，也被在时间上进行了加工，让读者看不出批判的对象，读起来还以为只是抽象的道德评论。②

二

在吉本襄的改动之处中，如对甲午战争的批判，因为具体指向太强，所

---

① 「解題」，江藤淳・松浦玲編：『海舟語録』，勝海舟全集20，東京：講談社，1973年，第356—361頁。

② 「解題」，江藤淳・松浦玲編：『冰川清話』，勝海舟全集21，東京：講談社，1973年，第368—370頁。

以便决然删除掉。其中，如1894—1895年间批判甲午战争（日文原文为"日清戦争"）的言论几乎都被吉本襄删掉了，没有"甲午战争"的字眼，只保留了一首汉诗：

> 昨伤鲁太子，今击清大使。狂浪恣徘徊，叹息招国耻。邻邦牵恶感，岂唯顽强訾。顺运渐向逆，忽漫殊误是。春风雪积融，阳和军机驰。疾病生兵营，恐到大事已。庙谟谁所划，切希育终始。①

诗开头讲述的是1891年访日的俄国皇太子刺杀事件与1895年李鸿章来日签订《马关条约》时中枪的事件，胜海舟将此类事件看作一种国耻进行了狠狠的抨击。对于此诗，吉本襄仅在前面配上了一句胜海舟的语录："惩罚中国对日本是毫无好处的，时至今日人们现在领悟了吗？我一开始就知道了，从战争那一刻起。"后来，为了将胜海舟的言论从吉本式的"篡改"还原到本来的样子，松浦按照时间顺序将这些散在各处的相关言论收集并还原于此，明确地列入"甲午（原文'日清'）战争论与中国观"一节之下：②

> 对于甲午战争，我是坚决反对的。为什么这样说，是因为这简直就是跟兄弟打架，简直不可理喻。日本打赢了又如何呢？中国（原文"支那"）如同神秘的斯芬克斯，也就是说外国那些家伙并不了解。当知道了中国的实力以后，欧美便会蜂拥而至。也就是说，趁着欧美人还没搞

---

① 勝海舟：「日清戦役後書感」，『海舟語録』，第344页。此诗不同版本用字略有不同。

② 『氷川清話』，勝海舟全集21，第251页。松浦注释中写道，此诗摘自1897年11月28日『朝日新聞』的「海舟翁談」，但吉本版《冰川清话》的编辑极其削弱其时事性。故后将吉本版中分散在各处的关于甲午战争与三国干涉等言论集中一处。此外还加入了改造社版全集『清譚と逸話』、『海舟語録』、『政治今昔談・軍備と海軍』等内容作为补充。文中所引日文资料均为笔者翻译，下同。

清楚，日本必须与中国携手，做商业、工业和铁路。

毕竟中国5亿的民众对日本而言是最大的客人。况且，中国从古便是日本之师呀！故东洋内部之事，东洋内部来解决。我从维新之前就主张日清朝合纵连横之策，计划由日本引领中国、朝鲜的海军。孰料今日兄弟间失和，将中国暴露在外，使得欧美有机可乘。

甲午战争之时，作诗一首："邻国交兵日，其军更无名。可怜鸡林肉，割以与鲁英。"黄村曾经提醒道："'其军更无名'一句最为过分，毕竟也已经发出敕语了嘛。"①

关于汉诗部分，吉本襄的版本没有加入任何说明文字，故松浦在前后加入了《女学杂志》468号"海舟老伯谈话"的部分。② 可知当时天皇已经下了宣战的诏敕，但胜海舟依然将甲午战争定位为一场没有名分的战争，友人向山黄村甚至还提醒他诗中的措辞过于敏感。早在1893年甲午战争前夕，胜海舟便说"国家的一年，是一个人的百年"，并在议会上明确反对发动战争。③ 胜利之后，日本都陷入了狂欢，而胜海舟对此发出了警告："大家都在欢呼胜利，然而却忘掉了战争的恐怖，这个东西有赢必有输，不久日本的时运必发生变化。"在得知甲午海战开战的消息后，胜海舟便卧床不起，陷入悲伤之中。"两三天都气得快中风了。中风了算了。说不定就这么死过去。""我的爱国心中没有官吏也没有大臣的位置。……前几天听到每天都会死掉上百人。这些无辜之人惨遭杀害，事后烂摊子定会找上门的。我因此愤怒。……认为只有自己正确、自己最强，也就只有日本了，可世界并没有这么认为。"④ 这些也是松浦从1895年1月17日《每日新闻》的"老伯病中谈中国

---

① 『氷川清話』，勝海舟全集21，第249—250页。
② 勝海舟：「海舟老伯談話」，『女学雑誌』1898年24卷468号，第397页。
③ 同上，第208页。
④ 同上，第252页。

事"中加入的语录部分。[①] "我一辈子都在呼吁不能小看中国，可世间只笑我是个偏袒中国的老头子。"这句是松浦从1895年6月5日《国民新闻》中的《冰川伯的谈话》一文中补充进来的语录。胜海舟在甲午战争开战时就一直在强烈地批判："忘记一身荣辱，回顾世间毁誉，倘若能够果断执行自己所信之事，即便被世间称作大恶人、大奸物的人，我也愿与之结盟。""做大事之人，必遭世间诋毁。我自己不也是曾经被骂过是大恶人大奸物吗？"这一段是甲午战争时期的言论。1895年，部分人想要乘胜追击彻底摧毁清朝，胜海舟顶着被骂"大恶人"之风险，强烈主张议和。此外，胜海舟对于知己丁汝昌自杀的沉痛悼念，也被吉本襄编辑得像是在战后多年回顾时的感叹，还特意用了过去式的表述。[②] 胜海舟在《国民新闻》采访时对丁之死表示悲痛："忆昨访吾庐，一剑表心里。委命甚诚忠，懦者闻之起。闻君识量洪，万卒皆遁死。心血溅勃海，美名照青史。"[③] 福泽谕吉当时将甲午战争的中日双方看作"野蛮"与"文明"之战，而胜海舟则认为日本才是野蛮一方。

当时众列强逼迫日本开国，事关国运，只能胜利不能失败，所以胜海舟做事也绝不允许自己失败。他学习兰学，向荷兰人直接学习海军，用最新的知识稳住了明治维新的时局。早在1863年，幕末时期的胜海舟便在神户建立海军操练所，计划将其作为中日朝三国合纵连横的据点，实现东亚三国同盟，共同对付西方列强。其实他提出的三国同盟论，并非日本主导的亚洲主义，而是将整个亚洲作为与欧洲对抗的主体。任参议期间，胜海舟强烈反对入侵中国台湾，以拒绝出席内阁会议的方式来反对大久保政权的独裁，最终导致1875年遭到罢黜。胜海舟《海军历史》1888年成书后不久，便马上出版

---

① 同上，第252页注释部分。

② 同上，第254—255页。

③ 勝海舟：「二十八年二月十七日聞旧知清国水師都督丁汝昌自殺之報我深感君之心中果決無私亦嘉従容不誤其死期歎数時作蕉詩慰其幽魂」，江藤淳・松浦玲編：『海舟語録』，勝海舟全集20，第343頁。此诗不同版本用字不同。

了《汉译海军历史》，由井上陈政进行翻译，并送给丁汝昌和俞樾等人，并传入中国，期望将其创办日本海军的经历与经验与中国进行分享。

吉本隆明与江藤淳曾经将胜海舟的军事思想概括为"三十六计走为上计"。①出身剑客之家，固然知道该出手时就出手；然而，身为政治家的海舟，更知道战争最大的受害者是百姓，故内心始终是反对战争的，主张不战为上。吉本襄《校订冰川清话》②附录中收录了一篇河上肇的文章，明确记录了胜海舟当时强烈反对日本发动甲午战争的言辞。河上问他：身为一个日本人，却非难甲午战争，不怕背上卖国贼之名吗？胜海舟毅然正色地回答："为了国家而论利害，即使被扣上卖国贼之名我也在所不辞。"可见，在胜海舟心中，百姓永远重于国家。

三

身为一名武者，被要求绝对的忠诚。而胜海舟在对于武士道的理解与态度上，则表示出与政客和学者明显的分歧。就连其自身甚至被冠以"一臣仕二主"的"逆臣"之名。对其抨击最猛烈的是"近代教育之父"福泽谕吉。福泽认为胜海舟无血开城的行为有悖于三河武士之道，其和平处理方式实为一种"败北主义"，而缺少"瘠我慢（日语，意为人穷志不穷、抵抗到底）"的武士道精神③，并认为这种精神才是实现文明开化、国民独立与抵抗精神的重要思想源泉。④诚然，作为武士，该出手时就出手。但是，作为一

---

① 吉本隆明：『吉本隆明全対談集1』，東京：青土社，1987年，第62頁。
② 吉本襄編：『校訂氷川清話』，東京：河野成光館，1909年。
③ 福沢諭吉：「瘠せ我慢の説」，福沢諭吉全集第6巻，1959年，第563頁。
④ 福沢諭吉：「明治十年丁丑公論緒言」，福沢諭吉全集第6巻，1959年，第532頁。

个政治家，为了天下百姓，是不能轻易拔刀亮剑的。特别是当所谓的武士道需要以百姓作为代价时，不管什么文明开化、国民精神，胜海舟总是选择以百姓的性命为重。他曾说："我奉还了政权，打开江户城，主要是出于国家主义的考量。江户城有着300多年的历史，但毕竟是天下共有之物，而非一人之私有财产。……比起军备扩张，不如加强民力。军备扩张固然重要，但如果在法律管辖之外进行扩张的话，那百姓必将遭殃。"①

从幕府时期起，诸藩的统治者对于庶民便一直持有深深的"愚民观"。丸山真男曾尖锐地指出："在作为彻底推进兵农分离的结果而产生的德川封建制中，统治者和被统治者的世界，被明确划分。统治者武士阶级垄断一切政治权力自不待言，就是在社会乃至文化上也把自己的生活方式同庶民截然地区别开，并通过一切手段努力来维护这种身份界限。担负近代社会使命的市民阶级，自己要成为一个'阶级'。然而，相反，封建统治者则欲求同国民其他阶层相区分的'身份'，并对此感到自豪。这样，农工商等庶民，只有完全侍奉武士、供养武士，才能得到生存。特别是其中占绝大多数的农民，则完全是为了交纳贡租而存在的。"②丸山列举了《幕末外国关系文书》中的记录："奸黠之异人，乘其虚，以金银珠宝，诳诱人，施恩惠。愚痴、无知之贫民，困穷之余，不觉陷入奸谋，终怀彼等之恩。""去、今两年之来船，与当地贱民，多有纠纷。好酒之徒，时引争端。多有犯人妇女者。亦有探听疾恨时世者。彼异人，善怀柔愚民。疾恨时世者众多之处，若异人潜往施以恩泽，恐将致不可收拾之事。"海保青陵也曾在《海保仪平书并或问》中明确表示："民皆大愚者也。""民不知何而孝，何而忠，宜也。民唯从上之令，不尔而刑之，是万年而安矣；从上之令而赏，是亦万年而安

---

① 『氷川清話』，勝海舟全集21，第43頁。

② 丸山真男：《日本政治思想史研究》，上海：生活·读书·新知三联书店，2000年，第271页。

矣。"①会泽正志说："天下之民，愚蠢甚多，君子甚少。愚蠢之心，一旦宣泄，天下固不可治。故圣人设造言乱民之刑甚严，惑于其愚民而恶之也。"②山鹿素行曾记录："民无知之至，不考虑后果，无计筹谋虑，唯以农业桑麻家职为事，春夏秋三时无闲暇。不用心其他，亦无知虑之巧。尽自己之苦劳，供上之收纳。委生死于上之政令。此民甚可爱也。"③就连声望较高的德川齐昭都曾经说过："封内之民俗愚戆，渔夫、鑑丁尤甚。昔布攘夷之令，犹或恐怒视夷人与西方。今若废其令，贸易之奸决不可妨，请暂沿乙酉之令，以保全愚戆之民"。可见这种基于愚民观而对庶民不信任的态度在统治阶层有多么根深蒂固。④对此，1860年，胜海舟之师横井小楠更是明确揭露："幕府滥用权力为德川家而定，丝毫不为庶民考虑。为天下而为政之态度，无处可见。"⑤

　　饭田鼎认为胜海舟在追求一种特殊的"武士道"，这是一种接近于近代市民社会的世界观，跳出了单纯的封建从属关系，而是具有近代的国家意识。胜海舟早已意识到面对西方诸强，幕藩体制无法带领日本冲出重围。⑥胜海舟自身出身下层武士家庭，深谙所谓武士道的阴暗之面。《海舟座谈》中记载，海舟遇到了一个杀人不眨眼的武士——河上彦斋，海舟说"不应该那样乱杀无辜"，可河上却把人看作"茄子蔬菜"，认为该杀的时候就要杀。胜海舟在日记中一直都痛骂德川武士集团，"维新纷扰际，岂思今日

---

　　① 丸山真男：《日本政治思想史研究》，上海：生活·读书·新知三联书店，2000年，第237页。

　　② 会沢正志：『新論』卷2，http://www.1-em.net/sampo/sinron/sinron。

　　③ 山鹿素行：『謫居童問』，国立国会図書館デジタルコレクション収蔵，1913年。https://dl.ndl.go.jp/info: ndljp/pid/951178。

　　④ 藤田東湖：『回天詩史』，国立国会図書館デジタルコレクション収蔵，1825年。https://dl.ndl.go.jp/info: ndljp/pid/893442。

　　⑤ 横井小楠：「国是三論」，『小楠遺稿』，東京：民友社，1889年，第39页。

　　⑥ 飯田鼎：「『瘦我慢の説』と『氷川清話』—勝海舟と福沢諭吉の間（その一）」，『三田学会雑誌』90卷1号，1997年，第1—7页。

安。腰间活人剑，拂鞘毛发寒"。①此诗咏于明治废刀令颁布前后，这一举措取消了武士阶层的特权，招致士族们的反对。而同样身为武士的胜海舟，则敢于站在社稷百姓的角度，戳穿了武士令人生畏的一面。胜海舟认为"武士道必然衰败"，"武士道气质，日渐颓废。以前就早已知晓，由于封建制度被打破，定会落得如此下场。封建制度的武士，一不耕田二不经商。把这些事推给百姓和町人们去做，而自己领着俸禄，整日玩耍衣食无忧。不管是否出自真心，不得不读读书，喊喊忠义廉耻之类。破除了封建制度，取消了武士的常禄，武士气质必定逐渐消亡"。②胜海舟对武士道、对德川武士集团行动的批判，俨然已经超越了封建式的道德标准，带有极强的近代市民社会思想。③而直至后世，这种所谓的武士道精神却一直被福泽谕吉等知识人理想化。其《瘦我慢》一书脱稿于1892年末，当时的福泽谕吉根本想不到日后武士道会成为帝国主义的精神圭臬。

四

此外，胜海舟还被封为"明治的意见番"，意思是明治时期专门提意见的，由于其资深的地位与身份，特别是在野之后，对明治政府更是指名道姓地加以各种批判。而对当时明治政府的猛烈批判也被吉本襄加以稀释与模糊，编辑后使人看不出抨击的具体对象。胜海舟认为政府的职能就是："政府应该镇抚全国，抚育下民，富饶全国，押奸举贤，国民知其所向处，不失

---

① 勝海舟：「題佩刀」，江藤淳·松浦玲編『海舟語録』，勝海舟全集20，東京：講談社，1973年，第350頁。

② 『氷川清話』，勝海舟全集21，第323頁。

③ 飯田鼎：「『瘦我慢の説』と『氷川清話』—勝海舟と福沢諭吉の間（その二）」，『三田学会雑誌』1998年90卷4号，第208頁。

信于海外，救民于水火之中，以称真政府。"①然而1896年面对全国范围爆发的各种天灾，政府没能采取及时的措施，胜海舟叱责道："政府当官的人都干了些什么？平日里满口的法律、规则，而这个时候什么都不做，我感到非常的焦虑不安。究竟死了多少人，还活着多少人，我不是政府不得而知。但是受伤的和挨饿的人们，一定为数众多。这样的情况下，不痛不痒地说什么捐款，那几张纸根本派不上用处。……现在磨磨蹭蹭下去，那些本来没死的伤员们也会死掉的，那些受饿的人们也都会死掉的。……这是多么惨不忍睹啊！"②

当年，日本国内遭受了强烈的暴风雨侵袭，渡良濑川泛滥。受到连日雨水冲击，足尾铜山精炼所里的矿毒泄露，并蔓延整个流域，导致农作物中毒枯萎，当地居民损失惨重，于是居民便集体抗议。当时的众议院议员田中正造挺身而出，亲自视察矿毒现场，呼吁解决矿毒问题，其行为也得到了支持。此外，当时的农商务大臣榎本武扬也在现场深受震撼，毅然咎辞去农商务大臣一职。明治政府当时对此漠不关心，反倒是当地农民自发对水质进行检测，并在农科大学协助下将检测结果编纂为《足尾矿毒——渡良濑川沿岸被害事情》。当上农商务大臣的陆奥宗光因私人关系，更是怠于对铜矿主古河矿业的追责，开始禁止此书的出版。农民们谈论关矿之事，也会被封嘴。③松浦在注释中写道，这次足尾铜山矿毒事件堪称公害问题的开始。这是1897年《每日新闻》的报道，记者采访胜海舟是在26日，那一天渡良濑川流域受害的农民第二次进京前往农商务省请愿，却被警察驱散。铜矿的毒素泄露，导致农民死亡，而上诉的村民却被政府打压。当时73岁的胜海舟拖着

① 勝海舟：「慶応四戊辰日記三年十二月」，江藤淳・松浦玲編『幕末日記』，勝海舟全集1，東京：講談社，1973年，第12頁。

② 『氷川清話』，勝海舟全集21，第175—176頁。

③ 梅雪芹等：《直面危机：社会发展与环境保护》，北京：中国科学技术出版社，2014年，第32—33页。

嬴弱之身，怒斥这种明治政府所谓的文明："旧幕府是野蛮的，今日是文明的。……旧幕府时期就在挖山。向海里小便，海水不会变成小便，用手一点点挖的话，毒物也不会泄露。都说现在是文明，用文明的大机器挖山，其他的装置却并不配套，这可跟往海里小便差远了……懂了吗？根本就是错的。"[①] 他严厉叱责政府对自然的破坏要远远大于幕府时代，而污染之程度已无策可施。他还支持田中正造，认为唯有关闭铜矿以绝后患。[②] 海舟指责比起眼前这个所谓的假文明，还不如回到之前野蛮的旧幕府时代。他还感叹道："自夸文明域，满清何足言。蒙化应耗财，忘却富强论。耸云三层台，飞尘驷马鲜。文物皆改色，沃野变瘦田。"[③] 胜海舟极其赞同"草根民主主义者"田中正造提出的"真文明"："真正的文明，不令山荒芜，不令川干涸，不破坏村庄，不杀戮人。"[④]

然而，讽刺的是，对于此事主张"文明开化"的福泽谕吉却在自家的《时事新报》上讥讽说外行人去了现场也搞不清状况，不过小地方的一件小事，没必要有劳大臣们特意下访。[⑤] 以此可见福泽谕吉只是站在掌权者一方，并没设身处地站在受灾农民的角度来思考现实对策，而对百姓的态度正是他与胜海舟最大的分歧之一。胜海舟对福泽谕吉评价说："福泽谕吉这一阵子在写《瘦我慢之说》，并且送给我和榎木等人，攻击我们维新时的进退问题。我在回信上写了'批评乃人之自由，行藏存于我'，这样即使被公布出来也无妨。福泽是学者，与我走的路不同，'只知德川幕府而不知有日本

① 『氷川清話』，勝海舟全集21，第178頁。
② 『海舟語録』，勝海舟全集20，第66頁。
③ 「失題其十一」，『海舟語録』，勝海舟全集20，第332頁。
④ 田中正造全集編纂会，田中正造全集第13卷，東京：岩波書店，1977年，第260頁。
⑤ 商兆琦：『鉱毒問題と明治知識人』，東京：東京大学出版会，2020年，第93頁。

之徒，便是那样。唯有担忧百年日本之士，必须是我这样'。"①

梁启超后来也曾发出过"盖数千年来，不闻有国家，但闻有朝廷。是故吾国民之大患，在于不知国家为何物"之感叹，与胜海舟之感叹或有共鸣之处。面对福泽谕吉的诘问，胜海舟没有猛烈回击，而是秉着"世间轻耳却重目，百年公评由天视"的心态。②他表示自己与福泽谕吉这种学者存在根本区别。理想主义者福泽谕吉根本不懂得眼下叫作日本的这个国家，只懂得站在朝廷一方用抽象的理论来思考问题。而自己作为政治家，则必须站在国家长期的立场，将百姓拯救于国难之中。胜海舟的无血开城虽然在历史上具有很重要的地位，但在当时却被很多人责难。胜海舟在诗中曾经直抒胸怀："皇国一大府，此中无辜民。如何为焦土，思之独伤神。""八万幕府士，骂我为大奸。知否奉天策，今见全都安。""参军勿嗜杀，嗜杀全都空。我有清野术，效鲁挫那翁。""官兵逼城日，知我独南洲。一朝误机事，百万化骷髅。"③

五

那么，吉本襄又为何要如此处心积虑地来"篡改"胜海舟的语录呢？吉本襄号铁华，创建了民间结社铁华书院，推崇阳明学理念，主持《阳明学》杂志，曾经为《日本人》杂志记者，揭露了高岛炭坑的事件，形成了一种社

---

① 『氷川清話』，勝海舟全集21，第152頁。
② 「時事有感」，『海舟語録』，勝海舟全集20，第299頁。
③ 勝海舟：「明治廿五年四月十一日即値慶応三年戊辰三月十五日経年実廿五年矣回想当時情形全都鼎沸殆如乱麻此日余到品川牙営就参謀諸士有所論焉而西郷村田中村数氏皆既為泉下之人余独以無用老朽之身瓦全至于今人事之不可思議者如此不勝恨旧之情因賦絶句」四首。『海舟語録』，勝海舟全集20，第337—338頁。

会舆论。他还被称为社会小说之先驱，著有《晒铺千条的海本襄西海》《高岛炭坑坑夫虐遇实况》等作品。他是普通选举期同盟会创建人之一，1899年还被推选为以佐佐友房为首的帝国党评议员。①《朝日新闻》上还曾报道吉本为了高岛炭坑之事向《福陵新报》寄去社论，昭告天下，让世人看到工人遭到虐待的惨状。②在其呼吁下，政府派官僚前往现场。③

在吉本编的1909年校订版《冰川清话》④开头便引了胜海舟的一首汉诗："无声声却大，渊默胜多言。云霄一孤鹤，高舞向朝暾。"这首诗最初据说是胜海舟在维新后接受秩禄处分后，送给那波祐生等人的。吉本襄在诗的前面写道，"政党亦可用，当官的多了，坏家伙便冒出来，然后便出现腐败，无疑一副好的刺激剂"。接下来，又引用一首胜海舟为不动明王金屏风所题之作："天神本至诚，愤怒百邪退。握手降魔剑，一挥救苍生。"这两首诗，在之前的《冰川清话》中没有收录，是后来加入的。而此时，胜海舟已经离世10年了。可见，吉本襄之所以淡化了具体的批判指向，或许是为了借胜海舟之口，表达自己的政治见解。也许，吉本并不甘于将胜海舟的批判仅仅定格在某个时期某个政治事件之上，而是使其更具有普遍性，直接剑指当时的政府。松浦玲对其削弱胜海舟的政治批判性表示强烈的不满，不过除了对待甲午战争的态度之外，在发自民本主义的社会批判这一点上，可以说吉本襄与胜海舟的矛头是一致的。

在军人的身份之外，胜海舟更是一个思想家、政治家，有人甚至认为他比福泽谕吉更有资格为日本近代化代言。还有人将胜海舟比作日本的俾斯麦，终生都反对军国主义，能够在德川幕府与明治政府之间，充当一个"真

---

① 佐藤能丸：「吉本襄小伝」，『民衆生活と信仰・思想』，東京：雄山閣，1985年，第193—212頁。

② 引「日本人」，『朝日新聞』1888年8月5日，第3版。

③ 引「高島炭坑の視察者」，『朝日新聞』1888年8月22日，第1版。

④ 『校訂冰川清話』，第9頁。

诚的居间人（honest broker）"。① 然而，与俾斯麦的"铁血"相反，胜海舟则厌恶战争，以民为本。胜海舟继承其师横井小楠的"公共意识"，一生都在高声批判着当权阶层，对幕府与政府的愚民观表示强烈不满，尤其身处幕末刚刚萌发"舆论"的环境之下，积极地在公共领域起着监督作用。明治维新过了30年的时候，政府已呈现出腐败衰落的趋势。官尊民卑、贪污横行，政客们只会空谈。垂暮之年的胜海舟曾经明确地送给当时的伊藤博文首相四个大字——"正心诚意"，并感慨"伊藤先生根本不知道这个政治家的秘诀。不过，他就算知道也不会这么去做的，所以知不知道一个样"②。吉本在编纂时，将《天神本至诚》这首诗放在《冰川清话》的篇首，或许正是让读者明白他企图用胜海舟犀利的言语，来针砭当时腐败的时政。胜海舟的批判精神具有强烈的近代公民意识和极强的开放性，并一直传承后世，各种形式的"改写"也一直在继续。昭和初期，在马克思主义运动盛行的社会背景之下，胜海舟再次走入人们的视线。1970年，学生武装运动的浪潮中，胜海舟的全集也重新推出，真山青果还编排了歌舞伎《江户城总攻之麟太郎与吉之助》。"阋墙之祸非外交之策"，正如胜海舟这句话所示，从幕末到明治，无论面对战争、武士道，还是面对国际外交、文明开化，他都坚持以民为本。拿破仑曾说："世界上只有军刀和智慧这两种力量，但最后，前者还是要屈于后者。" 俾斯麦也说过，"政治是可能性的艺术"，倘若用一个字来概括胜海舟的政治艺术与智慧，那便是"民"。胜海舟曾表示，"我的爱国心中没有官吏也没有大臣的位置"③，他忠诚的永远是民。然而讽刺的是，日本明治时代的精神，本创于以民本主义为重的"逆臣"胜海舟，却被以"忠臣"乃木希典为国"殉死"而画上了句号。

---

① 真鍋俊二：「勝海舟と現代」，『法学論集』58巻，2008年，第175頁。
② 『氷川清話』，勝海舟全集21，第148頁。
③ 『氷川清話』，勝海舟全集21，第252頁。

朝鲜前期的杜诗接受与《杜诗谚解》刊行的文学史意义[①]

[韩] 金南伊 著　　[韩] 林惠彬 译

摘要：本文从朝鲜前期的诗学角度，考察当时文人对杜诗的学习、探索和翻译问题。重点探究成宗朝刊行《杜诗谚解》前后，相关文人的情况及他们之间的相互关系。为此，本文首先考察朝鲜前期刊行的杜诗集所用底本在中国杜诗学发展中的意义；其次，通过分析古代中国和朝鲜参与杜诗集刊行工作的文人所留下来的记载，厘清朝鲜前期文人获取杜诗知识、理解杜诗的过程，并重点考察这些文人的地缘、师徒关系、家学等共享和传播杜诗知识的关系网；最后，通过考察参与成宗朝《杜诗谚解》刊行工作的弘文馆官员情况，进一步分析以金宗直为中心的知识分子对杜诗的理解，以及他们在《杜诗谚解》刊行工作中的地位。总体而言，朝鲜前期的新知识分子一边对抗着朝廷对"造词章"的强烈批评，一边思考如何把杜诗打造成儒家文学之

① 译者说明：本文原文题为《조선 전기 두시（杜詩）이해의 지평과〈두시언해（杜詩諺解）〉간행의 문학사적 의미》，原载韩国东岳语文学会主办的《韩国语文学研究》第58辑（2012年）。译者的翻译已得到金南伊教授授权。又蒙上海师范大学人文学院姚华副教授审读译文，谨致谢忱。本文为国家社会科学基金重大项目"东亚唐诗学文献整理与研究"（项目批准号18ZDA248）阶段性成果。

典范。在此背景之下刊行的《杜诗谚解》，将关于杜诗的知识和理解整理成一套当时官方所公认的标准化体系，这本身具有一定的意义。金宗直和一批青年文士在杜诗中寻找到在磨砺的形式中，以精练的方式表现一种基于性情而正直的文士精神的可能性。可以说，朝鲜前期出现了以"杜甫"为中心的新诗学文人集团，反映了当时诗坛的新变。

关键词：杜诗谚解；新进士林；金宗直；勋旧；词章

一、前言

朝鲜时期对唐朝诗坛代表诗人杜甫诗歌的注释和翻译工作，主要集中在世宗朝和成宗朝进行。世宗朝集贤殿学士主持的《纂注分类杜诗》（以下简称《纂注杜诗》）和成宗朝柳允谦等人主持的《分类杜工部诗谚解》（1481年颁布刊行令，以下简称《杜诗谚解》）就是其中的代表性成果。除此之外，还有将1500首杜诗全部收录的诗集，以及选录其中几百首的诗选集。可以说，当时多次按诗体和主题对杜诗进行分类，并对每首诗所附的诸家注释进行探究、讨论和整理。

关于《杜诗谚解》及杜甫诗的接受问题，前人的研究成果颇丰。相关研究最早出现在语言学领域，之后文献学和比较文学领域也相继发表了相关成果。语言学领域的研究者通过对《杜诗谚解》初刊本和重刊本的比较，考察了中世纪语言的变化问题。文献学领域则有以李丙畴、金一根，以及20世纪90年代以后以沈庆昊、安大会、李钟默等为代表的学者，他们对朝鲜时期杜诗集的版本进行了梳理，并对杜诗的接受情况、谚解（翻译）等问题进行了广泛的研究。

通过前人的研究可以了解到以下几点：首先，正如沈庆昊指出的，朝鲜前期对杜诗的注解及翻译，从汉诗史的角度表现出"杜甫的律诗成为诗作典范的过程"。其次，从杜甫诗集的刊行，到之后李白诗集的刊行和颁布，都要结合"由王权施行的词章振兴政策"这一层面来理解。[①]其中，成宗朝刊行的《杜诗谚解》不同于其他以教化为目的面向普通民众和妇女的谚解书。《杜诗谚解》正文中并没有标注汉字音，说明这是以精通汉文的人士为阅读对象的书籍。将其与后来刊行的杜甫律诗谚解本《杜律分类》相比较，就可以发现明显的差异。如《杜律分类》在题目和原文、谚解正文的汉字上都附加了谚文的发音，以便不熟悉汉文的人学习杜诗。那么，为什么需要对熟悉汉文之人的读物进行谚解呢？谚解的对象又为何是杜诗呢？这些问题都值得进一步思考。

基于上述问题，笔者试图在本文中指出：朝鲜前期的诗坛变化是由以"杜甫"为中心引领新诗学的文人群体所推动的。他们在君主的全面支持和鼓励下，集体学习杜诗，并引领了杜诗的注解和翻译（谚解）工作。事实上，这与成宗朝新知识分子的形成有比较密切的关系。为此，需要了解颁布"杜诗谚解令"的成宗十二年（1481）知识分子的活动情况。关于参与了《杜诗谚解》刊行工作的文人，学界有刘休复、柳允谦、义天等说法。而有学者对刘休复和义天亲自参与谚解工作一事表示质疑，称"该问题需重新商榷"。[②]今天学界比较公认的看法是，《杜诗谚解》是在柳允谦的主持下，由弘文馆文士们完成的。

本文在前人研究的基础上，重点考察由哪些人发起和执行杜诗的"翻译"[③]

---

① 沈庆昊：《朝鲜朝的杜诗集刊行与杜诗受容》，载韩国精神文化研究院人文研究室编《杜诗与杜诗谚解研究》，首尔：太学社，1998年，第12页；李钟默：《杜诗的谚解情况》，同前书，第155页。

② 安秉禧：《杜诗谚解的书志学考察》，载《杜诗与杜诗谚解研究》，第115页。

③ 这里所讲的"翻译"指文化之间的接受、转移和沟通。若在具体的文字层面，则包括从汉文到汉文、从汉文到谚文的语言转化过程。从汉文到汉文，相当于注释和解说。这虽然不是狭义的、现代意义上的翻译，但由于发生了对文化（或文本）的判断和接受（或拒绝），并在判断中起到了某种作用，本文把这些文化之间的沟通也称为"翻译"。

工作。前文提到，我们今天已大致了解了当时参与杜诗谚解工作的文人情况，如世宗朝编撰《纂注杜诗》的集贤殿学士，以及成宗朝编撰《杜诗谚解》的弘文馆文士等。这些人是在"好文"君主的大力支持下培养出来的一批年轻学者和文士群体。本文基于前人的研究和一手材料，特别是结合当时知识分子的"关系网"，进一步考察参与该项工作的人们之间的关系。

二、世宗十三年（1431）杜诗集的刊行与杜诗接受的内外因素

朝鲜前期诗坛对杜诗的学习、探究和翻译是在什么样的背景下进行的呢？为了解《杜诗谚解》刊行的"前史"，我们可以从《杜诗谚解》刊行之前的杜诗集寻找线索，并重点关注两方面的问题：一、探究朝鲜前期刊行的杜诗集所用底本在中国杜诗学发展中的意义，即以出版物的地位和影响为中心进行考察。二、通过古代中国和朝鲜时期参与杜诗集刊行工作的文人所留下的记载，重新思考其意义。其中，杜诗集所附的序跋是很好的资料。若比较当时中国和朝鲜文人的立场，能更清晰地了解到当时两国人对杜诗理解之广度和深度。

高丽后期文人李穑（1328—1396）指出"只学少陵无取新"①，表现出推崇"诗家之正宗"——杜甫的坚定态度。后来许筠（1569—1618）将李穑放

---

① 李穑在文集中讲道："前篇意在兴吾道大也，不可必也。至于诗家，亦有正宗。故以少陵终焉。幸无忽。"又有诗称："诗章权舆舜南风，史法隐括太史公。以诗为史继三百，再拜杜鹃少陵翁。遗芳剩馥大雅堂，如闻异味不得尝。如知其味欲取譬，青天白眠宗之觞。律吕之生始于黍，舍黍议律皆虚语。食芹而美是野老，盛馔那知王一举。为诗必也学斯人，地位悬隔山难因。圆齐肯我一句语，只学少陵无取新。"出自《牧隐诗稿》卷二一。引自《韩国文集丛刊》，韩国古典综合数据库。下文所涉韩国古代文人文集的引文出处同此，不再一一说明。

在高丽后期以来诗学谱系中的宗主地位。①这说明李穑对杜甫的态度会影响后人"学杜"。不过朝鲜前期文坛对杜诗的接受与李穑所描述的不同，并不是完全推崇和认可杜诗。其中一个例子见于成伣的《慵斋丛话》。当时极具影响力的"大师儒"南季瑛专心于性理学，排斥词章。②南季瑛把杜诗归为词章，进行严厉的批评，他主张要停止对杜诗的一切阅读。③这段逸事说明，若

① 许筠云："兄姊之文，得于家庭。而先大夫少学于慕斋。斋慕之师成虚白伣，学于其兄侃及金乖崖守温。二公皆柳泰斋之弟子，柳公是文靖公得意门人。文靖游学上国，翱翔禁林，久在虞道园欧阳圭斋门下，被其奖诩至衣钵海外传之语。圭斋，江西人，亲事文、谢诸公，耳熟石湖、诚斋遗训，而临川、南丰、六一、山谷四老之烈，尚尔班班。以是学业而传授于牧老。吾东文事之稍觊源委者，悉由牧老之东还，岂不韪哉。汝章先人学于骆峰。骆峰，容斋之所推奖，而子敏又其曾孙，亦家学以发者。申、李二公，俱得占毕余学。而占毕之父师冶隐。冶隐师阳村兄弟，而牧老又其师也，亦同出于斯。凡为诗文者，畔此而别立门户者，非妄则僭也。"《答李生书》，《惺所覆瓿稿》卷十，文部七。
② 世宗曾让南季瑛教授孝宁大君的儿子。当时不仅是孝宁大君，还有安崇善、金宗瑞等人都推荐世宗重用南季瑛。《世宗实录》十四年壬子（1432）10月10日，记云："申商启：'前监察南季瑛，学通经史。受训者百余人，状告本曹，愿授季瑛师儒之任。臣以季瑛之失，闻于天聪，故不敢启耳。'上曰：'季瑛曾附孝宁大君，教训大君之子，大君请予叙用。'予曰：'母丧三年内娶妻，士子之行亏矣。'"又《世宗实录》十四年壬子（1432）11月1日：上谓代言等曰："历象日月，古今帝王之所重。"召大提学郑招、提学郑麟趾等曰："历法官员，嫌其沈滞，不勤历法，且其文臣，亦厌军职，今欲超资，或迁华秩，何如？"招等对曰："宜如上教。"翌日，安崇善、金宗瑞等启："郑招、郑麟趾等言：'今仕历法校正前监察南季瑛，学术详明，又精历算。以居母丧娶妻，沈滞不达。'臣等以为中国以天下之大，犹惜人才，况于本国人才之少，如季瑛者不多，且其父南绩狂疾，勒令娶妻，非季瑛之罪。季瑛娶妻之时，年才十七，不识事理，宜优容叙用。"崇善仍启："季瑛为人，可取者多，乞须叙用。"上曰："予曾不知，其实果可用之才也。况年十七则不识事理，可恕也，后当叙用。"今天有学者指出，有关南季瑛生平的信息有待核实。根据"韩国历代人物综合信息系统"上的"南季瑛"一条，南季瑛出生于太宗十五年（1415），而史料记载南季瑛生员试及第的年份是世宗五年（1423），文科及第的年份是世宗九年（1427）。也就是说，他9岁时生员试及第，13岁时文科状元，这事是否属实有待考察。南季瑛从世宗至世祖年间的活动记载均可见于实录，笔者为了说明这一时期理解杜诗的背景，引用了南季瑛的材料。
③ 成伣云："南先生季瑛生员及第，俱擢壮元，有文名于一时。然其学惟究性理之学，精于句读训解，专恶文辞。尝读杜诗曰：'此书虚而不实，幻而不要，不知意之所在！'遂废不读。"《慵斋丛话》卷十。

要使杜诗立足于当时的朝鲜文坛并成为文学的新典范，需要克服哪些难关。

（一）杜诗接受的外在因素

世宗十三年（1431），三种杜诗集分别刊行于庆尚南道密阳和黄海道海州。这些诗集作为朝鲜时期首次刊行的杜诗集，具有一定的历史意义，同时表现出朝鲜前期文人对杜诗的学习、探索，以及之后杜诗"典范化"的背景等问题。笔者在已有的杜诗集研究的基础上[①]，通过文本考察，主要讨论以下两方面问题：一、杜诗的兴起与科举考试之间的关系；二、杜诗受重视的外在因素，及其与元代文坛"宗唐风气"之间的联系性。

世宗十三年（1431），密阳刊行了《杜工部草堂诗笺》（40卷）和《黄氏集千家注杜工部诗史补遗》（11卷）。这两部诗集都是由宋人编次、注释的宋刻本的覆刻本，均采用了编年体方式编排。[②]这些书将杜诗按杜甫生平的顺序收录下来，便于人们了解杜诗在不同时期的特征。《杜工部草堂诗笺》是蔡梦弼（南宋）笺注杜诗的覆刻本。《杜工部草堂诗笺跋》是蔡梦弼在整理了诸家的杜诗注解后，试图立"论"的一篇解释文章。蔡梦弼强调了杜甫作为"诗学宗师"的地位，以及杜诗在科举制度、现实生活中所具有的影响力和权威。可以说，这些原因直接导致了后人学习杜诗，以及杜诗典范化的需要。下面是蔡梦弼的跋语：

> 少陵先生，博极群书，驰骋今古，周行万里，观览讴谣，发为歌诗，奋乎《国风》《雅》《颂》不作之后，比兴发于真机，美刺该夫众体。自唐迄今，余五百年，为诗学宗师，家传而人诵之。国家肇造以

---

① 有关朝鲜前期的两部诗集刊行情况，参见沈庆昊：《朝鲜朝的杜诗集刊行与杜诗受容》，第101—103页。

② 《杜工部草堂诗笺》于南宋高宗二十三年（1153），由鲁訔撰；后于南宋永宗十年（1204），由蔡梦弼会笺。《黄氏集千家注杜工部诗史补遗》由黄鹤集注、蔡梦弼校正。

来，设科取士，词赋之余，继之以诗，主司多取是诗命题。惜乎世本讹舛，训释纰缪，有识恨焉。梦弼因博求唐宋诸本杜诗十门，聚而阅之，重复参校，仍用嘉兴鲁氏编次其岁月之先后，以为定本。于本文各句之下，先正其字之异同，次审其音之反切，方举作诗之义以释之，复引经子史传记以证其用事之所从出。离为若干卷，目曰《草堂诗笺》。尝参以蜀石碑及诸儒定本，各因其实以条纪之。凡诸家义训皆采录集中，而旧德硕儒间有一二说者，亦两存之，以俟博识之决择。是集之行，俾得之者手披目览，口诵心惟，不劳思索而昭然义见，更无纤毫凝滞，如亲聆少陵之謦欬而熟睹其眉宇，岂不快哉！宋嘉泰甲子正月，建安三峯东塾蔡梦弼传卿谨识。①

蔡梦弼将杜甫界定为"国风"以来的"诗学宗师"。杜甫这种影响力自然对当时的科举考试起到直接的作用。我们需要关注蔡梦弼为杜诗作注释的原因。他提到，随着诗歌纳入科举考试的科目，诗题中频繁出现杜诗。实际上，科举科目直接关系到当时年轻文人的学习内容。但是，当时通行的杜诗书中的注释多处有误。为了解决这些问题，蔡梦弼把杜诗的异同字、反切音都做了详细检查，加之以句为单位释义、参考经史子集解释典故，最终编成《杜工部草堂诗笺》。

在朝鲜时期，蔡梦弼的题跋是当时士大夫理解杜诗的重要参考资料。②后来，可能是因为现实的原因，蔡梦弼的《杜工部草堂诗笺》未能起到较大的

---

① ［唐］杜甫著，［清］仇兆鳌注：《杜诗详注·附编》卷二十五《杜工部草堂诗笺跋》，中华书局，1979年，第2249页。

② 蔡梦弼概括杜诗时所写的"博极群书，驰骋今古"，以及形容杜诗注释书效果的"如亲聆少陵之謦欬而熟睹其眉宇"等语，在后来的朝鲜人文集，如金䜣的《翻译杜诗序》等文章中均可见到。朝鲜时期文人阅读上述序跋，将杜诗的价值通过相似或相同的语言来表达，可以说这是一种对杜诗进行定论化的过程。

作用。从某种程度上，这与世宗朝以后的学风，或者说跟当时诗坛情况有密切的关系。在世宗朝重新实行进士试后，考生都需要学习诗学。即使已经走上了仕途，文臣为了完成定期创作诗文的任务，仍需要练笔。在之后的成宗时期更是如此。①当时考试的方式主要是：考官出特定主题的题目，考生以近体诗的形式，运用符合主题的诗歌意象回答问题。因此当时的文士需要这方面的训练。而《杜工部草堂诗笺》是一部以编年体方式编撰的诗歌集，在这种环境下它作为一种诗学教材，难免会有不便之处。之后朝鲜时期刊行的杜诗集大部分是按主题、诗体编成的。后期的这种刊行情况也正说明了《杜工部草堂诗笺》在当时的局限性。

同年，即世宗十三年（1431），黄海道海州出版了《杜诗范德机批选》②（六卷，失传）。③此书由范德机批选，元代郑皥编次。由于《杜工部草堂诗笺》是朝鲜朝以来首次刊行的杜诗集，后人在研究中尤为强调该诗集的意义。但从当时的影响力来看，《杜诗范德机批选》也占据了比较重要的地位。就在朝鲜前期，该书前后覆刻过5次，这种频繁、持续的刊行，也正说明了它的需求和影响力。④朝鲜前期《杜诗范德机批选》受到重视的原因主要有以下两方面：

第一，《杜诗范德机批选》是一部精选性质的诗选注释书。在当时社会，这一点应该起到了比较关键的作用。"杜诗堪比三百篇"，这是古代中

---

① 众所周知，朝鲜初期文臣有月科制度（每月实行三次的定期考试），并经常被要求以特定的诗体（主要是律诗）和主题作诗。金訢《颜乐堂集》卷四《遗行》中云："成庙雅重文章之士，如权公健、许公琛、曹公伟、俞公好仁、申公从濩暨公。眷遇特殊，每岁季，令各书所述以进，上辄赐览而嘉奖之。"

② 译者注：即《杜工部诗范德机批选》。这里保留了朝鲜时期覆刻本的书名。

③ 这本书于中宗二十三年（1528）在黄海道海州，由十分喜爱杜诗的黄海道观察使闵晖之子闵寿千重刻。

④ 该书于世宗十三年（1431）在黄海道海州刊行，随后于燕山君七年（1501）、中宗二十三年（1528）、宣祖九年（1576）覆刻。参见沈庆昊：《朝鲜朝的杜诗集刊行与杜诗受容》，第101—103页。

朝文人的一种共识。这也意味着杜甫继承了"国风"以来亡失的儒家文学传统的经典地位。加之批选人范德机是当时名望很高的元朝诗人、学者[①]，他的杜诗集更加受到关注。

第二，我们还需要注意朝鲜时期刊行《虞注杜律》[②]一事。《虞注杜律》的撰写人虞集（1272—1348）与范德机并称"元诗四大家"。[③]该书是一部专门整理杜甫律诗的选注本，对学习律诗的文人具有很大实用价值。[④]此外，这是由元代备受尊重的理学家虞集所撰，使朝鲜文人更加有信赖感。该书标榜朱熹的《诗集传》和《楚辞集注》。在这种情况下，《虞注杜律》与其他书不同，是先在地方士人的主导下刊行的，这也反映了此书的受欢迎程度。这些书均属选本，因此它们受欢迎的根本原因与文人学习和理解诗作的便利性有直接关系。除此之外，从更大的层面而言，还需要考虑高丽后期以来朝鲜文坛与元代学坛（文坛）的连贯性。

从高丽后期的文人李齐贤（1287—1367）和李谷（1298—1351）开始，朝鲜文人开启了和元代文人悠久的交流史。[⑤]在考察高丽后期的性理学问题

---

① 如元代南方理学代表学者吴澄便对范德机的学问和品行赞不绝口。有关范德机的信息参见《大明一统志》卷五十五："范梈，清江人，累官翰林应奉、福建廉访司知事。梈精古学，砥砺名节，持身廉正，吴澄尝称其为特立独行之士。工篆隶楷书，尤工于诗，与虞集、揭傒斯、杨载齐名，时号虞杨范揭，有文集行世。"方志远等点校，巴蜀书社，2017年，第2396页。

② 这是成宗二年（1471）青州的一个士人覆刻的版本。

③ 关于《虞注杜律》的作者问题一直有争议。朝鲜时期《虞注杜律》的刊行者和序跋的写作者也都知道此事，但他们表现出将作者确定为虞集的态度。这也从一方面证明了元代文学对当时朝鲜文坛杜诗接受的影响力。

④ 正如沈庆昊所称，当时杜诗的注释书对文人的诗歌写作起到了较大的参考书作用。参见《朝鲜朝的杜诗集刊行与杜诗受容》，第40页。

⑤ 李谷于忠肃王十四年（1327）进入元朝，生活了七年。他先后与元朝北方官学的代表——许衡的门人"许门四杰"（揭傒斯、朱公迁、方用、欧阳玄）、"儒林四杰"（黄溍、虞集、揭傒斯、柳贯）交往。相关内容可参见《元史·黄溍附柳贯传》，中华书局，1976年。

时，元代北方官学是需要考虑的一个比较重要的方面，因为当时高丽士大夫受到元代学坛较为深刻的影响。如高丽末文人李穑（1328—1396）把元代的代表官员兼理学家许衡（1209—1281）评价为继承孔孟世系的人物，并对他十分推崇。①考虑到高丽与元代学坛（文坛）之间的影响关系，当时元代文坛盛行的"宗唐复古"之风也值得重视。可以说，这些元代的文坛风气对李穑推崇杜甫是"诗学宗师"，在某种程度上起到了一种外在的刺激。

元仁宗延祐年间（1314—1320）是"宗唐复古"之风逐渐发展的时期，该时期被称为"元诗四大家"的虞集、杨载（1271—1323）、范德机、揭傒斯（1274—1344）等人成为推动该风气的核心。杨载主张，"诗当取裁于汉魏，而音节则以唐为宗。"自其诗出，一洗宋季之陋。②从这个脉络上来讲，朝鲜文人李詹（1345—1405）劝定宗读杜诗，并建议定宗读郑蒨编次的《杜工部诗范德机批选》不是一件寻常之事。李詹称该书"盖仿《诗》之三百篇也"，他很早就开始把杜诗比肩为"诗三百"。③固然，李詹的文学取向需要另加考察，但李詹生长于高丽后期并科举及第，通过生平我们也可以粗浅地了解到他所处的文化环境。李詹把元代著名文人所编的杜诗选推荐给定宗一事，提示我们需要对元朝刊行的杜诗集加以重视，并将其视作杜诗接受的一

---

① 李穑称："所谓生民以来，未有盛于夫子者，讵不信然？中灰于秦，仅出孔壁，诗书道缺，泯泯梦梦。至于唐韩愈氏，独知尊孔氏，文章遂变。然于《原道》一篇，足以见其得失矣。宋之世，宗韩氏学古文者，欧公数人而已。至于讲明邹鲁之学，黜二氏诏万世，周程之功也。宋社既屋，其说北流，鲁斋许先生，用其学相世祖，中统至元之治，胥此焉出。"《牧隐文稿》卷九《选粹集序》。

② 《推官杨仲宏先生载》中云："诗当取裁于汉魏，而音节则以唐为宗。"自其诗出，一洗宋季之陋，与虞集、范梈、揭傒斯齐名，时号"虞杨范揭"。徐公喜等点校：《闽中理学渊源考》卷三十八，凤凰出版社，2011年，第511页。

③ 《正宗实录》二年庚辰（1400）8月4日："御经筵。同知事李詹进曰：'顷上欲览古诗。为人君者，亦不可不习也。昔汉高祖制《大风歌》，武帝制《秋风词》，下及于隋炀帝，亦好词章。然忌上人之才，故杀薛道衡、王胄。郑蒨抄《杜诗》百首，盖仿《诗》之三百篇也。乞于经筵并观之。'"

种外在因素。

前文提到，世宗十三年（1431）刊行的三种杜诗集，被后人指出过一系列的问题。当时的文人认为：蔡梦弼的会笺过于繁多，错误百出，刘辰翁的批点本则过于简略。①所以，之后收集诸家的注释，进行参照、校对后，《纂注杜诗》刊行。在批点方面，该书采用刘辰翁（1233—1279）《批点选注杜工部》，按主题和诗体加以编排；在内容方面，该书比较倾向于学术，包含大量诸家注释。②世宗于1443年下令购买诸家的杜诗注解本，这与从1442年开始在集贤殿进行杜诗注解整理工作有直接的关系。

世宗朝是一个秉承"文章华国"的理念，十分重视"诗学与词章"的时代。世宗积极劝文士学习诗学，一边称"若《杜诗》则吟风咏月，非儒者正学"，一边却劝集贤殿的文臣"然亦不可不涉，若等尤加勉学。如杜诗、韩柳文等书，靡不熟看可也"。③世宗劝勉年轻文士们学习诗学，又具体地指出学习的对象，其中显然就有让集贤殿文士提前收集和了解杜诗的意图，为后来编撰《纂注杜诗》奠定了工作基础。

世宗重视诗学，他的这种态度直接影响到当时的科举制度。如在文科科举"中场"中考十韵诗，并在小科复设进士试等。当时司宪部对这种"以李、杜为孔、孟"的学风表示强烈的反对。④《纂注杜诗》正是在这种社会氛

---

① 《世宗实录》二十五年（1443）4月21日："命购《杜诗》诸家注于中外。时，令集贤殿参校《杜诗》诸家注释，会粹为一，故求购之。"曹伟《梅溪集》卷四"杜诗序"云："杜诗，诸家之注详矣。然会笺繁而失之谬，须溪简而失之略。众说纷纭，互相抵牾，不可不研核而一。尔其纂之。"

② 宋代开始以这种方式对诗进行评点，刘辰翁是比较有代表性的宋末批评家。他不仅对杜甫，还对李白、孟浩然、李贺以及王安石、苏轼等人的诗集进行了评点工作。《批点选注杜工部》之所以能够被选入朝鲜《纂注杜诗》的工作，还有其他原因，但主要还是刘辰翁在宋代所具有的代表性起到了最重要的作用。

③ 《世宗实录》十二年（1430）5月18日。

④ 《世宗实录》十九年（1437）6月1日："今闻业科举者，以李、杜为孔、孟，以诸子为经书，偷章盗句，徒事摹仿而已。是则于学者必无幼学壮行之资，而国家又无设科得人之效。圣朝右文兴化之日，反有如是之弊，良可叹已。"

围中开展的一项工作。主持该项工作的代表人物是集贤殿的辛硕祖（1407—1459），另一个核心人物是安平大君。此时，集贤殿的主要官员有：南秀文、崔恒、申叔舟、朴彭年、成三问、梁诚之等。根据当时的情况推测，这些集贤殿的文人应该是《纂注杜诗》的实际工作人员。

（二）杜诗"翻译"的前史及杜诗接受的内在因素

如前文所述，世宗朝的杜诗集刊印工作，主要由地方监营执行。当然，这些书籍印出后会送到朝廷。在此过程中，地方士人有较大的可能性会首先得知这些新书的信息并共享。如果考虑到这些参与杜诗集刊行工作的地方士人以学脉等关系紧密联系在一起，他们共享信息的事实就会十分明确。

世宗十三年（1431），在庆尚南道密阳进行的《杜工部草堂诗笺》一书刊印过程中，有两个人物值得关注。第一个是写跋语的尹祥（1373—1455）。下面的引文是《杜工部草堂诗笺》中尹祥的题跋，他指出，纵览汉诗史，杜甫的律诗达到上追风雅，并完美合乎声律的最高境界。

> 周诗三百篇，变而为律诗。历代以来，作者颇多，然得其性情之正而中于声律者，盖寡矣。惟子美诗，上薄风雅，下该声律，而其爱君忧国之念，忠愤激厉之词，未尝不本于性情，中于音节，而关于世教也。所谓诗史者，殆非虚语，而奚徒以词章视之哉！方今圣明在上，右文兴化，经史诸书，靡不刊行，而独此篇尚有阙焉。岂非盛时兴教之所亏欤？[1]

尹祥精通经学，尤其通达《周易》，是朝鲜前期的重要学者。他是江湖金叔滋（1389—1456）的老师，而金叔滋是引领朝鲜前期新进士林的占毕斋

---

[1] 尹祥《别洞先生集》卷二，《刻杜律跋》。

金宗直（1431—1492）的父亲。①这样，尹祥通过与金叔滋之间的师生关系及金叔滋和金宗直的家学，自然地与金宗直有了联系。而且金宗直和尹祥的儿子（季殷）为小科同年生。正是因为这些学缘和家庭关系，金宗直于成宗十八年（1487）为尹祥的文集《别洞集》作序，其中也表达了师生关系。②第二个是收藏杜诗善本的星州教官韩卷。韩卷与前面提到的金叔滋平时经常来往，关系比较亲近。③刊行书籍的密阳是金叔滋和金宗直的生长地，也是韩卷的师友们聚在一起学习的地方。

当然，还需要进一步考察相关资料，但是通过这些内容我们可以初步了解到，朝鲜前期文人对于杜诗的知识和理解是通过地域、师徒、家学等关系相互共享并加以扩散的。这些便构成了之后成宗朝参与《杜诗谚解》刊行工作的弘文馆文臣与金宗直等推崇和学习杜诗的"前史"。

《杜工部草堂诗笺》的刊行是庆尚道观察使提出，并和当地乡校的教官、副使共同完成的。该书刊行后应该送到朝廷，但与此同时，该书在当地也起到了多方面的作用。庆尚道地区的文士们为何要学习杜诗？笔者认为这与尹祥评杜诗为"（惟子美诗）上薄风雅，下该声律"，将其描述为一种"完整"的诗歌有关系。杜诗完美地具备了《诗经》的理想境界，同时也具备了作诗所需的形式上的成熟度和完成度。从这一点来看，杜诗不能单纯地视为"词章"，而是作为一种"典范"被全新地加以强调。

---

① 金宗直《占毕斋集·文集》卷二《彝尊录上·先公师友》。

② 朴周钟《别洞先生集续集·行录》卷二："当时闻人，皆出其门。为文章虽出于绪余，而皆自六经中流凑而成。平生所作，亦不为少，旋作旋弃，不畜一纸。而至今东人仰之如泰山北斗。口授弟子，精粹之语，无不笔之于书而传诵。备矣哉！此先生实录也。其任黄涧，金江湖先生叔滋闻先生明于《易》，徒步请教先生。知其志笃，乃穷探阴阳变化之数、原始要终之说以教之。《彝尊录》以为易学由是大明于东国。而毕翁之学，得之家庭，故尝自谓：予亦私淑之人也。其后毕翁先生传于寒暄堂金先生，金先生传于静庵赵先生，渊源所自，盖可推也。"

③ 金宗直《占毕斋集·彝尊录》上《先公师友第三》："韩卷，为人不羁，有文武材。历台谏，晚为所山郡事，乘舟钓鱼溺死。"

与此同时，我们还需要关注刊行《杜工部草堂诗笺》的宋代蔡梦弼的题跋。他追崇杜甫为"诗学宗师"，并在科举中寻找到杜诗的威严和有效性。上文提到，韩卷是在密阳地区收藏杜诗集善本的乡校教官。乡校是准备小科或成均馆的一种预备班，因此除了教授经学知识外，培养写作能力也非常重要。若把二者联系起来，杜诗则是一个非常理想的"典范"。

无论是下令编撰《纂注杜诗》的世宗，还是下令编撰《杜诗谚解》的成宗，他们都指出以往杜诗注解本的繁杂和错误，一致强调要将它们"合为一"。这显然是要求整理纷纭的诸家之说，形成统一的、体系化的定论。这种定论是杜诗"典范化"的一个必需的过程。在世宗朝，这项工作似乎并不容易。当时还处于杜诗典范化的早期阶段，主要侧重于收集、学习和讨论杜诗的诸家注释。而随着时间的流逝，这些前期工作逐渐走向成熟、深化。

即使从结果来看，《纂注杜诗》仍有很多注释，似乎未能实现当初"把诸家注释整理成定论化"的目的。因为每句都有诸家的注释，很难通读整首诗，只能以句为单位读诗。但是《纂注杜诗》采用编年体的方式，有助于读者把杜甫的生平与诗歌联系起来理解。这为之后成宗朝把杜诗作为儒家文学之典范，并以"谚解"的方式为杜诗进行标准化注释奠定了基础。《杜诗谚解》就是在这样的过程中，最终成为杜诗的典范。

先是刊行编年体的杜诗集，之后出现了专门选律诗的杜诗选集。这说明了以近体诗为中心理解杜诗主题和形式的接受情况，也反映了当时律诗备受重视的社会因素。比较具有代表性的例子是，成宗二年（1471）青州刊行过《虞注杜律》的覆刻本。该书的序文由艺文馆直提学金纽（1436—1490）[①]撰

---

① 金纽，字子固，号双溪斋，官至礼曹参判，长于诗、书、琴——被誉为"三绝"。他因擅长古琴，将堂号命名为"琴轩"。金守温为此作了《琴轩堂记》。虽然与金宗直诗作往来不多，但金纽从30多岁到晚年一直与金宗直保持着交往。《佔毕斋集》卷二收录了金宗直为了庆祝金纽拔英试及第所作的诗，在卷二十三中收录了金宗直到金纽的琴轩堂一起作的诗。金纽与徐居正、成伣交情深厚。

写。金纽在序文的开头就点明了杜甫的地位："诗自雅颂以后，正音寝微。至唐有《三百篇》之遗音，而独杜子美集大成焉，故古今宗之。然全集浩穰，未易通遍览，观者病之。"①接着，金纽评价律诗的价值称："律诗难于古诗。故观人之诗者，观乎律诗，足以知规模气格矣。何必经年勤苦仅一遍阅，然后为得哉？今是集也，卷帙甚简，而子美气律，举不出于此，真学诗者之指南也。"②这虽然是一部选集，但通过律诗这一诗体形式已经能够充分理解杜诗。金纽把杜甫评价为恢复《诗经》诗境的"集大成者"，并将其塑造成儒家文学观的"模范"。这并不是一个单纯礼节性的赏识。我们如果考虑到金纽的背景，以及他曾经结识的人，就不难了解其中的特别含义。

金纽与徐居正、成伣、金宗直等当时知名官员和文人交情甚深。特别是，金纽是柳方善、柳允谦之后，和徐居正一起继承"学杜"风气的人。与他交情颇深的徐居正和成伣，在寄赠给金纽的诗中都提到过杜甫。其中，成伣形容金纽为"曳杖行吟子美诗"③，表达了金纽对杜诗的特别喜爱。不难想象，正是金纽的这种趣向促使他撰写《虞注杜律》的跋语。

如前所述，《虞注杜律》是由地方士人刊行的非官方版本的杜诗选集。而金纽亲自为这本书题跋，并将杜诗评价为《诗经》的"遗音"，这与他对杜诗的理解和喜爱应该是相吻合的。与金纽交情深厚的金宗直、徐居正、成伣都是当时颇具影响力的文人和官员，他们又是青年士人的前辈和导师。④在这样的背景下所刊的《虞注杜律》自然有相当大的影响力。能够佐证其影响

---

① 金纽《杜律虞注·跋》，韩国国立中央图书馆藏。

② 金纽《杜律虞注·跋》，韩国国立中央图书馆藏。

③ 成伣《虚白堂诗集》卷九《金子固高阳庄八咏》："童童高盖映门楣，黛色参天雷雨垂。长夏绿阴铺数亩，清秋黄叶散千枝。移床坐引庄周梦，曳杖行吟子美诗。风至每闻灵籁响，草堂枏树未为奇。"

④ 具体而言，徐居正、成伣、金纽和金宗直对杜诗喜爱的方向有所不同。这个问题有待日后进一步讨论。简单地说，他们的不同主要体现在杜诗的修辞、形式、运用典故的方式以及杜诗作为儒家文学典范等方面。

力的记载有：朝鲜前期大儒学家李滉喜读《虞注杜律》；还有朝鲜后期继承"学杜"风气的李安讷曾说过"读过四万遍"杜诗，而当时他阅读的杜诗诗集就是《虞注杜律》。①

三、杜诗翻译的标准化及其典范——《杜诗谚解》

（一）成宗十二年（1481）谚解令颁布之际的情况

我们今天普遍所说的《杜诗谚解》刊行时间（即成宗十二年，1481）并不是《杜诗谚解》真正的刊行年，而是颁布谚解令的时间。②有学者提出，根据《杜诗谚解》所附梅溪曹伟（1454—1503）和颜乐堂金䜣（1448—1492）所写序文中显示的年代，可以推测杜诗的谚解工作应该是下刊行令后数月内完成的。但是，若进一步查阅《成宗实录》，实际上杜诗的谚解工作一直延续到第二年（即成宗十三年，1482）。因为在成宗十三年7月，弘文馆副提学柳允谦等人上书，以灾荒为由请求停止刊行事业，当时就包括杜诗集的刊行。③虽然确切的出版时间尚不明确，但是可以知道在颁布谚解令的成宗十二年（1481）之后两年间，杜诗的谚解和刊行工作一直在进行。总体上看，成

---

① 沈庆昊：《朝鲜朝的杜诗集刊行与杜诗受容》，第40—41页。

② 据曹伟序的记载，成宗十二年（1481）秋下谚解令，随后谚解书呈上，成宗看到谚解书命曹伟写序文的时间在同年12月。但是这并不意味着《杜诗谚解》一书在三个月的时间内已经"完成"。这一点亦可在金䜣的序文中看到："凡阅几月，第一卷先成。缮写投进，以禀睿裁。赐览曰：'可令卒事。'仍命臣序之。"金䜣《翻译杜诗序》，《颜乐堂集》卷二《杂著》。

③ 《成宗实录》十三年（1482）7月6日：弘文馆副提学柳允谦等上劄子曰：臣等伏见圣上，留意经史，孜孜靡遑，凡在见闻，莫不欣庆。但今年之旱，无异去年，连岁饥馑，近古未有，方务救荒之不暇，而如四传、《春秋》、《纲目新增》、《文翰类选》、《杜诗》、《李白诗》、《庸学口诀》，皆设局，而供亿随之。若论一日之费，则些少，积日计之，则乃活饥民之若干资。恐非今日之急务也。（下略）

宗时期刊行的《杜诗谚解》以更加简明的注释和译文，取得了相当大的成就。该书作为一本简洁而权威的杜诗教科书，为学习作诗的文士们起到了范本和参照的作用。

众所周知，成宗下杜诗谚解令时，把弘文馆柳允谦聘为该工作的负责人。柳允谦是精通杜诗的朝鲜初期学者柳方善（1388—1443）之子。柳允谦不仅参加过世宗朝《纂注杜诗》的编写工作①，还与成伣、金纽、洪贵达等一起被任为兼艺文一职。他们长期相互交流和学习，并受王命参加了后期追加的谚解工作。②成宗又将柳允谦任命为《杜诗谚解》工作的负责人，这与弘文馆李昌臣（1449—？）有直接的关系。成宗下令谚解杜诗的一年前（成宗十一年，1480），李昌臣在经筵中建议成宗让年轻的文臣们学习杜诗。李昌臣强调了"文章华国"的思想，主张应重视词章，将杜诗视为诗歌之本。这一"文章华国"思想影响了整个朝鲜前期，成为当时朝廷重用文士的主要动力。从下面引用的李昌臣之语中可以看出，"文章华国"的思想与"杜甫"的文学史地位有密切的联系：

> 御昼讲。讲讫，侍读官李昌臣启曰："词章，虽若不关于治国，中朝使臣如张宁、祈顺辈，出来则必与唱和，词章不可视为余事而不习之也。杜诗，诗家之祖。前司成柳允谦，传受其父方善，颇精熟。请令年

---

① 权鳖《海东杂录》卷四，本朝"柳允谦"："文化人，字亨叟，廷显之子。我光庙朝登第，官至大司谏。有文名，精于杜诗。我英庙命诸儒撰注杜诗，时柳斯文允谦，以白衣得往参，人皆荣之。允谦受杜诗于泰斋，其精熟一时无比。"

② 有了杜诗的谚解令之后，成宗再次命令徐居正、卢思慎、许琮、鱼世谦、柳洵、柳允谦以谚文翻译《联珠诗格》及《黄山谷诗集》（《成宗实录》十四年7月29日）。然而成宗却再令金䜣谚解《山谷集》，因此金䜣在赐假读书期间对此书进行了精细研究。相关内容在金䜣的文集《颜乐堂集·遗行》中有记载。这两项工作之间的相关性值得进一步考察。

少文臣受业。"上曰："可。"①

　　李昌臣认为柳允谦是精通杜诗的人物，因此把他推荐为年轻文士的"杜诗学"老师。李昌臣的建议得到了成宗的同意。应该大致上从这时候起，弘文馆的年轻文士正式开始学习杜诗。这成为日后对杜诗进行谚解和注释工作的基础。成宗的谚解令看似突然，但这实际上是在逐步提升杜诗价值过程中的一项工作。那么李昌臣为何如此强调杜诗？其原因一方面与李昌臣个人的喜好有关，另一方面和当时知识分子的新趋势有关。关于这一点，我们将在下文中进行讨论。

　　再回到《杜诗谚解》，谚解令下达之时柳允谦已过花甲，再加上任从三品的官职，他应该更适合做统揽工作。实际上，当时参与《杜诗谚解》的工作人员情况今天并不详知。只有柳允谦作为代表人物被提及。张维在重刊本《杜诗谚解》序文中曾指出谚解工作的主体是"弘文馆的词臣"。因此，我们有必要考察初刻本《杜诗谚解》中曹伟（1454—1503）和金訢（1448—1492）的序文。作序时，曹伟任弘文馆修撰，金訢任弘文馆校理。为此，我们需要对谚解令颁布前后几年弘文馆的官员情况进行关注，尤其是对柳允谦、李昌臣、曹伟、金訢等对杜诗感兴趣并为之赋予重要意义的官员进行重点观察。事实上，他们是以占毕斋金宗直为中心的一群知识分子。直至谚解令颁布的第二年，曹伟、柳允谦、金宗直、金訢、李昌臣都在弘文馆共事，共同讨论过国政问题。②他们一起执行成宗让弘文馆文士完成的杜诗谚解工作。在此过程中，他们一边面对着朝廷勋旧势力对君主容忍年轻文臣"造词章"的强烈批评，一边思考着如何把杜诗打造成朝鲜儒家文学的典范。

----

①　《成宗实录》十一年（1480）10月26日。

②　成宗十三年，金克忸上书请求改正父亲的错误谥号，当时成宗将此事下六朝、议政府、弘文馆议。当时弘文馆官员曹伟、柳允谦、金宗直、金訢、李昌臣一同提出意见。相关内容参见《成宗实录》十三年（1482）9月26日。

（二）杜诗翻译的标准化及其典范——《杜诗谚解》

《杜诗谚解》删掉了之前刊行的杜甫诗集中在诗题下面所附的说明作诗背景的内容。[①]这导致了仅凭《杜诗谚解》，难以充分理解诗的历史脉络及其衍生的现实意义。取而代之的是，《杜诗谚解》有了标准化的翻译和对字词简洁清晰的释义。当然，要想掌握更深刻的历史意义，需要同时参考其他注释书。这也意味着，《杜诗谚解》不是为了从历史脉络上理解杜诗，而是以建立标准化的理解和翻译为编写目标。《杜诗谚解》的这种目标，与建构儒家文学谱系并在该谱系中把杜诗树立为"文学典范"有着直接关系。下面是曹伟和金䜣的序言：

　　诗自风骚而下，盛称李杜。然其元气浑茫，辞语艰涩，故笺注虽多，而人愈病其难晓。成化辛丑秋，上命弘文馆典翰臣柳允谦等，若曰：杜诗，诸家之注详矣，然会笺繁而失之谬，须溪简而失之略。众说纷纭，互相抵牾，不可不研核而一。尔其纂之。（下略）[②]——曹伟《杜诗序》

　　惟上之十二年月日，召侍臣若曰：诗发于性情，关于风教，其善与恶，皆足以劝惩人。大哉，诗之教也。三百以降，惟唐最盛。而杜子美之作为首，上薄风雅，下该沈宋，集诸家之所长而大成焉。诗至于子美，可谓至矣。而词严义密，世之学者患不能通。夫不能通其辞，而能通其诀者，未之有也。其译以谚语，开发蕴奥，使人得而知之。[③]——金

---

① 这一点也是韩国学者沈庆昊指出的《杜诗谚解》的特点。参见《朝鲜朝的杜诗集刊行与杜诗受容》，第56页。

② 在燕山君时期，因为曹伟与"士祸"有关之说，王明删除了该序文。后来《重刊杜诗谚解》刊行时，曹伟序与溪谷张维的序言一起刊出。这里引用的曹伟序文参考《重刊杜诗谚解》和肃宗四十四年（1718）刊行的《梅溪集》卷四《杜诗序》（韩国文集丛刊本）。

③ 金䜣：《翻译杜诗序》，《颜乐堂集》卷二。

訢《翻译杜诗序》

从曹伟和金訢的序文中可以发现，成宗曾指出当时杜诗注释书的晦涩、难解等问题。这些注释书不仅注释多，而且释义有时还相互矛盾。因此"不可不研覈而一"，即要把杜诗的释义整理成一套简洁的定论。

> （上略）臣窃惟，诗道之关于世教也，大矣。上而郊庙之作，歌咏盛德，下而民俗之谣，美刺时政者，皆足以感发惩创人之善恶。此孔子所以删定三百篇，有无邪之训也。诗至六朝，极为浮靡，三百篇之音坠地。子美生于盛唐，能抉剔障塞，振起颓风，沈郁顿挫，力去淫艳华靡之习。至于乱离奔窜之际，伤时爱君之言，出于至诚，忠愤激烈，足以耸动百世。其所以感发惩创人者，实与三百篇相为表里。而指事陈实，号称诗史，则岂后世朝风咏月、刻削性情者之所可拟议耶？然则圣上之留意是诗者，亦孔子删定三百篇之意。其嘉惠来学，挽回诗道也，至矣。噫！三百篇一删于孔子，而大明于朱氏之辑注。今是诗也，又因圣上而发挥焉。学诗者，苟能模范乎此，臻无邪之域，以抵三百篇之藩垣，则岂徒制作之妙高出百代而已耶？我圣上温柔敦厚之教亦将陶冶一世，其有补于风化也，为如何哉！①——曹伟《杜诗序》

曹伟认为，自《诗经》以来，杜甫是唯一兴起"诗道"的诗人。这一想法，从根本上出自杜诗所处的历史语境。杜诗表现出对君主的至爱和忧国之心，并由此体现出"忠愤"的境界，这使杜诗具备了强大的教化力量。因此曹伟的序文将孔子、朱子对《诗经》的删减与注释工作，与成宗和自己的杜诗谚解工作相提并论。换言之，曹伟把杜诗谚解工作和杜诗的地位升华到与

---

① 曹伟：《杜诗序》，《梅溪集》卷四。

“《诗经》互为表里关系”的境界。

金訢则对杜诗表现出更为扩大、深化的理解。金訢所描写的杜诗的典范意境与曹伟所提到的主旨相似，他在序文中讲道：

> 臣于子美之诗，卤莽矣，灭裂矣，何能措一辞于其间哉。然待罪词林，不敢以不能为解，则谨拜手稽首，扬言曰：臣窃观子美博极群书，驰骋古今。以倜傥之才，怀匡济之志，而值干戈乱离之际，漂泊秦陇夔峡之间，羁旅艰难，忠愤激烈。山川之流峙，草木之荣悴，禽鸟之飞跃，千汇万状，可喜可愕。凡接于耳而寓于目者，杂然有动于心，一于诗焉发之。上自朝廷治乱之迹，下至闾巷细碎之故，咸包括而无遗。[①]——金訢《翻译杜诗序》

金訢认为在诗歌与世道共升共降的前提下，杜诗的谚解工作能为成宗兴起诗道、挽回世教奠定基础。在这样的评价中虽有很多称颂的修辞，但这正说明了，当时金訢面对勋旧派文人对词章学的强烈批判，试图通过杜诗来阐述文学和道学之间的相关性。如：

> （上略）恭惟主上殿下潜心圣学，日御经筵，六经诸史，靡不毕究。又能留意于诗道有关世教，而特命词臣首译子美之集。而千载不传之秘，一朝了然如指诸掌，使人人皆得造其堂而哜其胾也。噫，子美之诗晦而不明者，历千有余年而后，大显于今。岂非是诗之显晦，与世道升降。而殿下所以夐掩前古，卓冠百王，振起诗道，挽回世教之几，亦可因是以仰窥万一也。学者于是乎章句以纲之，批注以纪之，讽咏以挹其膏馥，涵濡以探其阃奥。而必以稷契许其身，而以一饭不忘君为其心，

① 金訢：《翻译杜诗序》，《颜乐堂集》卷二。

则子美庶几可学。而辞语之妙，声律之工，特其绪余尔。将见赓载之歌，
大雅之作，黼黻王道，贲饰大平，而大鸣国家之盛者，于于焉辈出矣，何
其盛也。若夫驰骛于风云月露之状，而求工于片言只字之间而已，则其学
子美亦浅矣，岂圣上所以开示学者之意耶？[①]——金䜣《翻译杜诗序》

在序文的结尾出现"风云月露"四字，即指绮丽浮靡、吟风弄月的诗
文。该诗风萌芽于齐梁，盛行于晚唐时期。"风云月露"的诗风因重视特定
一个韵字的奇特性或一个字的华丽性而缺乏诗意，受到了严厉的批评。金䜣
将杜诗与这种"风云月露"的华美辞藻相区分开，认为杜诗达到的典范文学
境界主要体现在"赓载之歌"和"大雅之作"。像这种诗，可以成为反映一
个国家兴盛的标志。即杜诗所承载的忠君爱国之忠愤激烈，被公认为是它能
够成为"大雅"般的、符合儒家理想的文学的原因。因此在朝鲜前期，杜诗
被当作"文章华国"之典范。

四、《杜诗谚解》的刊行与成宗朝的新进士林

如前所述，《杜诗谚解》的实际谚解和注释工作由弘文馆文士执行。具
体情况可以通过曹伟和金䜣的序文加以了解。[②]实际上，当时文人之间已经形

---

① 金䜣：《翻译杜诗序》，《颜乐堂集》卷二。
② 沈庆昊在《朝鲜朝的杜诗集刊行与杜诗受容》一文中提到：谚解令颁布当年的8
月，曹伟随姜希孟外出任职，12月来到锦山，因此未能直接参与谚解。谚解工作结束后，
曹伟以文章家的身份"美化粉饰的意图，参与谚解书的序文的撰写"（第45页）。不过，
这个问题尚待考察。当时，姜希孟代生病的徐居正任接待中国使臣的接班使。如果曹伟为
其从事官，这就不是单纯的外职，而是可能会与中国使臣进行诗文唱和的工作，相当于
"文章华国"思想的实际运用。我们今天可以在《成宗实录》中看到姜希孟任远接使后，
直至12月，在汉阳朝廷参与经筵或上书等记载。因此，很难完全断定担任姜希孟从事官的
曹伟也一直留在地方。如以此为依据认为曹伟没有参与谚解工作，并不妥当。

成了追崇和学习杜诗的氛围，而这种"学杜"风气促使新的文学风气兴起。当然，从背景上看，成宗对词章的重视起到了直接的影响作用。但如果文上之间没有学习杜诗并将其典范化的意志，就很难有现实的动力。再加上他们不断向成宗强调杜诗继承《诗经》传统的价值，这些努力最终导致成宗谚解令的颁布。

前文提及金訢的序文时曾指出，他把杜诗与"风云月露"这种以技巧为中心的文学风格进行了区分。类似的表达也有人提及。如：在成宗下杜诗谚解令的几年前，占毕斋金宗直也讲过类似的话。若结合当时新进士林的关系网观察此事，就很难将其视作偶然的一致。

金宗直曾赋诗赠给一起赐假读书①的曹伟、刘浩仁等六位文士。他在诗中也把杜诗和"风云月露"进行对比，劝勉他们学习杜诗。金宗直诗称：

> 词赋纷纷各斗雄，古来只有杜陵翁。凭君三复无邪颂，月露风花眼底空。②

金宗直指出唯有杜诗才是诗学之首，通过学习达到《诗经》"思无邪"境界的杜诗，消除了"月露风花"的影响。金宗直为何对那些赐假读书的士人强调杜诗堪比《诗经》，是可消除"月露风花"的诗作呢？这可以从杜诗的"翻译"脉络中寻找其原因。另外，也可以通过赐假读书的文士情况，以及他们在该时期所做的事和学习的内容来分析其原因。

首先，金訢和曹伟是金宗直的弟子，都是以擅长文学著称的人物。尤其是金訢，他是被后世评价为精通律诗的人物。如前所述，在谚解令颁布的前几年，即成宗八年（1477）七月之际，弘文馆的官员们受成宗赐假读书，金

---

① 译者注："赐假读书"是朝鲜时期国王为了培养人才，给年轻的文臣一定的假期，让他们钻研学问的一种制度。

② 金宗直：《占毕斋集·诗集》卷十二《呈藏义寺读书诸公》。

宗直给这些赐假读书的文士写了七首七言绝句。从这些诗所附的序言来看，彼时赐假读书的文士，有正郎蔡寿、典籍许琛、直讲权健、正字杨熙止、检阅曹伟、俞好仁等人。[①]此时，金宗直在汉阳任知承文院事一职，因请奉养老母，调任为善山府使。金宗直赴善山前，酷病于汉阳。等他缓过神来，作诗赠给这六位文士。可见，金宗直和他们之前就有来往，有比较特别的交情。

（其一）六君万中青钱选，陶铸唐虞在一身。请看廊庙权衡手，半是英陵储养人。

（其四）前后典午真太史，渥洼天马独行空。后来更有春秋笔，云谷诚能揭至公。

（其六）词赋纷纷各斗雄，古来只有杜陵翁。凭君三复无邪颂，月露风花眼底空。[②]

青年文士们在赐假读书期间，不仅学习经书，而且专研于诗学，还创作了大量的联句诗。根据金宗直"古来只有杜陵翁"之句，不难想象当时赐假读书的文士们以杜甫诗集为教材练习作诗，或学习、探究杜诗。再加上这是杜诗谚解令将要颁行之际的一次赐假读书，显然更是集中学习和探讨杜诗的阶段。

有一份记载可以说明赐假读书与执行谚解工作的关系。如金訢曾在文集中讲道：

---

① 金宗直所写的诗中出现了俞好仁、杨熙止、曹伟的名字（参见：金宗直《呈藏义寺读书诸公》，《占毕斋集·诗集》卷十二）。结合成伣的《慵斋丛话》和俞好仁的《游松都录》，则可以确认当时赐假读书的六名儒士的情况。

② 金宗直《呈藏义寺读书诸公》，《占毕斋集·诗集》卷十二。

（中略）成庙雅重文学之士。简置玉堂，不委外务，且开读书所于龙山。轮赐假馆员，以资博洽，为异日用。公被选，往书堂。①

（中略）成庙病山谷诗多难解，命公译以谚注，俾学者易晓。公在读书堂，精究入解，功将就，因事不果讫。②

金訢简要说明了成宗朝赐假读书（读书堂）的制度，该制度不把"外务"交给文士，而是提供充足的资助让年轻文臣专心于文学。他接着说明了进读书堂的文士所做的事情。至于金訢所提到的《山谷集》谚解与成宗十四年（1483）进行的《黄山谷诗集》谚解之间的关联性，仍待进一步考察。

此外值得关注的是当时文士们于何时何地、如何执行谚解工作等问题。从以上资料中可知，弘文馆文臣在赐假读书期间进行谚解工作时，会共享对杜诗地位和价值的认可。早在谚解杜诗集之前，金宗直就在赠诗中把杜甫的诗描述为"思无邪"之境，嘱咐他们努力学习杜诗，这应该起到了促进文士们重视杜诗的作用。

这里需要补充说明金宗直的门徒和师友们的简单情况。③前文提到，李昌臣曾推荐柳允谦参与谚解杜诗，并向成宗提议令弘文馆文士们阅读杜诗。虽然李昌臣的名字没有收录在金宗直的《文人录》中，但后来金宗直于成宗十七年（1486）编纂《东国舆地胜览》时，李昌臣和他一起工作，可以说他们共属一个团队。据《占毕斋年谱》记载，金宗直任咸阳郡守时，金訢曾到

---

① 金訢：《颜乐堂集》卷四《遗行》。
② 同上。
③ 在《占毕斋集·门人录》中记载了多达49人的姓名。其中包括：在汉阳求学的申从濩，由制述得到科次（朝鲜时期的成绩等级）的蔡寿、金诠、申用溉，还有求学时间不明确的郑锡坚、金谌，还有没有标明时期、称学过《史记》的李昌臣，以及记录在"其他人物"中的庄子健等。

金宗直的门下学习经书和诗文，两人在善山和汉阳等地继续保持着师生关系。为《虞注杜律》撰写题跋的金纽也是，虽然他也不在《文人录》中，但与徐居正、成伣、金宗直保持着关系。

五、结语：《杜诗谚解》的文学史意义

朝鲜文人对杜诗的追崇发端于朝鲜前期喜爱宋诗的文人，尤其是喜爱江西诗派的文人。金宗直曾经吐露过他自己曾习读江西诗派的诗[①]。在江西诗派因其弊端而受到批评的诗学危机中，朝鲜的文士们需要发展新的文学观。在这种背景下，《杜诗谚解》就是文士们试图将关于杜诗的知识和理解变得标准化、体系化的产物。此外，推动谚解杜诗的外在动力还有君主的鼓励和国家层面的支持。这种自上而下的推动若想成为现实，就必须要有相关"关系网"中的人群作为实际力量。

金宗直和一批青年文士在杜诗中试图寻找到在磨砺的形式中，以精练的语言表现一种基于性情而正直的文士精神的可能性。在朝鲜文学史上，他们被称为"成宗朝新进士林"。他们是在朝鲜前期重视诗学的文化土壤中，以词章能力著称的一批文人。在这样的基础上，他们试图通过杜诗创造出新的文学典范。他们以"诗与世道一同升降"为纲领，对抗勋旧派文人对他们"专事词章学"的严厉批评。通过杜诗，他们阐明了文学和道学的相互关系。

实际上，金宗直的弟子中有很多因擅长书写唐诗风格的诗而受到好评的

---

① 金宗直："曾叩金门金裒蹄，会稽今日不能啼。忽得新诗歌大雅，悔前宗派觅江西。"《晋山君再用前韵见寄，复和》，《占毕斋集》卷十。

人物，比较有代表性的有李胄和权五福。①这些文人的出现，正预示了诗歌在创作上所发生的风格变化。韩国学者柳浩镇指出，他们写唐诗是在"由其师金宗直奠定的基础"上完成的。他们的老师金宗直效仿黄山谷的诗作，既强调修辞，同时也重视诗意的传达功能。他们的这些努力促使当时的诗坛形成一种新的潮流。②前人的这些分析，与试图探寻这种变化点的笔者看法如出一辙。

韩国文学史对朝鲜前期诗坛，特别是15世纪诗坛变化的普遍论述是：在延续高丽后期以来宋诗风的背景下，转变为唐诗风格。而朝鲜时期刊行的诗选集，正提供了理解这种诗风变化的线索。③这一诗风变化通常被描述为一个非常简单且阶段性特征十分明显的过程。因此一些学者对此持有"难道会顺利演变吗"的疑问。事实上，到了成宗时期，"文章华国"的文学论和称颂太平盛世的所谓"阿谀"文学，与对此进行批判的道学文学观之间的矛盾愈来愈大。若把这些文坛现象置于勋旧和士林、道学和词章、宋风和唐风等截然对立的立场上进行理解，则难以释清。因为主导杜诗"翻译"工作的集贤殿学士和弘文馆文士就有比较复杂的背景。他们既不是所谓"完全"的勋旧官僚，也不是像赵光祖一代的士人那样的纯粹士林。他们是当时文学活动最活跃的新知识分子。这些朝鲜前期的青年文士成长在多样化的文化土壤中，逐渐具备了卓越的文学能力——即词章才华。他们不仅具有文学能力，还创造了新的文学观。从这点上看，对杜诗的"翻译"过程就有助于我们理解朝鲜前期诗坛的新变过程。

---

① 金镇卿：《睡轩权五福的生涯与精神：忠义类型官人生涯为研究中心》；柳浩珍：《李胄的唐风志向及其文学史意义》。这两篇论文均收录于《占毕斋金宗直与青年弟子》，2011年。

② 柳浩镇：《李胄的唐风志向及其文学史意义》，载占毕斋研究所编《占毕斋金宗直与青年弟子》，首尔：知识与教养，2011年。

③ 相关内容参见李钟默：《杜诗的谚解情况》，载韩国精神文化研究院人文研究室编《杜诗和杜诗谚解研究》，（韩国）坡州：太学社，1998年。

　　比较遗憾的是，本文对杜诗"翻译"问题的讨论，比较侧重于《杜诗谚解》刊行之前的"前史"部分。这与笔者一开始设想的论文蓝图有所偏离。以杜诗谚解本刊行一事作为研究中心，对整个朝鲜前期新知识文士活动问题的探讨尚有不足之处。希望在以后的研究中能以《杜诗谚解》为中心，通过文本分析澄清新进士林与勋旧官僚之间的差异，并阐明其在新知识分子的形成和文学文化潮流中的意义。

关于日本"和魂洋才"
与中国近代思想关系的再思考

边明江

摘要："和魂洋才"是日本近现代史上相当重要的一种思想观念，其主要特点在于认为西洋的学问局限于具体的技艺层面，东洋（尤其日本）的学问则以精神层面为主，而且前者从属于后者。学界经常将其与中国晚清以降的"中体西用"思想进行平行比较，但是二者之间或许也存在影响。首先，"和魂洋才"这一表述或概念诞生于日本宣扬所谓国体优越性的时期，因此不能不加辨别地直接使用。其次，"和魂洋才"思想的内容常与中国传统思想相关。最后，黄遵宪与鲁迅等中国近代思想家对"和魂洋才"的认可、反思与批判与中国近代思想的发展交错在一起，形塑了中国近代思想史的某些断面。

关键词：和魂洋才；黄遵宪；鲁迅

引　言

如何看待与处理东西方思想或文化之间的关系，是近代东亚各国的思想家们都曾思考过的一个重要问题，其中一种答案是坚持以传统思想为主导，辅以西洋的新技术。在近代中国，这一思想主要体现为"中体西用"说，而在近代朝鲜与日本，则分别有所谓"东道西器"与"和魂洋才"之说。

其中关于日本的"和魂洋才"，一般认为"和魂"指日本的传统精神，而"洋才"指西洋的技艺，后者的特点是局限于"形而下"的"器物"层面，应该将其视为前者的辅助。关于"和魂洋才"的思想谱系及其影响，学界已多有阐述，其中平川祐弘《和魂洋才的系谱：从内与外看明治日本》（1971、2016）①与胡稹《"大和魂"史的初步研究》（2017）②两本专著或许最具代表性。此外，将"和魂洋才"与"中体西用"进行比较的论著也蔚为大观，伊原泽周《日本与中国的西洋文化摄取论》一书（1999）③在此类研究中颇具典型性，他将"和魂洋才"与"中体西用"思想进行了比较，借此探讨了中日在近代化过程中为何最终走向了不同的道路，认为"中体西用"试图从西洋所引入的局限于"西艺"与"西政"，而"和魂洋才"却是全方位地输入西洋的思想、文化、经济与教育并将其融入本土，这是造成日本的近代化顺利推进而中国却止步不前的原因所在。这一论断及其思考模式在此后中日学者的论文中反复出现，仅就论文而言，从武安隆《从"和魂汉才"到"和魂洋才"：兼说"和魂洋才"和"中体西用"的异同》（1995）到叶有铒《中体西用与和魂洋才的差异及其成因：一条反思中日近现代化不同命运的路径》（2020）④基本都是沿此脉络展开。

以上提到的一些研究梳理了"和魂洋才"的基本内涵与变迁史，并且

---

① 平川祐弘：『和魂洋才の譜系：内と外からの明治日本』，東京：河出書房新社，1971年。平川祐弘：『和魂洋才の譜系：内と外からの明治日本』，東京：勉誠出版，2016年。

② 胡稹：《"大和魂"史的初步研究》，北京：中国社会科学出版社，2017年。

③ 伊原泽周：『日本と中國における西洋文化攝取論』，東京：汲古書院，1999年。

④ 武安隆：《从"和魂汉才"到"和魂洋才"：兼说"和魂洋才"和"中体西用"的异同》，《日本研究》1995年第1期。叶有铒：《中体西用与和魂洋才的差异及其成因：一条反思中日近现代化不同命运的路径》，《贵阳学院学报》2020年第6期。

探讨了其与"中体西用"的异同之处，足资参考。但是在以往的研究中似乎仍然存在一些未能充分论述之处，尤其是在研究视角与方法上，将"中体西用"与"和魂洋才"进行平行比较的研究居多。在这一视角与方法之外，考察二者之间的影响互动关系未尝不是一种新的进路。就此而言，胡稹的力作《"大和魂"史的初步研究》（2017）堪称典范，作者不仅按时代顺序整理出相关论述及其受到的中国传统思想的影响，而且强调"和魂"思想并非纯粹的"日本精神"，认为"虽然日本自江户时代中期开始试图去中国化，其急先锋式的代表性话语就有'大和魂'论，但具有讽刺意义的是，中国思想却参与了'大和魂'的形成和发展的几乎全过程……处于一种剪不断、理还乱的关系"[①]。受此启发，笔者也尝试从影响关系的角度切入，但胡稹追溯的是"和魂洋才"所受到的中国传统思想的影响，笔者的论述重点则与此相反，聚焦于中国近代思想家们如何通过对"和魂洋才"式思想的批判以形塑自己的思想，或者说，"和魂洋才"如何反向地促发了中国近代思想家的一些重要思考或选择。

在本文中，笔者首先追踪"和魂洋才"这一概念或表述本身的由来，随后在简要梳理其思想流变的基础上，举例说明它与中国思想之间的影响关系，最后以黄遵宪与鲁迅为例，阐述中国思想家对于"和魂洋才"思想的思考与反驳融汇入中国近现代思想的进程。

一、"和魂洋才"概念的诞生及其缺陷

按照学界的一般认识，"和魂洋才"脱胎于"和魂汉才"，"和魂汉

---

① 胡稹：《"大和魂"史的初步研究》，北京：中国社会科学出版社，2017年，第1050页。

才"出自日本室町时代的《菅家遗诫》（托名于当时第一流学者菅原道真的
伪书），意指只有身兼和、汉两种学问才能够成为真正的学者，由此演变而
来的"和魂洋才"则在江户时代末期的风云变幻中应运而生。在江户时代，
来自西洋的冲击力逐渐增强，一些思想家提出应该在坚守传统伦理与学术的
基础上有选择地引入西洋技艺。明治以降，"和魂洋才"则成为日本吸收西
洋文化并将其与传统文化融合的代表性口号。"和魂洋才"式的思想或理念
被普遍视为一种处理本土与外来文化的应对方法，而且在日本近现代史上曾
经反复出现，其影响至今不绝。

　　"和魂洋才"的含义几乎已成"常识"，但是笔者认为其中或许仍然存
在一些需要详加辨别的问题，首要的就是关于"和魂洋才"这一表述诞生的
历史语境。虽然学界一直袭用"和魂洋才"一词，但是这一说法本身究竟始
于何时，则语焉不详，甚至连平川祐弘的经典之作《和魂洋才的系谱》似乎
也未言及，所以"和魂洋才"这一概念或说法究竟始于何时呢？

　　据笔者个人所见，"和魂洋才"一词虽然在明治与大正时期偶有出现，
但是语例极少，而且使用者也极少对其加以解释，所以在使用时普遍缺乏思
想或理论上的自觉。除此之外，该词较早的用例之一出现在加藤咄堂《伟
人的教训》（1936）一书中。加藤认为中国的政治传统是"禅让、放伐、革
命"，这与日本"万世一系"的"神圣国体"完全不同。菅原道真认为在学
问上虽然应该广涉古今，但应该以日本的精神为"魂"而以中国的学问为
"才"，就当下而言，则需更进一步，即日本的国体"万邦无比"，必须以
此"国体观念"为"魂之基底"，充分运用世界之知识，即所谓"和魂洋
才"。①此书的出版正在七七事变之前不久，与当时日本国内不断宣扬与强调
本国"国体"优越性，进而将战争合理化的国家主义与民族主义的意识形态
是密不可分的。在此之后，"和魂洋才"的说法逐渐普及开来，使用者日益

---

① 加藤咄堂：『偉人の教訓』，東京：社会教育協会，1936年，第7—11页。

增多，虽然并不一定都是受加藤著作的影响所致，但是"和魂洋才"在这一时期的频繁使用及其含义的日趋确定，都折射出当时历史社会背景中的某些特征。

但是由于后世研究者的习焉不察，隐含在"和魂洋才"一词中的暗面也就长期被忽视，"和魂洋才"基本上被理解为某类中性的"学说"或"方法"。但是不加辨别地袭用"和魂洋才"这一说法实际上还涉及一个更加重要的问题。上文提到，在国内学界有很多将"和魂洋才"与"中体西用"进行比较研究的著述，这些研究大多借助"中体西用"与"和魂洋才"的不同，讨论中日近代化在过程与结果上的差异，研究者往往将二者分别视为洋务运动与明治维新的指导思想，认为二者在内涵与实质上的差异（尤其前者侧重器物层面，而后者更多涉及制度与精神方面）导致了中日两国近代化的结局，即日本的成功与中国的失败。暂且不论研究思路上的相似之处，如果我们不先将隐藏在"和魂洋才"这一说法之中的暗影排除在外，只一味强调"和魂洋才"是明治维新成功的思想根源，那么我们是否就忽视了日本明治维新或近代化所谓"成功"中极端国家主义与民族主义的成分或因素，乃至肯定了这些因素呢？

总之，虽然"和魂洋才"在词语的"物竞天择"之中脱颖而出，成为学界通用的表述，但是我们也不能不加辨别就直接使用，尤其需要警惕其中的缺陷或危险之处。

有鉴于此，笔者认为或许可以从历史的烟尘中寻找其他更加合适的表述，来重新指称原本"和魂洋才"所涵括的具体内容。笔者管见，曾出现于明治初期的"汉体洋用"或许是一个值得关注的选择。这一说法出自汉学家藤野海南一篇题为《与人论汉洋二学得失书》的文章。

> 夫汉之为学，一言蔽之，曰修己治人……西洋之为国，智齐德等，国势强弱大小相似者，地联疆参，是以机器技术竞相夸，推天文，究地

理，务欲凌驾他出其上，其术由是以精矣，其学由是以博矣。我已与之相交，不得不夺其所长以挫之气，不则取屈辱，是洋学之所以不可缓也。虽然，修己治人之道，亦岂可阙邪？天文地理机器技术者，与人竞争之具也，不可以养德性。无德人不服，何以治国？古人以文武譬车两轮，不可偏废，汉洋两学亦复如是⋯⋯

盖汉之为学⋯⋯其功在活用。西学则就形迹事物讲之⋯⋯其功易见，其学近实⋯⋯

要之，汉学体也，洋学用也。汉学道也，洋学器也。用与器，实而易执，中人以下可与；体与道，虚而难捉，非才性超凡不可能。⋯⋯[①]

藤野海南的总结十分简要："汉学体也，洋学用也。汉学道也，洋学器也。"这与张之洞"中学为体，西学为用"的表述颇为相近，而藤野的文章大约作于明治初年，即19世纪70年代初期前后，远远早于张之洞。研究者往往将张之洞的表述凝练为"中体西用"，那么或许我们也可以仿此将藤野海南的说法称为"汉体洋用"。

相对于"和魂洋才"而言，"汉体洋用"的表述或许更加合适，主要理由如下：其一，"汉体洋用"比"和魂洋才"的出现时间更早，日本的帝国意识形态话语尚未深入其中；其二，相对于"魂"与"才"的一对，"体"与"用"的概念与某些代表性思想家的论述更为契合，比如江户时代著名思想家佐久间象山在《增订荷兰语汇序》（1849）中曾表示他意欲仿效"胡安定经义治事两斋并设[②]之意"，"请国置明体达用二馆，子弟之欲为学者，尽入诸明体之馆，训以四子六经之道，以育其德，更择俊爽强识者，入诸达用

---

① 藤野海南：『海南遺稿』卷二，東京：敦復堂，1891年。原文为汉文。

② 指"宋初三先生"之一的胡瑗"以明体达用之学授诸生，夙夜勤瘁，二十余年，专切学校"，参见黄宗羲《宋元学案》卷一《安定学案》。

之馆，讲以天文地理兵法农政水利之类，兼用洋学，以扩其才"①，这一设想十分清晰地展现出佐久间象山的思想观点，他将中国传统文化中的育德看作"明体"而以洋学"达用"，所以在这里"汉体洋用"的表述相对而言或许更贴近佐久间象山等思想家的原意。

当然，"汉体洋用"的说法也并非无可指摘，所以我们应该有所批判地继续使用"和魂洋才"，还是代以"汉体洋用"或其他更合适的说法，仍有继续讨论的空间。而且，由于在日本思想史上，"和魂洋才"思想历经诸多变化，其内涵与意义都颇为复杂，若想以唯一的概念指称或涵盖此类思想的全部面相几乎是不可能的。为了方便论述与对话，本文中暂且袭用"和魂洋才"的表述。

二、"和魂洋才"思想演变简史

在本节中，笔者尝试简要地勾勒"和魂洋才"思想大致的发展脉络，为下一部分中论述它与中国近代思想的关系做必要的铺垫。

在江户时代，德川幕府与葡萄牙等国的贸易一度十分繁盛，一些西方传教士也获得了在日本传教的机会，但是在1637年岛原之乱后，日本进入漫长的"锁国"期，西洋文化的传入受到幕府的严格管控。在此期间，本草学者、医师向井元升曾在《乾坤弁说序》（1651）中如此描述"蛮学"——"其教不道穷理尽性之问学，徒就形器之上以论之而已……而形而上之义，则晦盲不明，否塞不通"②。这可以视为"和魂洋才"思想的雏形之一。六十余年后，作为当时的幕府高官以及最博学的学者之一，新井白石在与偷偷

① 『渡辺崋山　高野長英　佐久間象山　横井小楠　橋本左内』，東京：岩波書店，1971年，第421頁。原文为汉文。

② 『文明源流叢書』第二卷，東京：泰山社，1940年，第1頁。原文为汉文。

潜入日本的葡萄牙传教士接触之后，在《西洋纪闻》（1715）中认为，"彼方之学，仅精于形与器，即所谓形而下之学而已，于形而上学则未有所闻"①。这大概是"锁国"时期日本知识分子关于东西思想与文化关系的最为经典的论断之一。

在佩里来航（1853）前后，随着"兰学"的发展以及日本海防形势的日趋严峻，一些学者开始重新思考应该如何处理东西思想与文化关系的问题，"和魂洋才"思想逐渐趋于鼎盛。其中最具代表性的当属佐久间象山"东洋道德，西洋艺术"，以及桥本左内"器械艺术取于彼，仁义忠孝存于我"等论述。②这些论断的共同点在于大多强调西洋技艺的重要性，但是"仁义"等传统的儒家伦理道德仍属不易之大道。

也是在这一时期，出现了对西洋"器物"之上的"政教"层面也表示认可的新声音，例如桥本左内在《西洋事情书》（1855—1856）中由衷地赞赏"近来西洋各国专修政教，抚育人民"，"法度纪律整肃恳到"。③这可以视为明治维新之后引入西洋政治制度与文化的思想前驱，而传统的"和魂洋才"思想也在新时代面临着更加猛烈的冲击。

明治维新之后，虽然人们开始意识到西洋绝不只有"才"，但是"和魂洋才"式思想并未就此中绝。在明治一十年代中后期至明治二十年代，出于对明治初年急进式西化的反思，"和魂洋才"思想再次兴起。明治十二年（1879），天皇颁布《教学大旨》（时任天皇侍讲的儒学者元田永孚是文书的主要起草者），强调教学的要义在于明确仁义忠孝，而道德之学应以孔子为主，只有以此为基础，各科学问才能日益长进。我们当然可以将以上论述视为江户时代"和魂洋才"思想的回响，但需要注意的是，这一时期对于

---

① 『新井白石』，東京：岩波書店，1975年，第19頁。

② 『渡辺崋山　高野長英　佐久間象山　横井小楠　橋本左内』，第413、590—591頁。

③ 同上，第590—591頁。

"道德"的重新强调并不是向儒家传统道德的简单复归，而是有所抉取与融汇的，例如《教学大旨》的侧重点就在"仁义忠孝"，又如西村茂树《日本道德论》（1887）试图在"儒道"与西洋"哲学"中进行重新甄别并熔铸为日本独特的"道德学"。总之，这一时期"和魂洋才"思想的"复活"与当时反思明治初期西洋文化与思想的盛行及其弊端的思潮密切相关，尤其是"忠孝"被反复强调，成为"和魂"的核心。随着明治中期日本国家主义思想的抬头与兴盛，"和魂洋才"思想逐渐变质，被收编入帝国意识形态话语中，"和魂"日益突出，又与"国民性"等话语合流，并借助政治权力以及舆论宣传机器成为某种"权威"，西洋则再次成为次等品与附属品，乃至敌对者。在战争时期，乃至日本战败之后，某些保守派势力仍然"强词夺理"地宣称"神国日本"在文化上优于欧美，甚至我们在今天的日本仍然能够听到这种"和魂洋才"思想的回响。

总而言之，日本在进入近代以后，"和魂洋才"思想一方面遭到强有力的质疑，即西洋亦有"道德"甚至唯有西洋文化才是"正体"的观念逐渐出现与兴盛，而另一方面，"和魂洋才"思想也不时地以各种变体复现，既作为西洋文化的反思者出现，同时也与日本国家主义思想合流。

此外，正如胡積在《"大和魂"史的初步研究》中的论断所示，日本"和魂洋才"思想中的很多论述都与中国传统思想存在着千丝万缕的关系，所以中国学者自然应该关注"和魂洋才"与中国思想的关系。因此，下一节将探讨中国近代的思想家们与"和魂洋才"思想的关系。

三、中国近代思想家对于"和魂洋才"的回应

上文提到，研究者们往往将"和魂洋才"与"中体西用"进行比较，但是这些研究大多流于点对点式的平行式比对而相对比较缺乏思想史的深度，

而且除个别著作之外，极少涉及思想交流（影响）的层面。实际上，如果我们不再局限于张之洞"中体西用"与佐久间象山"东洋道德，西洋艺术"等具体人物的论说之间的异同，而是考察中日思想之间的交错与投影，尤其是从中国近代思想家如何看待与应对"和魂洋才"式思想的角度出发的话，或许会有新的发现。

"和魂洋才"思想与中国思想的关系主要表现在两个层面：中国传统思想在"和魂洋才"思想形成与发展过程中的位置与作用，以及"和魂洋才"思想在中国近现代思想发展脉络中的投影。

就第一个层面而言，中国儒家传统伦理道德与政治理念是"和魂"的重要组成部分，也就是说，日本人标举的所谓"和魂"本身并非纯粹的日本传统之物，中国传统思想早已渗入其中，或许也正是为了刻意地剔除这种影响，有的日本学者才试图以"和魂"进行概括。再者，江户时代的学者志筑忠雄在《历象新书》（1802）中曾批评西洋"唯精于器数而已"，值得注意的是，志筑忠雄引用了中国明代思想家方以智《天经或问》中"西儒特其器数甚精，而于通几之理命辞颇拙"一句。[①]他对此表示认同，也就是说，方以智的论断对于志筑忠雄是有所启发的，这也能够证明日本的"汉体洋用"思想在发展过程中曾经受到过中国思想的影响。胡稹《"大和魂"史的初步研究》对此已有充分的研究，笔者不再赘述。

再就第二个层面而言，"和魂洋才"思想不仅与中国传统思想关系密切，也在中国近现代思想的发展过程中留下了隐微的痕迹，这是此前研究中极少涉及的一个方面。至少可以举出两个例证：黄遵宪等中国第一批驻日公使与当时日本学者之间的文化交流是建立在"中体西用"或"和魂洋才"式思想观念的基础之上，而这反而成为一些近代中国思想家"走向世界"的某种阻碍；再者，面对日本明治末期以"和魂洋才"为根柢的教育思想或理

---

① 『文明源流叢書』第二卷，第223页。

念，罗振玉等曾到日本考察教育，他们的态度是大加赞扬，而杨度与鲁迅等则表示了质疑乃至反抗，对于"和魂洋才"式教育思想的不同态度也凸显出他们对于中国未来发展道路的不同认知。

在晚清第一批走出国门的知识分子中，有很多人都曾游历维新之后的日本，包括黄遵宪、王韬与黎庶昌等。当他们身处日本时，与他们往来密切的大多是日本当时的"汉学"大家，王韬《扶桑游记》与黎庶昌《拙尊园诗》中，他们与日本文人雅士的诗文酬唱都足以证明这一点。王韬等人在思想上基本上都是以"中体"为根柢的，这也是他们能够与日本文士愉快地饮酒赠诗的思想基础。

以黄遵宪为例，他在与宫岛诚一郎的笔谈中写道，"今日之西学，其富强之术，治国者诚不可不参取而采用之，然若论根本，圣贤之言，千秋万岁应无废时也"，宫岛对此表示赞同，认为"今日之西学，唯取其长以谋富强而已……道德之教，固以孔孟为第一"。①在与青山延寿的笔谈中，黄遵宪再次表示，"窃尝以谓西法之善者，兼采而用之可也，舍己而从，似可不必"。青山则回应道："此语真然"。②正是基于对于中国传统学问与"西学"的相近认识，黄遵宪与日本文士才能够敞开胸怀，推杯换盏。

这些笔谈大多出现于明治一十年代前后，日本当时正值对于明治初期急进西化的反思期，而与黄遵宪等人往来的又大多是从事"旧学"者，所以中国近代史上第一批感受"新日本"文化的知识分子们遭遇或曰选择的不是明治维新中变革进取的势力，却是相对保守的"反思者"，这一"差错"一方面使他们得以沉醉于与日本文士的宴席与诗文酬唱中而洋洋自得，另一方面也使他们愈发坚信了自己在来到日本前就已具有的"中体西用"思想。

从中日文学文化交流史的角度来说，这些宴席、酬唱与笔谈无疑是一段

---

① 黄遵宪：《黄遵宪集》第三册，北京：中华书局，2019年，第1279—1280页。
② 同上，第1070页。

"美谈"，但是从思想史的角度来看却似乎略显"遗憾"，因为黄遵宪等人被那些持"和魂洋才"思想的日本友人所"蒙蔽"，将反思明治维新急进西化的思想势力视为"正统"甚至唯一的声音。所以，黄遵宪自己后来也曾有所反思，他在《日本杂事诗》光绪十六年（1890）版的自序中表示，自己初抵日本时"所交多旧学家，微言刺讥，咨嗟太息，充溢于吾耳"，随后"及阅历日深，闻见日拓，颇悉穷变通久之理，乃信其改从西法，革故取新，卓然能自树立"。①对于黄遵宪等人而言，"和魂洋才"简直如同一针麻醉剂。

在此之后，明治三四十年代成为中国近代思想家学习日本的一个高潮时期，尤其体现在学习日本教育制度与理念方面。杨度在《〈日本学制大纲〉后序》（1902）中曾表示，"吾国之言教育方自今始，论者无不以取法日本为捷易之法"②。晚清时期的教育改革借鉴日本教育之处甚多，学界已多有所论，但是在究竟应该学习哪些部分这一关键问题上也存在着相当大的分歧。就日本方面而言，伊泽修二与嘉纳治五郎大概是最为中国的教育改革者或考察教育者所熟知与推崇的两位教育家。再就中国方面而言，不同的思想家对于二人的态度也有所差异，而这种差异也在某些方面代表了中国近代思想不同的进路。

1901年底，罗振玉等人在张之洞的支持下前往日本考察财政、军事与教育，这期间罗振玉与日本贵族院议员伊泽修二有数次交谈。伊泽修二毕业于大学南校（今东京大学前身），是明治维新之后最早一批前往欧美国家学习的官费留学生之一，也是日本近代音乐教育与聋哑人教育的奠基人。罗振玉在《集蓼编（外八种）》中如此记载二人交谈时伊泽的观点："为言变法须相国情，不能概法外人，教育尤为国家命脉。往者日本维新之初，派员留学，及归国，咸谓不除旧法不能布新，遂一循欧美之制，弃东方学说于不

---

① 黄遵宪：《黄遵宪集》第一册，北京：中华书局，2019年，第8页。

② 杨度：《中国近代思想家文库·杨度卷》，北京：中国人民大学出版社，2015年，第23页。

顾，即现所行教育制度是也。其实东西国情不同，宜以东方道德为基础，而以西方物质文明补其不足，庶不至遗害。我国则不然，今已成难挽之势。贵国宜早加意于此。新知固当启迪，国粹务宜保存，此关于国家前途利害至大，幸宜留意。予深服其言，亦允归为言之当道，并谢其拳拳之意。"①伊泽的这番话无疑是"和魂洋才"式的，对罗振玉提倡"国粹"的影响也是显而易见的。罗振玉的"深服其言"不仅意味着他本人以及他身后的张之洞找到了"知音"，"和魂洋才"成为"中体西用"的范本，同时也代表了晚清学习日本教育的方向之一，即应该如日本一样将传统伦理道德（尤其是忠君）置于整个新式教育的核心。当然，罗振玉等人只看到了伊泽等人观点中与自己切近的一面，他们没有注意到日本当时的"和魂洋才"式教育的负面影响，即通过此种教育强化国家主义思想，将国民紧紧收拢在天皇的领导之下，进而可以"团结一致"地进行侵略扩张。所以罗振玉等人当时大概也无法预想到，如此重视"东方道德"的伊泽修二后来会去中国台湾"总督府"工作，负责在中国台湾强制推行日语教育，成为日本文化殖民的重要参与者。

与此相对，杨度等年轻一辈对于伊泽修二的态度就截然不同，比如杨度在为伊泽修二《日本学制大纲》中译本作序时表示，在当时的中国提倡"国粹"只能是倒退回"顽固"的老路上去，"今吾国国民之思想，则方在锁攘时代，求其人于欧化且不可得，若遽以国粹保存主义施之，则愈以长其自尊之心而缚其进化之力，不能进取而思保守，则所保者必非国粹，徒相率以益归于顽固"②。此外，时为弘文学院留学生的杨度与学校创立者嘉纳治五郎之间的辩论也颇具代表性，这场论辩因刊发于《新民丛报》而为人熟知。嘉纳表示在"普通教育"中"德育"居首，而"德育"的核心在于"孔子之道"，杨度针锋相对地表示，在当时提倡"孔子之道"虽然名义上是施行所

---

① 罗振玉：《集蓼编（外八种）》，上海：上海古籍出版社，2013年，第37页。
② 《中国近代思想家文库·杨度卷》，第23页。

谓"道德教育"或"精神教育",但就其本质而言却是"重奴隶之性",杨度的核心观点在于,提倡"国粹"或"孔子之道"或许对于当时的日本而言是恰逢其时的,因为日本已经有过"欧化"的阶段,但是对于尚未经历"文明开化"的中国而言,如果径直移植日本此时的思想,不但无益反而有害,因为对顽固保守的国民进行保守的教育,国民或将很难进步。嘉纳的教育理念与伊泽修二基本一致,都是强调传统伦理道德的重要性,而杨度通过对此种"汉体洋用"式教育思想的批判彰显了另一种思想进路,即清除传统思想中的顽固守旧因素而提倡西洋新思想。作为《新民丛报》的主编,梁启超也在1902年致康有为的一封信中提到:"即如日本当明治初元,亦以破坏为事,至近年然后保存国粹之议起。国粹说在今日固大善,然使二十年前而昌之,则民智终不可得开而已。"①梁启超与杨度的观点基本一致。

此外,杨度与嘉纳治五郎之间的论辩不禁使人想起鲁迅,因为鲁迅也曾在弘文学院学习,而且也曾对这所学校里某些人物的一些言论与举动表示困惑。鲁迅在《在现代中国的孔夫子》一文中如此回忆:

> 入学的地方,是嘉纳先生所设立的东京的弘文学院;在这里,三泽力太郎先生教我水是养气和轻气所合成,山内繁雄先生教我贝壳里的什么地方其名为"外套"。这是有一天的事情。学监大久保先生集合起大家来,说:因为你们都是孔子之徒,今天到御茶之水的孔庙里去行礼罢!我大吃了一惊。现在还记得那时心里想,正因为绝望于孔夫子和他的之徒,所以到日本来的,然而又是拜么?一时觉得很奇怪。而且发生这样感觉的,我想决不止我一个人。②

---

① 丁文江、赵丰田:《梁任公先生年谱长编(初稿)》,中华书局,2010年,第140页。

② 鲁迅:《鲁迅全集》第六卷,北京:人民文学出版社,2005年,第326页。

在鲁迅看来，他留学日本的目的本在于摆脱陈腐的"孔夫子和他的之徒"，追求"科学"的新知，事实上他也的确学习到了新知识，但是让他意想不到的是，"孔夫子和他的之徒"并没有放过他。鲁迅感到疑惑的是，化学与生物学等科学知识本应与"孔夫子和他的之徒"势不两立，但是为何在日本竟然可以共存？这个问题的答案自然也可以在嘉纳等人的教育思想中找到，嘉纳认为教育应以"孔子之道"为核心而辅以各种现代科学，我们可以将其视为"和魂洋才"思想在明治末期的一种新表现。包括鲁迅后来从仙台医学专门学校的出走，或许也与他对这种内含了"和魂洋才"思想的教育理念的反感紧密相关。

总而言之，罗振玉等人从明治末期的"和魂洋才"式教育思想中看到了保存"国粹"的重要性，而杨度等人却对此大张挞伐，鲁迅也表示了疑惑与反感。这种分歧也在某种意义上预示了中国近代思想的两条发展道路，一是继续维护传统，一是以新知代旧学。明治日本的"和魂洋才"思想与中国近代思想中的一些断面交错在一起，我们从中可以窥见中日近代思想之间的某种互动或共生关系。

结　语

如果说黄遵宪是"以反为正"，即将日本思想史脉络中的反动者视为对中国传统思想的肯定，那么杨度与鲁迅等人大概就是"以正为反"，即通过质疑与反对日本思想史脉络中的主流思想，以攻击中国传统思想中陈旧的一面。而"和魂洋才"思想正是那个"反动者"与"主流"，体现在明治一十年代即为"反动者"，至明治末期则为"主流"，也就是说，"和魂洋才"思想自身的流变与中国近代思想的某些方面是紧密相联的。

综上所述，首先，"和魂洋才"这一沿袭至今的概念或表述自其诞生

之时就已经暗含缺陷，我们在使用时必须详加辨别；再者，中国传统思想在
"和魂洋才"思想形成与发展的过程中曾发挥重要作用，而且黄遵宪与鲁迅
等人对于"和魂洋才"思想的迎拒也折射出中国近代思想发展过程中的某些
特点。

尤其是就鲁迅等人而言，对于日本"和魂洋才"思想的反思与批判后来
汇入新文化运动时期轰轰烈烈的"反传统"大潮之中，发挥了重要的社会与
文化作用，或者说，"和魂洋才"思想主要以一种否定的方式参与了中国近
现代代思想与文化的进程。一言以蔽之，通过对"和魂洋才"的否定，鲁迅等
中国近代思想家获得了走向新文化运动的正向动力。

总之，通过对"和魂洋才"思想的考察，我们不仅可以追溯日本思想史
的发展脉络，同时也能够以新的视角窥探中国近代思想史的某些断面。

东亚汉学与中国学史

金谷治的《论语》研究
——以"《论语》郑氏注"研究为中心

钱婉约　苏豪

摘要：金谷治的《论语》研究成果丰硕，包括文献辑录、训读翻译、论文论著、人物传记等，其对于"《论语》郑氏注"的研究更是全面深入，独步时人。他的《论语》郑氏注研究，指证了历史人物而非神圣性的孔子形象，揭示了郑玄注释中的孔子所折射出的郑玄本人的精神意趣。同样，金谷治笔下解读的孔子与郑玄，也不免反映出金谷治所处时代的学术方法与思想立场。

关键词：金谷治；《论语》研究；郑玄；《论语》郑氏注

一

金谷治（1920—2006），日本三重县人，1939年关西大学第二商业学校毕业，1941年关西大学专门部国语汉文专业毕业，1942年入东北帝国大学法文学部支那哲学系，师从武内义雄、冈崎文夫等人学习中国古代思想史，并以近代实证主义文献批判的方法，开始对中国古典文献进行注释、翻译与研究。毕业后留校，任东北大学法文学部助手、讲师，其间曾到京都大学人文科学研究所进修，受到平冈武夫、古川幸次郎等中国学大家的指导和熏陶。1961年，以《秦汉思想史研究》（1960年学术振兴会）一书获京都大学文学博士学位，1962年，晋升东北大学文学部教授，长期主持文学部中国哲学讲座，从事中国思想史的研究。后任文学部部长，兼东北大学图书馆馆长。1983年从东北大学定年退休，退休后，转任大阪私立追手门大学文学部教授，1990年再次退休。他还曾任日本中国学会会长、东方学会理事长，对日本中国学研究的发展起了重要的推进和影响作用。在20世纪七八十年代，金谷治曾多次访问中国，出席北京、曲阜等地召开的中国思想史及儒学研究的国际研讨会，是那个时期中日学术交流的代表性学者。

金谷治中国思想史研究的一个特点是，注重对于中国思想史基本典籍的翻译、注释与研究，他先后翻译注释的中国经典有《论语》《孟子》《荀子》《老子》《庄子》《韩非子》《孙子》《大学》《中庸》《吴子》《孙膑兵法》，几乎把"四书"与先秦诸子的主要著作，都一一做了注译并出版。这些最基础性的版本考订、文本解读、汉日翻译等工作，使他的思想史研究著作更加扎实可信和独具特色。除了上述《秦汉思想史研究》外，他还著有《中国思想的思考——开拓未来的传统》（1993年中央公论社），《金谷治思想论集》上、中、下三卷（1997年平河出版社）等。

关于金谷治及其学术成就，国内日本中国学研究领域的学者关注甚少，专题研究成果更是少见①。本文着重探究金谷治对孔子与《论语》的研究，特别以他对"《论语》郑氏注"的研究为中心。

金谷治对《论语》的研究与普及推广工作，可以说贯穿了大半生的职

---

① 在李庆《日本汉学史》多卷本中，金谷治见于第4部第六章"宗教与思想领域的研究"之第二节"先秦两汉思想研究者"中，十位学者共占一节篇幅。上海人民出版社2010年出版。另外，在国人所著日本近代《论语》研究、《老子》研究以及经学研究的论著中，仅有部分提及金谷治的名字并对其著作予以简介。

业生涯。起始于《论语》注译，其所作《论语》日文译注本，岩波书店1963年出版，此后于1982年、1991年、1994年、1999年、2001年不断再版，是战后日本对国民进行《论语》普及教育影响最大的日文译本之一。1970年日本放送出版协会出版他的《论语的世界》，此书综述《论语》的成书、口语文体，《论语》的历史及其在日本的传播，孔子的生平事迹及主要门生，《论语》的思想，等等，被誉为"基于继承日本近代《论语》学之上有所展开，故而谓之日本近代《论语》学之集约"①。1997年讲谈社学术文库又出版金谷治的《孔子》一书。此二书集中体现了金谷对于《论语》及孔子思想研究的成果。

在金谷治的《论语》研究中，最能体现其文献批判与思想性研究的，莫过于对唐抄本《郑氏论语注》的研究，可谓独步深入，蔚为大观，主要反映在《唐抄本郑氏注论语集成》一书中。书中辑录当时所见《论语》郑氏注各种文本，对其加以训读，尤其重视新近发现的卜天寿抄本，施以训读以外，还收入中国科学院考古研究所资料室编"校勘记""残卷说明"，文物出版社"解说"，以及龙晦、韩国磐、郭沫若对卜天寿抄本的研究。最后一部分是他自己的《郑玄与论语》长篇研究论文。②《郑玄与论语》一文，汉译收入王素编著《唐写本论语郑氏注及其研究》一书中③。

为了下文展开论述的方便，首先对郑玄及郑氏注《论语》的情况做如下概述。

郑玄（127—200），字康成，东汉末年经学大师。青年时曾游学中原，学兼今古文经学。后师从马融，贯通群经，开始建立自己通儒的学术体系。游学结束回乡，以耕种、讲学为生，不久，因党锢之祸遭禁锢长达十四年，

---

① 吴鹏：《日本近代〈论语〉学》，天津：天津社会科学院出版社，2019年，第200页。

② 金谷治编：《唐抄本郑氏注论语集成》，东京：日本平凡社，1978年。

③ 王素编著：《唐写本论语郑氏注及其研究》，北京：文物出版社，1991年。

直至黄巾军起义才解禁。此后郑玄学问声名日益大增，门生众多，当时中央与地方的势力都招他为官，多被他推辞婉拒，即便不得已出山就职，也不久即辞职归乡。官渡之战前，被袁绍强邀随军，已是晚年的郑玄，抱病前去，途中去世，终年七十四岁。皮锡瑞在《经学历史》中言：

> 郑君博学多师，今古文道通为一，见当时两家相攻击，意欲参合其学，自成一家之言，虽以古学为宗，亦兼采今学以附益其义。学者苦其时家法繁杂，见郑君闳通博大，无所不包，众论翕然归之，不复舍此趋彼。①

郑玄一生注过的经书有：《易》《书》《诗》《礼》《论语》《孝经》等。《论语郑氏注》是在完成三礼注之后，郑玄的晚年之作。书成后，虽部分被收入何晏《论语集解》，但其价值因旁征博引，采纳前注最多而不能替代。郑注经魏、晋，梁陈之间曾立于官学，但不受重视。到北朝、隋代才开始流传，"至隋，何、郑并行，郑氏盛于人间"（《隋书·经籍志》）。唐代更是"独尊郑学"，唐人著作中多有引述，《旧唐书·经籍志》《新唐书·艺文志》均收入郑注本《论语》。但《宋史·艺文志》以下，已不见著录，南宋末王应麟有辑佚之本，可见到南宋已亡佚不见于世。清代学者的郑注《论语》辑佚书传世者也不少，而以孔广林《通德遗书所见录》、袁钧《郑氏佚书》、马国翰《玉函山房辑佚录》三种比较有代表性。

20世纪初，敦煌、吐鲁番文书中发现了多种唐写本《论语郑氏注》残卷，其中存量最大的有两种：一是敦煌千佛洞发现的伯希和文书二五一零

---

① 皮锡瑞著，周予同注释：《经学历史》之《五、经学中衰时代》，北京：中华书局，1959年，第149页。

号，包含《述而》《泰伯》《子罕》《乡党》四篇；一是1969年吐鲁番阿斯塔纳墓地出土的卜天寿写《论语郑氏注》长卷，包含《为政》《八佾》《里仁》《公冶长》四篇，内容正好与伯希和写本全不重复，文献价值极高。其他散见的断简残片也不少。在此之前，晚清民国学者罗振玉、王国维、王重民、陈铁凡，现代学者郭沫若、韩国磐、龙晦等人，先后对于这些西域文书中的郑注《论语》都发表过研究成果。日本学者的研究论著亦不少，而其中最重要的著作，要推上文提及的金谷治《唐抄本郑氏注论语集成》一书。

金谷治在《郑玄与〈论语〉》一篇长文中，对郑玄有一总体评价。一是肯定他的学者本色，指出他处于东汉末三国初时局动荡之下，多次拒绝出仕为官，坚不赴任，保持了成就大学者之业、符合大学者之名的专心学术的治学生涯。这与传统中国学术史对于郑玄的定位与评价基本一致。二是肯定他的学问具有关切现实政治、践行经学道义的实践性意义，包括他本人遵循经书道义，保持高洁，自守廉正，这与只重埋头训诂考据的古文经学大家、清代朴学师祖的传统郑玄形象不太一样，毋宁说是金谷治补充和丰富了郑玄的人生与学术意义。金谷治说：

> （郑玄的学问是）以儒教经典为对象的经学，概括地说，是一门有着很大局限的封闭的学问。但它又是一门与现实政治和道义相结合的实践的学问。……回顾郑玄的生涯，我们感到不能把他看作进行纯粹的古典注释、枯燥无味的训诂一类的学者。①

进而论析说，从郑玄多次拒绝出仕来看，他不愿从政为官，无意仕途是

---

① 金谷治：《郑玄与〈论语〉》，载王素编著《唐写本论语郑氏注及其研究》，北京：文物出版社，1991年，第216页。以下引此文，仅随文标出页码。

肯定的，但绝不是对政治不关心或是厌恶政治。据《后汉书·蔡邕传》载，郑玄听闻董卓被杀，蔡邕死于狱中而叹息道："汉世之事，谁与正之。"这正是他心系时局、关心天下形势的证明。汉末之时，党锢之祸、黄巾之乱、群雄抗争，动荡不止，王符《潜夫论》、崔寔《政论》及之后仲长统《昌言》等都对社会混乱、政治无策的时局进行了揭露和抨击，而郑玄却说"吾自忖度，无任与此。……但念述先圣之元意，思整百家之不齐"（《后汉书·郑玄传》），只愿为阐释论述先圣之精神原意而竭尽全力。可见其不入仕途，不是不关心政治，而是意识到时不可为，意识到自己有更重要的事业可做。因此，他的注释之作充满着对于现实社会的关注，表现出较强的社会实践意愿——想把经学中记载的社会政治理想实现到一般人情风俗中去，推动儒学向庶民阶层渗透，进而使道义在社会上更受推崇，更为普及。这一点与当时所谓名节之士的伪善而为、沽名钓誉、名不符实的形式主义，是完全不一样的。郑玄正是少有的既有着广泛的舆论支持，又保持着自身廉洁而不受政治拘束的学者。

二

中国台湾政治大学中文系车行健教授在《论郑玄〈论语注〉的经注思维及其经学思想》一文中认为：

当代学者对此议题比前人投入更多的关注，从而将《论语郑注》中所蕴涵之思想越发表呈得更为全面与深入，其中成就最大、声誉最著者首推金谷治。其《郑玄与论语》一文为论者誉为："就郑氏注研究而言，堪称是一篇蕴含综合性见解、无人能出其右之专题论文。"①

金谷治的《论语郑氏注》研究做得尤为全面深入，不仅首先进行文献批判方法下的文本考据与文字训诂解读，指出郑玄注经的方式以及义理的发挥，更联系郑玄所处时代背景、人生经历与学术道路，剖析了郑玄注经与同时代何晏等人的不同，重点揭示了郑玄注经是如何折射当时的社会政治现状和学术思想的。

对于《论语郑氏注》内容和注经特色，金谷治概括了六个方面：

一、对难解文字、名物制度的释读，这也是古代解经最基本、必须做的事情。在这一点上，因为郑玄具有"综合折衷的学风"，今古文经学兼收并蓄，所以，更为翔实可信。二、比较的方法，表现为"1.对不同系统的经典原文进行校勘，选出正确的底本；2.根据当时的事物和制度，说明古代的事物和制度"。三、郑玄《论语注》以礼学为中心，着重解说礼学的内容。"郑玄的学问是以礼为中心，详细解说礼，是他注经学共同的特色。"（第220页）以上三点，虽在《论语郑氏注》中表现得比较明显，但前两点是注解经文之常用方法，后一点在郑玄其他解经之作中也有所体现。

下面的三点，是金谷治重点论述的，因为这是郑玄注《论语》中才体现出来的独特的"学术新风貌"。以下根据金谷治所引《论语郑氏注》原文例句，笔者撮取要者，试对之一一进行补充阐释、比较分析，复条陈如下：

四、联系《论语》前后章节统而观之，并援引其他文献典籍，尽可能具体地阐明"非常现实的、实践的孔子形象"（第223页）。例句：

《子罕》21章："子谓颜渊曰：惜乎！我见其进也，未见其止也。"

---

① 车行健：《论郑玄〈论语注〉的经注思维及其经学思想》，载北京大学《儒藏》编纂与研究中心《儒家典籍与思想研究》辑刊，2011年，第114页。

郑注："颜渊病，孔子往省之，故发此言，痛惜之甚。"（敦煌P本）①

本章，古注一般认为是颜回去世之后，孔子对颜回的评论及痛惜之语，断句为："子谓颜渊，曰：惜乎！我见其进也，未见其止也。"何晏《集解》马曰："进"与"止"二字的意义与《子罕》18章论"譬如积山，譬如平地"中的"进"与"止"相同，是孔子赞许颜回"进益未止，痛惜之甚"之语。郑注的断句、释义则有不同，解释为颜回病重的时候，孔子去看他，更突出"痛惜"之情的现场感。金谷治认同郑注，并说"这种话都具有现实意义"，含有叹息微讽之意："颜渊这个优秀的门人过于进取，结果落到这般地步，真可惜啊。"（第223页）

《子罕》22章："苗而不秀者有矣夫，秀而不实者有矣夫。"
郑注："不秀谕项橐，不实谕颜渊。"（敦煌P本）

关于本章，古注多认为此乃泛指，并未联系到颜渊。如《集解》孔安国曰："言万物有生而不育成者，喻人亦然也。"②郑玄的注是最早明确联系颜回的注解。皇侃也指出是因颜回之叹而作的比喻，《义疏》曰："物既有然，故人亦如此，所以颜渊摧芳兰于早年矣。"③金谷治引刘宝楠《正义》总结说："六朝以前人皆以此节谓为颜子而发，自必古《论语》家相传旧义。"（第224页）

---

① 敦煌P本，即敦煌伯希和二五一零号写本，见罗振玉：《鸣沙石室佚书正编续》，北京：北京图书馆出版社，2004年，第115—143页。以下"敦煌P本"同此。
② ［魏］何晏《集解》、［梁］皇侃《义疏》：《论语集解义疏》（卷五），上海：商务印书馆，1937年，第126页。
③ 《论语集解义疏》（卷五），第126页。

《子罕》23章："后生可畏，焉知来者不如今也。四十、五十而无闻焉，斯亦不足畏也已。"

郑注："后生，谓幼稚，斥颜渊也。可畏者，言其才美服人也。孟子曰，吾先子之所畏，是时颜渊死矣，故发言。何知来世将无此人。"（敦煌P本）

郑玄注引孟子语，说明孔子因为颜渊，而叹息"可畏"者已逝，其他四十、五十而无闻者，"不足畏也"，"唯待之来者"，焉知未来不出现颜回这样令人生畏的俊才。今人读此章，多注重"后生可畏"前半句泛泛的期待，郑玄注此句说是因为颜渊死后，孔子对当时四十、五十而无闻者的叹息，故而寄望于来者。前因后果更为具体清晰。

至此，金谷治对以上三章小结：

把"子谓颜渊"以下三章都看作是关于颜回的记录，为郑玄解释的特点。前一章是探望颜回的病，后两章是颜回死后发生的事，由于有这样具体事实的规定，在他的注释中，孔子的发言就不被抽象地展开做一般性的理解，而被置于现实的立场上了。总之，孔子在此是作为现实的实践的形象而突出的。（第224页）。

金谷治指出郑玄是将《论语》的全篇上下文联系起来，放在师生谈论的现实场景中来解读的。金谷治解读评论郑玄注，也正是用的同样方法，用现在学术话语说，就是一种内文互见、参引其他典籍的系统性解释。郑玄注《论语》，将孔子的言论不做抽象的看待和孤立的、一般性的解读，而是置于具体而现实的人生行事中去解读，凸显了孔子鲜活的、实践的形象。同样，金谷治解读的郑玄注《论语》，也让我们看到了与郑玄本人所处时代、思想立场相呼应的气息。

五、体现与时事深刻关联的"历史人物的孔子"。作者一气引用了《论语》中谈礼内容最多、最集中的《八佾》篇中的若干章节，说明处于春秋末期的孔子对于当时礼崩乐坏社会现象的批评和忧思。例句：

> 《八佾》4章："林放问礼之本。子曰：'大哉问！'"
>
> 郑注：林放，鲁人，……疾时人失（礼）。（卜天寿本）①
>
> 《八佾》5章："夷狄之有君，不如诸夏之亡也。"
>
> 郑注：为时衰乱，以矫人心。（卜天寿本）
>
> 《八佾》8章："子夏问曰，'巧笑倩兮……'何谓也？"
>
> 郑注：巧笑倩兮，……言有好女子如是，如以洁白之礼，成而嫁之。此三句诗之言，问之者，疾时淫风大行，嫁娶都不以礼者。（卜天寿本）

一方面，通过卜天寿本，我们可以看到在《集解》等其他古注中已经看不到的郑注内容，另一方面，郑注对于春秋时代多方面的礼仪，都有比一般古注更为丰富的实际内容。郑注"疾时人失（礼）""为时衰乱，以矫人心""疾时淫风大行，嫁娶都不以礼者"等，比之《集解》之断章残句、抽象孤立的解经，更突出了孔子如何理解周礼、如何批评当时人、如何在礼崩乐坏时维护古礼的"历史人物"的形象。金谷并指出：郑注《论语》的这种做法，与司马迁写《孔子世家》用《论语》为素材塑造孔子形象的做法有所相似。郑玄再现作为历史人物的孔子，这在东汉谶纬思潮及神格化孔子观的背景之下是难能可贵的。

六、体现孔子对于社会政治的态度。郑玄几次拒绝中央和地方政府的延

---

① 卜天寿本，载国家文物局文献研究室、新疆维吾尔自治区博物馆、武汉大学历史系编：《吐鲁番出土文书》（第7册），北京：文物出版社，1986年，第535页。

聘出仕，表现出对于政治的疏离和对于自己学问研究的自信和坚守，但又并不是不关心政治。这种政治态度也折射在他在《论语注》中对于孔子政治态度的解说上。例句：

> 《公冶长》22章："子在陈，曰：'归与！归与！吾党之小子。狂简，斐然成章，不知所以裁之。'"
>
> 郑玄注："吾党小子，鲁人为弟子也。孔子在陈者，欲与之俱归于鲁。狂（简）者，简略于时事，谓时陈人皆高谈虚论，言非而博。我不知所以裁制而止之，毁誉于日众，故欲避之归尔。"（卜天寿本）

《论语》此章，一般有两种断句，分歧在于"狂简"是属上句，还是属下句。国内一般通行本中属上句，为"吾党之小子狂简，……"，这样的断句也是来源于古注。何晏《集解》孔安国曰："简，大也。孔子在陈，思归欲去，故曰吾党之小子狂者，进趋于大道，妄穿凿以成文章，不知所以裁制，我当归以裁制之尔，遂归。"[1]表示孔子对于他鲁国弟子的不满，思欲返回乡里教育之。金谷治介绍说，不仅孔安国注，朱熹《集注》也是这样的。卜天寿本的出土，让我们看到了郑注完全不同的断句，他把"狂简"二字放在下句，从"吾党之小子"后面断开，成为上下两句。前一句是孔子对门人的呼唤，表示欲归鲁之意，后一句是对陈人狂简无以剪裁的评论和失望，也表明孔子避陈而归鲁的原因。这一归一避，孔子的形象，就有了很大的变化。郑玄的断句和解说，凸显了孔子面对混乱的社会现状，面对陈国的狂乱之徒，不知何以应对而选择逃避的心态。这样解读孔子的无奈之感，显然与郑玄自己面对东汉乱局之心态有相似之处。

---

① 《论语集解义疏》（卷三），第65页。

《子罕》13章："子贡曰：'有美玉于斯，韫椟而藏诸？求善贾而沽诸？'子曰：'沽之哉！沽之哉！我待贾者也。'"

郑注："宁有自炫卖此道者乎，我坐而待价者。"（敦煌P本）

这一章正面记录孔子对于出处进退的文字。对于子贡的问题，孔子回答："沽之哉，沽之哉！我待贾者也。"考核古注，有两种解释。一种是积极的心态，肯定的回答。皇侃《义疏》引王弼："重言沽之哉，卖之不疑也。"①朱子《集注》也是这种解释。另一种是把"沽之哉"作为反语，主张不炫耀、不自售。《集解》苞氏曰："沽之哉，不炫卖之辞也，我居而待贾者也。"②郑玄的注正是后一种。与积极入仕、得善贾而卖的不同，郑玄说"宁有自炫卖此道者乎？"更关注"道"之所存和行道之尊严。这样解释无疑与孔子"不可为而为之"的积极救世的道路不相符，表现的同样是孔子消极的一面。联系郑玄对于政治的态度，这样来解释孔子，不得不说与郑玄本身的政治态度极为相似。未有"善贾者""坐而待价"，是未有赏识自己政治主张的明君，未有与自身才能相适合之位。与上章分析的"归去"之叹，意义相仿。

《八佾》25章："子谓《韶》，'尽美矣，又尽善也'。谓《武》，'尽美矣，未尽善也'。"

郑注："韶，舜（音）乐名，美舜以圣德受（帝王之）禅于尧。又尽善者，谓致太平也。武，谓周武王（音）乐，美武王以武功定天下。未尽者谓未致（太平）。"（卜天寿本、敦煌S本）③

---

① 《论语集解义疏》（卷五），第123页。
② 同上。
③ 《吐鲁番出土文书》（第7册），第539页。

郑注中将"尽善""未尽善"解释为"致太平"与"未致太平",与孔安国注中用禅让与征伐区分大有不同。《集解》孔安国曰:"韶,舜乐名也。谓以圣德受禅,故曰尽善也;武,武王乐也。以征伐取天下,故曰未尽善也。"①这里郑玄将能否实现和平来作为孔子评价君主的标准,结合郑玄"周公摄政致太平,斥大九州之界,制礼成武王之意"②,认为《周礼》是周公"致太平"之作的观点,显然,身处乱世,郑玄渴望和平安宁、社会太平,在孔子与周公的形象上有所表达,也就不足为奇了。

综上,金谷治的《论语郑氏注》研究,一方面为我们描摹了更为接近社会现实和普通人性的孔子,反映了处于春秋末期的孔子的社会政治观和人生出处的态度。另一方面,金谷治还反复指出,郑玄注释中反映出的孔子的精神意趣,也折射出处于东汉末年乱世下郑玄的精神意趣。

三

金谷治研究《论语郑氏注》的思路与方法,为我们探究金谷治《论语》研究提供了可资借鉴的方法启示。以下,试从四个方面论析金谷治《论语》研究与郑玄注《论语》两者的关系。

第一,旁征博引,注重比较的、综合性的注译与研究。金谷治《论语注》是面向社会大众的普及性著作,所以并没有明显的《论语郑氏注》以经解经、以礼为中心的形式,但在选择注译参考时,亦较多比较筛选。除魏何晏《论语集解》、宋朱熹《论语集注》外,着重参考清刘宝楠《论语正义》、潘维城《古注集笺》、王步青《论语汇参》,以及伊藤仁斋《论语古

---

① 《论语集解义疏》(卷二),第43页。
② 郑玄:《礼记注疏·王制》,上海:上海古籍出版社,1987年,第235页。

义》、荻生徂徕《论语徵》，于语义之上各有取舍。同时，对于重要的异说也多有小注，在力求简洁的同时注重博采众长。古代的事物和制度，也多以*（）［］等形式加以特别注解，帮助读者了解时代背景，并与《论语》内容相呼应。

第二，突破圣人形象的孔子研究。在传统的儒学发展史上备受推崇的圣人孔子之外，金谷治塑造了另一个与春秋时代相结合的历史性的、作为实践者的孔子。他在《论语的世界》中说：

> 孔子并不是威风凛凛地言说着高远道德的人，而是亲切地讲述着切近人生的问题的人。道德的权威，既可以通过神的命法实现，也可以依靠现实的君权达成。但是，孔子的道德是源自现实中真实的人的心情，所谓仁之德，即是如此。因此，《论语》中的孔子，绝不是权威的形象，也不是凌驾世俗之上的、高蹈的人格。[1]

让孔子走下圣殿，成为史学研究、思想史研究的客观对象，重视其切近现实人生的道德力量，这种观察孔子的视点，固然是近代学术观念改变所致，而金谷治正是这方面的代表性学者之一。同时，金谷治的孔子形象还与他所解析的郑玄思想一脉相承。这一历史性的、作为实践者的孔子形象，无不体现在他的《论语注》和孔子研究中。

第三，对郑玄注并非全部采纳，而有自己的取舍。金谷治的《论语注》并未过度倾向于某一人之成说，而是将自我判断与当下时代环境相结合做出语义取舍，体现出他自己综合比较的治学方法。

如《公冶长》22章中：

---

[1] 金谷治：《论语的世界》，东京：日本放送出版协会，1970年，第14页。笔者汉译。

金谷治注："回去吧，回去吧。我国的年轻人，志向远大，织出了美丽的花纹，却不知如何剪裁。（回去指导他们吧。）"在对"斐然成章"的小注上："把青年比喻为精美的纺织品，面料虽好，但却不实用。"①

这里，金谷治的断句与解说不同于郑玄，而是接近于《集解》孔注，但与孔注也不尽相同。金谷治强调的是归鲁以"指导"，孔注是归鲁以"裁制"，体现出对于孔子形象定位的差别：是教育者还是管理者？是不出仕还是出仕？虽然在断句上采用了孔注，但在语义上却并未强调孔子积极的出仕态度，可谓折衷于郑、孔之间。

又如《八佾》25章：

金谷治注："孔子之所以认为'武'较'韶'劣，是因为周武王没有达到舜那样的和平。"②

可以看出金谷也以和平为标准来评判，而并不着眼于夺得天下的手段是禅让还是武力，这与郑玄之说基本相似，面对乱局，始终向往和平。

《阳货》首章：

（面对阳货劝孔子出仕）孔子曰："诺。吾将仕矣。"

何晏《集解》孔曰："以顺辞免害也。"③

朱子《集注》："孔子非不欲仕也，但不仕于货耳，故直据理答之，不复与辩，若不谕其意者。孔子不见者，义也，其往拜者，礼也。……随

---

① 金谷治：《论语注》，东京：岩波书店，1974年，第72页。
② 同上，第51页。
③ 《论语集解义疏》（卷九），第239页。

文而对者，理之直也；对而不辩者，言之孙而亦无所诎也。"①

　　金谷治注："将仕矣，非仕于阳货，而是对厌恶之人不自然的敷衍。"②

　　这里，三家都认为孔子之应允，当为权宜之语。只是《集解》颇有避言不谈之感，朱子分析理之所在、义之所当、礼之所宜，为孔子言行加上了道德合理性，这也是宋儒论学注重义理的表现。金谷则更为强调孔子对失礼者阳货之厌恶，"不自然"应是不得不应允的无奈，体现出孔子在现实实践中的无奈与矛盾，况且阳货非"善贾者"，孔子的政治抱负总是"亟失时"。如此分析，金谷笔下的孔子心境，与郑玄屡次被强邀出仕而有时不得不从命的事实遥相应合。

　　第四，具有现实使命感、国民教育意义的《论语》研究。从金谷治生平履历中可以看到，他对于自身学术以外的社会关注和责任感。从他晚年的《中国思想的思考——开拓未来的传统》（1993年中央公论社）及三卷本《金谷治思想论集》等著作看，他在不同研究课题和不同研究阶段上，不断延续着阐释与展示孔子思想的现实意义，包括对于他所处时代的社会意义、政治意义，对于后世中国儒家文化发展和国民教育教化的意义，以及在中国思想发展史上深远而广泛的影响。另一方面，在20世纪六七十年代日本高校学潮盛行之际，金谷反而闭门研学，避免卷入政治风波中，他投入关注而不轻易介入的谨慎态度，与郑玄《论语郑氏注》中描摹的孔子形象及金谷所揭示的郑玄形象，不能不说有着颇为相似之处。

　　最后，金谷治的《论语郑氏注》研究，不免存在着如郑玄注解《论语》那样，将自身情感及价值观代入《论语》中去的倾向；金谷治所发掘的郑玄

---

① 朱熹：《四书章句集注·论语集注》，北京：中华书局，2012年，第176页。
② 《论语注》，第237页。

形象，也不免存在着他的情感倾向及价值判断的影子。另一方面，郑玄的治学方法影响金谷治的《论语》注释、孔子研究，在他的《论语注》《孔子》《论语的世界》等著作中，无不抒发基于金谷治本人所处时代和思想立场的对孔子的理解与阐发。

风流与雄壮

——夏目漱石与正冈子规的山水汉诗浅析

周晨亮

摘要： 夏目漱石与正冈子规同为明治时期有代表性的非专业汉诗人，均留下了为数众多的山水诗。通过对两者山水诗作具体文本的分析，并结合日本汉诗的发展背景，可以看出夏目漱石灵活运用了意象、典故等传统修辞手法，在中国式的传统山水中找寻"风流"；而正冈子规则以写实的笔触去追求日本山水里蕴含的"雄壮"。两者的创作均是日本近代汉诗发展的成果，而他们的各自风格和创作轨迹也很大程度上预示了汉诗在明治时期的走向，展示了汉文学在近代文学成立中的特殊地位。

关键词： 夏目漱石；正冈子规；汉诗；山水诗

夏目漱石（1867—1916）与正冈子规（1867—1902）同为日本近代文学成立期的重要文学者，小说和韵文（短歌、俳句）领域里的革新者，也都是明治时期有代表性的非专业汉诗人。夏目漱石（以下简称漱石）生平共留下了208首汉诗①，是任何一本介绍和收录明治、大正时期汉诗的诗集都不会

---

① 以岩波版《漱石全集》第十八卷《汉诗文》中收录的定稿为准。

漏掉的重要诗人。正冈子规（以下简称子规）虽然早逝，却留下了689首汉诗①，其中古体诗122首，相比于近体诗古体诗占所创诗作的绝大多数（192首），其形式更为多样，题材也更为广泛。

中日两国有关漱石的研究可谓汗牛充栋，与其汉诗相关的论述也积累了丰硕的成果。在日本，松冈让《漱石的汉诗》、吉川幸次郎《漱石诗注》、佐古纯一郎《漱石诗集全译》、齐藤顺二《夏目漱石汉诗考》、和田利男《漱石的诗与俳句》、加藤二郎《漱石与汉诗》等著述都是对其汉诗周边的细致整理。国内的研究也不在少数，近来如王广生《读诗札记——夏目漱石的汉诗》更是以诗人的视角从思想内容、艺术境界等方面对其汉诗做了多层次的探讨，达到了新的境地。相对来说，有关正冈子规的汉诗研究略少，但清水房雄《子规汉诗的周边》、松井利彦《正冈子规的研究》、渡部胜己《正冈子规的研究——汉诗文与周边的人们》、加藤国安《汉诗人子规》等相关论著中也均有详细的分析。关于两者汉诗的比较研究，徐前著有《漱石与子规的汉诗——对比的视角》，笔者也于日本和国内做过相关探讨，在《正冈子规的汉诗世界——从诗词格律角度对正冈子规所做的汉诗分析以及与夏目漱石的汉诗创作之比较研究》②等文中对两者诗作的格律上的问题、特点及其成因进行过比较分析。本文在此基础上，以漱石和子规均创作过的山水诗为对象，对其诗风的异同做一浅析。

---

① 以讲谈社版《子规全集》第八卷《汉诗新体诗》中收录的定稿为准。

② 周晨亮：『正岡子規の漢詩世界格律の角度からの正岡子規の漢詩における分析及び夏目漱石の漢詩創作との比較研究』，東京：『比較文学』第49号（2007），第67—81頁。

夏目漱石的山水诗

漱石最初所作汉诗通常被认为是题为《鸿台》的七言绝句。同时发表的八首诗作刊载于明治三十九年（1906）六月十五日的《时运》，并冠以"文学士夏目漱石"之名，虽然其具体创作日期尚不明确，但学界基本推定为漱石20岁以前的作品。诗稿于刊载之际是否经过删改不得而知，格律较工整，类似"小别无端温绿酒，芜诗何事上红笺"（《送奥田词兄归国》）[1]联，后年漱石诗作中时常出现的以色彩硬对来追求风雅的特色已现。明治二十二年（1889）五月，评子规《七草集》后所附的九首诗应为漱石最早有具体日期的作品，"麦绿菜黄吟欲尽，又逢红蓼白蘋秋"[2]式的对句颇多，同年五月在写给子规的书简里，漱石自言只是将"红灯绿酒"的文字乱书于纸上而已。

漱石于明治二十二年九月将房总半岛之旅写成汉诗文收于《木屑录》，算是青年时代对汉文学的一篇总结。《木屑录》既为游记，其所收十四首汉诗亦大多是山水诗，虽仍有"酒带离愁醒更早，诗含别恨唱殊迟"这样失之过工的对句，但诗才初露，遣词用句已颇有心得。子规称赞其"形状极精曲调极高"[3]，可谓知己之言。在诗风上，初期以色彩对比求风雅的手法更进一步，将对飘逸风流的憧憬寄托于山水诗的描画当中。

脱却尘怀百事闲，尽游碧水白云间。仙乡自古无文字，不见青编只见山。（其六）[4]

自小宫丰隆以来，漱石的研究者多将其绝笔诗中"眼耳双忘身亦失，空

---

① 夏目漱石：『漱石全集 漢詩文』，東京：岩波書店，1995年，第6頁。
② 『漱石全集 漢詩文』，第7頁。
③ 同上，第128頁。原文为汉文。
④ 同上，第9頁。《木屑录》诗句均引自此书第9—12页，不再单独标注。

中独唱白云吟"一句视为漱石晚年所达到的境地，实际上其意境在本诗中已有体现。此种意境亦非漱石原创，自唐代汉诗传入日本以来，在自然里寻访怡情一直是山水诗、田园诗中颇有代表性的主题，若仅将其与漱石心境之改变相关联而不及其他，则割裂了汉诗的传承。

细观《木屑录》所收山水诗，虽有"锯山"等日本的地名，但是整体上所描画的仍是中国传统的山水风景和气韵风流，如"湄上画楼杨柳枝"等句，作为江南风景之写照亦无不可。日本人写汉诗喜欢用前人诗句入诗以求风雅，漱石亦不例外，看似信笔素描之处，往往也能找到其出典。就拿子规所推崇的"寒砧和月秋千里，玉笛散风泪万行"一联为例，"玉笛明秋月"之意境承袭李白、高适、李益等唐音一脉；"散风泪万行"则似从杜甫"散风如飞霜""万里悲秋常作客"等句化来。又如"山僧日高犹未起，落叶不扫白云堆"脱于白居易的"日高睡足犹慵起"；与正冈子规相合所作"马龄今日廿三岁，始被佳人呼我郎"一句，当为借笔"佳人问我年多少，五十年前二十三"的自嘲。漱石的遣词用句虽时常有典可循，但绝非生借硬用而是妙手成新，眼中所见处处房总风景，胸中所怀总是唐宋之音。

十四首中"水尽孤帆天际去，长风吹满太平洋"，"似嗤浮世荣枯事，冷眼下瞰太平洋"两作均有"太平洋"一词入诗。汉诗自古以来用词多依传统，"太平洋"三字却是近代的产物，恐为漱石于房总半岛观海所得，颇有别开生面之感。需要说明的是，新词入诗在明治时期虽非多数，但已有前例。如中井樱洲"烟销亚罗比亚海，云迷亚弗利加洲"（《西红海舟中》，1874年作），五字地名入诗在江户时代难以想象，明治的诗坛则已开始容纳时代的新声。

漱石赴熊本第五高等学校任教时期所作汉诗除《菜花黄》等数首外并无更多新意，亦乏山水诗。明治三十三年（1900）以后至明治四十三年（1910）所谓"修善寺大病"为止，整整十年漱石不曾执笔汉诗，此间缘由本文姑且不论。再度提笔后，漱石在自宅多写无题诗和题画诗，而不复游历山水的吟咏。题画诗是否算作山水诗或存值得商榷之处，但漱石的题画诗和无题诗与早年的山水诗有着共通的山水空间和对风流的憧憬，本义姑且将其列作探讨对象。

> 起卧乾坤一草亭，眼中只有四山青。闲来放鹤长松下，又上虚堂读易经。（《题自画》，大正三年）
>
> 石门路远不容寻，晔日高悬云外林。独与青松同素志，终令白鹤解丹心。空山有影梅花冷，春涧无风药草深。黄髫老汉怜无事，复坐虚堂独抚琴。（《无题》，大正五年）

类似此种题画诗或无题诗，其诗境比起《木屑录》时所作更近华夏山水，海风波涛等岛国风物彻底消失，呈现出中日汉诗传统中一直以来所推崇的精神山水世界。

日本汉诗受中国汉诗的影响而产生，起步时作为贵族僧侣教养的一环，其创作根植于对中国圣人的敬慕之情，但在接受中国汉诗上也并非没有自己的选择。中国的汉诗自古以来带有"诗言志"的一面，宋代的朱子学者更赋予其文以载道、劝善惩恶、玩物丧志等道德主义，贵家国而薄风流。相比起来，日本的汉诗人更喜好山水田园诗，最早模仿的是注重气韵与调和的六朝诗歌，类似张志和《渔歌子》的写意之作也被当作学习的对象。江户时代以后，祇园南海提倡"诗为风雅之器，非俗用之物"①（《诗学逢原·雅俗》）以反抗朱子学的上述三说，所谓"风雅观"构成了日本近世以来汉诗的基石，对中国文人的诗书画中脱俗的生活所抱有的强烈憧憬，成为日本汉诗人创作的重要源动力。山水诗中所存在的风流是否在同时代的中国仍然存在已不重要，其精神内涵在所谓的东洋山水空间中不断累加，促成了近世的

---

① 本文中所引用的日语文献均为笔者所译。

诸如八景诗的流行，构成了其特有的形而上的概念。宇佐见圭司曾在《〈山水画〉中所见的绝望》一文中写道：

> 为了探讨山水画的空间，我们探讨一下山水画的"场"与"时间"。（中略）山水画的"场"，并非来自于个人的体验，而是一种先验性的，形而上的，标准化的存在。这与中世纪欧洲的"场"的存在方式以及先验性有共通之处。先验性的存在，在山水画的"场"里是中国的哲人所构筑的理想形象，在欧洲的中世纪的"场"里则是圣经和上帝。①

夏目漱石的山水诗正是承袭了这种"场"与"时间"，继续追寻着风流之意境。对此王广生亦作了如下说明：

> 自然意象在夏目漱石汉诗中具有重要的意义。（中略）不仅在呈现的手段和途径上，还是在表达的审美心理上，都是夏目漱石汉诗的重要组成部分。其自然意象作为时间和空间的标志物抑或象征物，甚至作为时间和空间都存在的场域——如青山等，都体现了道家的自然观和审美意识（其间也包含了受道家影响的禅宗的世界观念）。②

东亚的知识分子对理想所抱有的宗教性祈盼，现实中的宦游所无法满足的人文情怀，为创作中的山水自然所吸收，经过漫长的岁月沉积，形成了一个特殊的虚构空间。历代有着共通爱好的文人墨客不断对其加以点缀，在

---

① 宇佐见圭司：『「山水画」に絶望を見る』，東京：『現代思想』1977年5月号，第126—134頁。

② 王广生：《读诗札记——夏目漱石的汉诗》，北京：北京大学出版社，2020年，第255页。

美术则为山水画，在诗歌则为山水诗。正如嵇康所道"越名教而任自然"
（《释私论》），相比于儒家思想的理想世界，山水风景里有着更多的风
流，唐代文人又添加了禅的思想，使其更趋完善。清代徐增尝言"摩诘精大
雄氏之学，字字皆合圣教"（《而庵说唐诗》），灵山佛土、古寺僧尼赋予
了山水世界以禅的精神性，为其笼上一层神圣的气场。王昌龄论"诗有三
境"（《诗格·诗有三境》），一曰物境，二曰情境，三曰意境。实际存在
的山水世界是物境，赋予作者情感的心象风景则为情境，而与"天""禅"
等形而上的观念结合的可称意境。漱石前期的山水游历诗、后期的山水题画
诗始终重于情境和意境，而并未过度渲染物境，重虚构而轻写实，与明治时
期的所谓专业汉诗人一脉相承。

　　加藤周一曾指出："日本人的精神构造，首先是以非超越的原始宗教为
背景而成立的。（中略）日本人的'自然'正像超越性宗教的神一样，是唯
一的、普遍存在的，且是人之所以为人的最根本的依据。"[1]漱石的山水诗
中所描绘的自然也具有同样的精神性，因此其绝笔中"碧水碧山何有我，盖
天盖地是无心"的境地也可说是其在山水间一路追寻"风流"而最终找到的
桃源乡。

正冈子规的山水诗

　　元好问曾有诗云："眼处心声句自神，暗中摸索总非真。画图临出秦
川景，亲到长安有几人？"（《论诗三十首·十一》），用以提倡写实而批
驳江西诗派所作虚构的山水描写。在重写生这一点上，子规可谓与其不谋
而合。

---

　　① 加藤周一：『日本人とは何か』，東京：講談社，1976年，第12頁。

与漱石不同，子规生平留下的689首汉诗绝大多数作于明治二十九年
（1896）前①。子规学诗更早，并曾积极地寻访诗坛名宿叩门求教。 如：
"万里金天昼闭扉，避尘三载渐忘机。风烟一岸芦花雪，三四轻鸥掠水
飞。"（《芦岸闲居》）②诗成时子规年仅14岁，却已颇见才气。纵观子规
少年所作山水田园诗，总以清新纤美取胜。"看取南窗消夏策，水田十里插
新秧。"（《田家即事》）"随风小艇无停处，十里青芦影动摇。"（《湖
居》）均是写景的清词丽句。

明治二十四年（1891）子规在木曾道旅行后，翌年（1892）经茗桥老
隐（国分青厓）修改后刊载于《日本》的《岐苏杂诗》，共收15首七律山水
诗，是其在汉诗创作中所达到的最高峰。国分青厓在选词中这样写道：

> 主人别号獭祭书屋。见在大学。以俳句闻。不料其能诗到此。阅
> 集中奇句警句。杂然纷出。瑕瑜互见。今删其复者存十又五首。其诗则
> 清健跌宕。超出时流。非率而操觚者可及。叹赏之余，妄加批圈幸乞高
> 恕。茗桥老隐附记。③

子规又把被删掉的15首修改后收入诗集，并做了说明：

> 岐苏三十律之内十五首，经国分先生删定，揭在日本纸上。残余
> 十五首，粗苯卤莽，固不足取。然在作者则鸡肋之感，不忍弃却，乃再
> 费推敲，以存其全形云尔。④

---

① 明治三十年至明治三十五年共存8首，曾收入《子规遗墨集》等书。
② 正冈子规：『子规全集 漢詩 新體詩』，東京：講談社，1976年，第21頁。
③ 同上，第186页。原文为汉文。
④ 同上，第187页。

《岐苏杂诗》的音韵格律，笔者在前述《比较文学》等期刊所载论文中已做分析，本文不再赘述。日本有研究者认为连作是其特色，但杂诗各首之间并无构造上不可分割的联系，否则国分青厓也不会从中筛选15首了。本诗集的特点还应是在其创作手法和意图上。

> （本邦）固有独特之文学与中国相比，至少有如下区别：第一彼尚简洁而我尚婉转迂回。第二彼长于雄浑壮大而我长于优美纤柔。第三彼言语多而我言语少。第四彼长篇多而我短篇多。[1]

明治二十七年（1894）子规在评论中指出中国传统文学"雄浑壮大"而日本传统文学"优美纤柔"。该评价是否得当姑且不论，但从子规所作汉诗文来看，这一认识并非是最初就有的。初学汉诗时，子规的诗风与漱石并无二致，虽不似漱石红绿青黄跃于纸上，走的亦是传统日本汉诗的风雅之路。

子规的诗风转变，也许与其明治十五年（1882）后读赖山阳（1780—1832）的咏史诗有感有关。子规曾言手边唯有山阳诗抄四卷，谷本光隆甚至认为子规所起"獭祭书屋"的号也是来自赖山阳的"摊书每学獭祭鱼"一句[2]。细观其创作，可以看出子规诗风日渐重厚，体裁多变而题目渐宽。数年钻研后，子规倾其心血创作了《岐苏杂诗》，并呈之于国分青厓。

其时国分青厓热衷于针砭时弊的评林体汉诗，正是诗坛的风云人物，与森槐南并称为"诗坛双璧"，为子规所推爱：

> 青厓之诗常被评以雄浑二字，其所作亦多喜采壮大之题。其游富士游日光之诗在文坛轰动一时，是故人皆谓青厓最工于游山之诗。吾尝闻

---

① 正冈子规：『文学漫言』（明治二十七年），『子规全集　评论　日記』，东京：講談社，1976年，第82—83頁。

② 此说法与子规自述有所矛盾，且与通说相异。

其游辽东佳作颇多。近来有人叹曰雄浑之题目虽多却不见青厓挥椽大之笔。吾亦为青厓惜之！①

国分青厓其时以评林名，但子规更看重的是其雄浑的游山诗，将自己毕生心血之所作呈交其批改，可见子规的意图。果不其然，青厓对其诗作倾倒不已，除前述评语外，所选15首均做了诗评。

群峰如剑刺苍空，路入岐苏形胜雄。古寺钟传层树外，绝岩路断乱云中。百年豪杰荒苔紫，万里河山落日红。欲问虎挐龙斗迹，萧萧驿马独嘶风。（其一）②

本诗作为《岐苏杂诗》之起首，以悲壮的怀古为其定了基调。与子规早年的诗作相比，其风格的转换可谓一目了然。子规笔下气势磅礴，词意奇雄，在同时代诗人中实不多见。下举两首，可略见一斑。

病来意气尚豪粗，孤剑飘萧又客途。河带寒光入浓尾，山钟秀气满岐苏。峡高水急虹桥小，天隘云深鸟道迂。试上峰头一长啸，壮观如此与谁俱。（其七）

龙争虎斗此山川，古驿今余洗马泉。绝代名媛悲逝水，千年霸业付啼鹃。鬼迷破塚宵宵哭，雨湿寒磷处处然。一夜松风吹万壑，恍闻呐喊下天边。（其十六）

---

① 正冈子规：『文学』，『子规全集 評論 日記』，第147—148頁。
② 『子规全集 漢詩 新體詩』，第181頁。《岐苏杂诗》诗句均引自此书第181—191頁，不再单独标注。

此两首游山而兼咏史，国分青厓亦感叹"咏古诸作神隽味永"①，并将其与许浑并列，等闲读来确有"英雄一去豪华尽，唯有青山似洛中"之感。其他若"云宿闲窗昼不飞"（其五），"云栈蹇驴诗里落，烟林归鸟画间来"（其十）等句，行文峻险，子规旅途所见历历在目。数年前笔者尝重走子规当年游历的古道，只见深山中古木苍天，山道旁涧深水急，虽时过百年，仍可感受到本诗所写景物无不真切，国分评价其"刻画入神"②，绝非溢美之词。

《岐苏杂诗》的山水，是日本的山水。观"山到信州""宣公庙下"处可知其为木曾古道；而"千嶂连天富材木，十州隔海贵鱼盐"二句虽未出地名，风景民情正是当地写照。

万岳千峰欲压头，此奇谁向笔端收。天连三越东西坼，地界两河南北流。二顷桑田数家屋，全村蚕事一年谋。深山别有富源在，输出林材八十州。

（其二十六）

国分青厓评价其"记山水叙民俗可以充一部信中地志"③。子规笔下的岐苏山水与文人画里的中国山水大不相同，满眼尽是日本的地理特产、风土人情，"天连三越东西坼，地界两河南北流"也不仅仅是模仿杜甫《登岳阳楼》的"吴楚东南坼，乾坤日夜浮"，而是将越前、越中、越后与木曾川、长良川入诗，以致脱胎换骨。

《岐苏杂诗》多有奇句险句，如国分所推"三十首中最爱此一句"④的"寺贫鸡犬瘦于僧"（其二十五）奇想超凡，不落从来山寺描写之窠臼；

① 『子规全集　漢詩　新體詩』，第183頁。原文为汉文。
② 同上，第181頁。原文为汉文。
③ 同上，第185頁。原文为汉文。
④ 同上，第184頁。原文为汉文。

"古洞春鞦灵药长，寒渊日夜老龙吟"（其二十七）， "水动巉岩佛座危"等句也与漱石的 "鸟来树梢落花繁" 的意趣大不相同。可见子规直指 "雄壮" 的决心。

风流与雄壮

余既不甚解平仄，又兼韵脚模糊，何以苦心雕琢下此种唯中国人方可赏鉴之工夫，实则余自身亦不甚了了。然（平仄韵字姑且不论）汉诗之趣于王朝以后传习已久，至今日本化已成，根植我辈年长日本人脑中，难以去夺。（中略）若除此粗放十七字及晦涩汉字以外，日本发明不出其他承载风流之器，余将无论何时何地都宁忍其粗放晦涩以享其风流，无怨无悔。①

从漱石晚年的回顾中可以看出，其在汉诗中所求的是 "承载风流" 的功效，将自身置于空想山水中的快感。漱石之所以晚年仍每日写诗，很大程度上是因为汉诗里有近代小说中所不具有的风流。子规于汉诗中所求者，则是以汉诗之硬质的表现力去展现日本传统中所缺少的雄壮。在明治二十三年（1890）写给漱石的书信中，子规言道 "朴岂谓有天才乎。只自勉发挥我天真，而不必依赖古人之遗书耳"②，漱石其时所追寻的传统，子规更多是否定的。

明治二十五年后子规逐渐弃汉诗而转攻俳句，也仍然继续推崇得自汉诗

① 夏目漱石：『思ひ出す事など』，『漱石全集·小品』，東京：岩波书店，1995年，第372—373頁。

② 正岡子規：『子規全集 書簡一』，東京：講談社，1976年，第60頁。原文为汉文。

的"雄壮"之意象，力陈"今人之弊在趋细微而忘壮大，趋华美而忘质朴，趋复杂而忘简单"①，认定"万叶之雄壮、真挚"②方为韵文之方向，拔高松尾芭蕉之"雄壮"：

> 天门中断楚江开为此句之经，飞流直下三千尺乃此句之纬。余意读此无人不惊叹芭蕉之大手腕。③
>
> 芜村、晓台、阑更三豪杰古来蕉风外各成一派。（中略）其俳句中虽不乏以雄健之笔写豪壮之景者，然彼等之壮终不及芭蕉之壮，彼等之大终不及芭蕉之大。④
>
> 诸般变化中最以壮大雄浑之句为善。（中略）壮大雄浑与纤细精致作为美术的普遍价值并无差异，这里特别强调壮大雄浑，皆因此种俳句尤为稀少，因此愈加使人渴望之故。⑤

对于汉诗子规推重国分青厓的"雄浑"，对于俳句则极力赞美"芭蕉之壮""芭蕉之大"，可见其韵文创作的理念改变是有所联动的。子规读赖山阳后于山水诗创作中摸索"雄壮"意象的同时，也在俳句创作中力求摒弃柔弱之风。

> 明治二十三年无常观流行好为旅僧、骷髅、暮秋等句，之前柔软纤

---

① 正冈子规：『文学漫言』，『子规全集　评论　日记』，第86—87页。
② 同上，第94页。
③ 正冈子规：『芭蕉杂谈』（明治二十八年），『子规全集　俳论俳话一』，东京：岩波书店，1995年，第244页。引用处为针对芭蕉「あら海や佐渡に横たふ天の川」一句所作的评价。
④ 同上，第247页。
⑤ 正冈子规：『俳谐大要』（明治二十八年），『子规全集　俳论俳话一』，第373页。

细的喜好为之一变。

明治二十四年左右意欲热心研究俳句，此时写实景却未有毫末成功，仍不免之前优柔屏弱之风。是年冬季始读七部集三杰集，大有所感。漫游之念愈炽，仅携三日之粮踏访武藏野而归，往返虽只得十数句，却已不复旧日之屏弱音调，纤细意匠。实景之所得、空想之所获均少斧凿之痕迹。从此句法日趋紧密而脱懈怠弛缓。屏弱者渐变为雄壮，纤细者渐变为高大。曾经吟咏樱花堇草蝴蝶者，如今一变而好吟高山原野、白云流水。①

细观漱石和子规的山水汉诗，可以看出两人都同样爱好汉诗，同样留下了众多佳作，幼年所走过的汉诗修行之路相近，却在创作追求和手法上分道扬镳，或逐风流，或追雄壮，都走出了一条自己的道路。

漱石的汉诗更多继承了中日传统汉诗中优良的传统，无论是炼字还是酌句，意象比兴，均体现了其非凡的才能，不仅优于同时代的诸多率性操觚的文人，甚至众多诗坛宿将格律虽工，也往往在诗意上有所不及。而提及子规的山水诗，则不能不谈倾注了他极大心血的《岐苏杂诗》，经国分青厓所修改的15首不仅可称子规的代表作，也是明治时期山水七律的杰作，为子规留下了不朽的身后名。

漱石灵活运用了意象、典故等传统修辞手法，在山水诗中寻求"风流"，并将于汉诗创作中所习得的丰富辞藻运用到小说创作中。子规则以写实的笔触通过汉诗去追求日本景物中的"雄壮"，后将汉诗创作中收获的心得应用到日本的韵文改革中。两者的创作均是日本近代汉诗发展的成果，而他们各自的风格，也很大程度上预示了汉诗在明治时期的走向，展示了汉诗

---

① 正冈子规：『わが俳句』（明治二十九年），『子規全集　俳論俳話一』，第480—481頁。

在近代文学成立中的特殊作用。漱石与子规的汉诗作为明治、大正时期日本汉诗的宝贵遗产，今后当有必要放到东北亚汉文学的传承与演变这一更宽广的视野中去进一步探讨。

明治时代的幼学便览类文献研究①

荣喜朝

摘要： 明治时代的幼学便览类文献是当时日本普及汉诗作法的重要文献，为汉诗的复兴做出了卓越贡献。通过梳理明治时代的此类文献可知，该类文献将诗题、诗语、诗韵、例诗有机地融合在一起，有利于提升幼童关于汉诗的兴趣，能使其尽快掌握汉诗创作的基本技能。此外，不少文献还刻意加入了很多中日典故和意识形态方面的内容，意图给幼童灌输忠君爱国、民族主义和对外扩张等思想。对此类文献进行研究，不仅能够明确汉诗以及汉诗学在明治时代发挥的教化作用，而且能够为中国诗学走出去提供一定的参考。

关键词： 汉诗；明治；诗学；幼学便览

明治初期，随着国门的打开，包括西诗在内的西方文化不断涌入，对日本的传统文化造成了很大的冲击，致使在江户时代极为繁盛的汉诗一度衰落。随后，随着日本有识之士对东西方文化的客观审视，呼吁传统文化复兴

① 本文系2020年度河南省哲学社科规划项目《日本明治时代汉诗创作文献研究》（项目号：2020BWX008）的阶段性成果。

的声音高涨起来，汉诗由此复兴，并呈现出超越江户时代的隆盛气象。①其中，面向幼童的汉诗入门类教材——幼学便览便是汉诗复兴的重要载体。

目前，无论是日本还是中国，学界关于明治诗学（这里的诗学特指汉诗学，以下同）的研究基本都集中在著名汉诗人、汉诗作品以及诗话的整理和研究方面，似乎尚未关注到此类文献。②大家的名作和诗话无疑代表着明治时代汉诗的最高成就，然而并不能展示出该时代诗学的整体样貌。毕竟汉诗是否能够融入日本人的血液，不能仅由个别诗学精英、精品来表示，数量庞大的普通诗人以及普及通用类诗学文献才是最好的证明。由此看来，教授幼童习作汉诗的幼学便览类文献无疑具有重要的研究价值。

本文通过梳理日本国立国会图书馆、国立公文书馆、早稻田大学图书馆、广岛大学图书馆等所藏文献，对明治时代的幼学便览类文献进行初步探究，抛砖引玉，以求教于方家。

一、幼学便览类文献概况

明治时代的幼学便览类文献基本上都出现在1870—1899年之间。此类文献在卷首《凡例》或者《诗学要义》中一般都附有五、七言绝句的平仄图式，以及"二四不同二六对""下三连""孤平""孤仄"等诗学规则。按照使用起来的便利程度，可分为不太便利型、较为便利型和十分便利型三种。

不太便利型文献主要有柳泽武运三《诗语必携新编以吕波韵大成》

---

① 参阅高桥淡水：《时代文学史》，东京：开发社，1906年，第3—4页；江木衷：《冷灰二笔 山窗夜话》，东京：有斐阁，1909年，第41—42页。

② 具体成果请参阅赵敏俐、李均洋、佐藤利行、王广生、蔡镇楚、马歌东、赵季、王晓平等学者的论著。

（晋文社，1879）、太田圭郎《巾箱诗韵》（太田圭郎，1880）和近藤元粹《诗语类纂增补以吕波韵大成》（青木嵩山堂，1898）等。其中，《巾箱诗韵》与《诗语必携新编以吕波韵大成》在内容上几乎一模一样，剽窃嫌疑巨大，《诗语类纂增补以吕波韵大成》是对《诗语必携新编以吕波韵大成》的补充。

此类文献正文每页分三栏、上栏包括二字诗语（诗语部按照一至十二月排列四季诗题，诗题下设诗语，四季部结束后为杂部）、一字韵础（按照平水韵平声部排列）、今世诸名家作例。中栏、下栏为诗韵，其中中栏为平韵，多为三字，下栏为仄韵，一般为二字。诗韵的韵字按照伊吕波歌顺序排列。诗语、诗韵皆标准平仄、训点，韵字有解释。另外，韵字还分为乾坤、宫室、时令、人伦、气形、态艺、支体、生植、衣食、器材、光彩、数量、虚押等十三门。使用方法是先在上栏诗语部找符合己意的诗语，然后在韵础部找想押的韵字，最后在中栏找具有该韵字的三字诗韵。由于每页上栏诗语、韵础与中栏诗韵并不对应，因此使用起来需要来回翻阅，对于其适用对象"初学幼生"来说十分不便。

较为便利型文献主要包括冲冠岭《新撰诗语活用》（万青堂，1879）、庄门熙《明治新撰诗语玉屑》（冈田书馆，1883）和庄门熙《明治新撰诗语活法》（文光堂，1893）。其中庄门熙的两部著作内容完全一致。

冲冠岭的著作卷首《用例》中载春夏秋冬四季和杂部诗题，正文分天文、时序、地理、人品、人事、花木、花草、竹木、卉草、果实、蔬谷、飞禽、走兽、昆虫、水族、器财、饮食等十七类。每类分若干组，每组包括若干二字诗语、三字诗韵（包括转句用诗韵）。诗语、诗韵皆注明平仄、训点，大多数还有注释，非转句用诗韵还标明韵字所在的平声韵部。最后附1—7首唐宋金元明清以及极个别日本诗人的以七绝为主的近体例诗，例诗标注韵字所属韵部。庄门熙的著作正文分天文、地理、时令、人事、器用、服食、军旅、树木、花草、飞禽、走兽、鳞介、昆虫等十三门，十三门之后附

包括"虚字""连语""叠字"在内的"通用"部分。每个门下辖若干组
（诗题），每个组各包含二字诗语、二字诗韵若干，最后还附有个别四字诗
语。诗语、诗韵皆标注平仄、训点，多数诗语、诗韵还有注释，诗韵还标注
韵字所属韵部。"通用"部分仅有二字诗语。此类著作内容丰富，体量庞
大，将相同内容的诗语、诗韵置于同一个诗题下，同时还设置了相应的转句
用诗韵，与不太便利型相比，能够使初学者较为容易地选择诗语、诗韵组成
一首五、七言绝句。

十分便利型文献是较为便利型文献的简约、升级版。所谓"简约"指的
是内容的精简。此类文献正文一般为上下两卷，上卷为春夏秋冬四季部，下
卷为杂部。就体量而言，四季部与上述冲冠岭和庄门熙的"时序""时令"
差不多，而杂部则是将四季以外的门类大幅度压缩而成。所谓"升级"，指
的是便利性的加强。此类文献的一大特点就是将每页分为上下两栏，上栏列
二字诗语，下栏列三字诗韵，使初学作诗的幼童在几乎不用翻页的情况下，
就能将上下两栏的诗语、诗韵拼成一首五、七言绝句。

此类文献主要包括三尾重定《近世诗文幼学便览》（松井方景，
1877）、白井笃治《汉诗作法幼学便览》（松山堂，1877）、白井笃治《近
世诗学便览》（松井方景，1877）、关德《新撰诗韵幼学便览》（吉冈宝
文轩，1878）、内田尚长《新撰幼学便览》（内田尚长，1879），以及福井
淳的《近世幼学便览》（华井积善馆，1883；花井卯助，1884）、《今世幼
学便览》（长尾佐太郎，1884）等。其中，白井笃治的两部著作内容基本
一致。

除此之外，还有一些介于较为便利型和十分便利型之间的文献。例如：
渥见竹治郎《近世诗语玉屑》（万笈阁，1878），分类与十分便利型一致，
排版则属较为便利型；堤大介《一辞千金诗文幼学便览》（文荣堂，1882）
分类属于较为便利型，排版则与十分便利型一致。

二、幼学便览类文献内容

本节主要以白井笃治《汉诗作法幼学便览》为例，同时兼顾其他十分便利型著作，介绍幼学便览类文献的主要内容。

（一）目的和依据

幼学便览类文献的适用对象是初学作诗者，而且是其中的幼童，这也是不少此类文献直接将"幼学"二字纳入题名的原因。其目的在于教授幼童汉诗创作的入门知识，其依据在于学诗必须先掌握大量的熟语。几乎所有的此类文献都会在前言部分明确该内容，其中又以白井笃治和三尾重定说得最为清楚。

白井笃治《汉诗作法幼学诗韵·序》认为："诗学之要，先贵详知熟字，熟字既详，然后韵础明，韵础既明，然后学诗可庶几也。"三尾重定《近世诗文幼学便览·声律提要》主张："童蒙之士欲作诗，可先暗记平仄。然后即其题考检熟语，不随意添加自己造语，认真努力，可得自由。既得自由，则就古今名家之集，模其词，拟其体，何难之有？"

这里的"熟字""熟语"指的是二字（也有个别四字）诗语、三字诗韵。作者既然将组成五、七言诗句的诗语、诗韵称为"熟字""熟语"，也就表明作者关于诗语、诗韵的基本态度，即初学者必须使用既有且常用的词语，切不可随意制造词语，更不可滥用。

重视熟语是日本传统诗学的基本主张之一。梅室洞云（山本洞云，1636—1669）《诗律初学钞》（1678）主张在防止"三偷"（偷语、偷意、偷势）的前提下，作诗以用古人所用古文字，改意出新为高明。[①]林义卿

---

① 池田四郎次郎编，国分高胤校阅：《日本诗话丛书》（第3卷），东京：凤出版，1972年，第96页。

（1708—1780）在《诸体诗则·造语》（卷之下，1741）中认为初学作诗"须摘用古人好语"，这是因为，初学者使用古人二字、三字好语，"久而自出肺腑，纵横出没"，从而达到随心所欲的境界。①上述"古人所用古文字"以及"古人二字、三字好语"就是幼学便览类著作中所说的熟字、熟语，即二字诗语、三字诗韵。

其中，林义卿的观点出自宋代杨万里《诚斋诗话》，《诗人玉屑》卷六中也有抄录，原文为："初学诗者，须用古人好语，或两字，或三字。……要诵诗之多，择字之精，始乎摘用，久而自出肺腑，纵横出没，用亦可，不用亦可。"②可以说，主张初学作诗者需要从摘录前人诗作中的经典诗语、诗韵入手，是源自中国诗学著作的主张。由此可知，幼学诗韵类文献成立的理论依据实际上在于杨万里《诚斋诗话》。

（二）体例和内容

石川凹（石川丈三，1583—1672）在《诗法正义·结构总论》（1684）中说：

> 作诗须知题，次韵，次章，次句，次字。盖积字成句，积句成章，一字之工，生一句之色，一句之瑕，为一章之玷。而韵未安，措句不稳。题既明，布意有序，又须知起承转合之方，精此而诗无遗蕴矣。③

作者认为作诗首先要辨明诗题，然后掌握韵律，且需要炼字。幼学便览类文献，尤其是其中的十分便利型，正是以诗题统领诗语和诗韵，且开篇即明确平仄图式、诗病禁忌等韵律要求，以及起承转合的句法结构。

---

① 《日本诗话丛书》（第9卷），第207页。
② 魏庆之：《诗人玉屑》（3—4），大阪：浪华文会，1884年，卷之六第10页。
③ 《日本诗话丛书》（第10卷），第340页。

下面，以白井笃治《汉诗作法幼学便览》为例，介绍此类文献的具体体例和内容。《汉诗作法幼学便览》正文分春夏秋冬四部和杂部，共五部。正如作者在前言中所说，"芟除旧来之陈言，纂辑新奇之文字"，诗题中除了"春晓""牡丹""秋日山行""岁晚书怀""竹枝词"等传统题目外，也不乏新鲜成分，如春部中有"孝明天皇祭"，夏部中有"公园地赏花"，秋部中有"送人之米国（美国）""招魂社角觚"，杂部中有"北海道风土赞"等。每部包括若干诗题，每个诗题包括若干二字诗语和三字诗韵。每页分上下两栏，上栏列诗语，下栏列诗韵，诗韵按照平水韵顺序排列，最后列转句用诗韵。诗语、诗韵皆标明平仄和读音，部分附解释。最后附作者所作七言绝句二首，内容以忠君爱国为宗旨，多列与皇室相关的事物，尤其是祭祀活动（具体内容见后文）。

诗题、诗语、诗韵不乏中国典故。诗题如"张子房取履图""草庐三顾图""五柳先生赞"等。诗语如"折梅""七椀"等。关于"折梅"，作者明确表示来自范晔"折梅赠友人"的故事。关于"七椀"，作者虽未明言，但是作为称颂饮茶的典实，出自唐卢仝《走笔谢孟谏议寄新茶》。诗韵如"卜非熊""飡落英"等。前者指周文王聘太公望故事，后者说的是屈原。纵观全书的诗题、诗语、诗韵，会发现它们基本上都来自中国唐宋元明清的诗集，其中唐诗无疑是此类著作的主要素材来源（冲冠岭《新撰诗语活用》的主要素材为宋诗和清诗）。另外，例诗中也不乏中国因素。例如，诗题"秋砧附闻笛"的第一首例诗的最后一句"曾照东晋征士心"中的"征士"指的是陶渊明，体现了作者对陶渊明人生态度的向往。

至于例诗，此类文献要么全是七言绝句，要么是以七绝为主，兼及其他五、七言律和五律，没有排律和古体诗。没有排律和古体诗，是由此类文献的宗旨和适用对象决定的。之所以以七绝为主，或许在于中日学者的以下认识。王槚《诗法指南》认为：

　　大抵绝句宜高古，宜纯雅，句虽少，而有含蓄不尽之意。……初学宜熟读盛唐绝句，玩味之，久自有所得。①

林义卿《诸体诗则》（卷之下）也认为：

　　七绝除古体乐府，其余咸贵唐调。故律吕铿锵，句格稳顺。语半于近体，而意味深长过之。节促于歌行，而咏叹悠永倍之，为百代不易之体。②

　　在各种诗体中，七绝比其他近体诗意味深长，比古体诗咏叹悠久，因此是最上等的诗体。这或许就是幼学便览和作诗法类著作偏向于用七绝作例诗的缘故。

（三）熟语和新语

　　如前文所述，几乎所有的此类著作都强调学诗当重视熟语，但是明治时代是个急速变革的时代，社会生活中不断涌现的新词语不可避免地冲击着原有的熟语。由此便出现了一个十分尴尬的现象，即尽管作者极力反对新词语，却不可避免地在自己的著作中引进部分时髦词语。

　　具体说来，庄门熙在其著作中引入了"邮信""电报""汽船""汽车""灯台""金元""纸币""洋服""瓦斯灯""博览会"等新词语。内田尚长引入了"电线""铁道""写真""铁轮船""英国传""炼瓦室"等。白井笃治引入了"皇居""英都""船卤""立宪""亚腊海""亚马港""过香港""旗旭章""章旗红"等。

　　由此，这类著作便兼具发扬传统和与时俱进的双重功能，故而很受欢

---

① 周维德集校：《全明诗话》（第3册），济南：齐鲁书社，2005年，第2418页。
② 《日本诗话丛书》（第9卷），第305页。

迎，从上述部分文献的抄袭和反复出版可知，此类文献必定也获得了不俗的商业利益。但是物极必反，大量收录反映时事以及迎合时政的新词语，就不可避免地成为媚俗之作。佐藤宽就曾批评道：

> 此类著作大量添加纪元节、天长节、电信机、蒸汽船等新题目，且附作例，用于吸引年轻人。年轻人亦喜其新奇，争求之。……初学作此题目，……有百害而无一利。究其原因，年轻人面对纪元节、电信机等新题目，势必不得不造新语。初学者造新语时，易陷入卑俗。一旦陷入卑俗，当难救之。[①]

佐藤宽并非反对幼学便览类文献添加新词语，而是强调"忌俗"。作者实际上担心初学者过于求新、求奇而忽略传统熟语，造成根基不稳，陷入卑俗而不自知，从而失去化俗为雅的自觉和能力。

三、幼学便览类文献特点

幼学便览类文献并非明治时代首创，早在1849年，斋藤馨便将《诗语碎金》和《幼学诗韵》综合在一起，写出了首部《幼学便览》，其体例与上述十分便利型基本相同。与江户时代的此类著作相比，明治时代的具有以下特色。

（一）重视基本规则

首先，与江户时代不同，明治时代的幼学便览类文献几乎都在卷首附加平仄图式。大多是五、七言绝句的平起、仄起图式，个别还包括五、七言

[①] 佐藤宽：《简易作诗法》，东京：青山堂书房，1902年，第41页。

律诗的平仄图式。其中平声用○表示，仄声用●表示，可平可仄用◑或◐表示（○●源自中国，◑◐为日本江户时代汉学家所创）。尽管江户时代的汉诗人、汉学家对平仄图式进行了十分深入的研究，例如梅室洞云《诗律初学钞》、贝原笃信《初学诗法》、石川凹《诗法正义》、林义卿《诸体诗则》、三浦晋《诗辙》、源孝衡《诗学还丹》，以及该时代的声调谱集大成之作——中井积善《诗律兆》，尽管中国历代诗话自江户时代起便源源不断地传入日本，其中也不乏关于平仄图式的研究之作，但是明治时代的幼学便览类文献中的平仄图式却与上述著作乖离甚远。以下仅以五言绝句为例：

三尾重定仄起图式为：

起●●○○●仄字

承◑●●○○韵字

转●○○●●仄字

合◑○●●○韵字

内田尚长平起图式为：

起◑○◑○○／◑○●●○

承◑○●●○

转◑●○○●

结◑○●●○

白井笃治仄起图式为：

起●●○○●—转句

承◑●●○○—韵础

转●○○●●—转句

合◑○●●○—韵础

关德平起图式为：

起◑○◑●○

承◑●●○○

转　◐●○○●
合　◐○○◐○

可以说无一例符合"仄仄平平仄/平平仄仄平/平平平仄仄/仄仄仄平平"的基本格式。其中关德的图式较为符合五绝平起首句押韵式，但是众所周知，五绝常用的格式为首句不押韵式。其原因不得而知，只能推测为此类著作鱼龙混杂或者印刷错误。

其次，明治时代的此类著作，在卷首除了平仄图式，还会强调"二四不同二六对""孤平""孤仄""下三连""踏落"以及五绝特有的"四平一仄""四仄一平"等规则和禁忌。江户时代贝原笃信《初学诗法》认为"二四不同二六对""下三连""四仄一平""蹈落（踏落）""夹声（孤平、孤仄）"等都是"国俗之诗式"，其中"有与唐诗法合者，有不合者，不合者不要用之"。具体说来，"二四不同二六对"与唐诗合；"下三连"与唐绝句合，与唐律诗不合；五言诗所忌的"四仄一平"与唐诗不合，因为"唐诗四仄一平、四平一仄太多"；"蹈落""夹声"与唐诗合。[①]由此可知，此类著作并未完全遵守贝原的主张，依然坚持"国俗"。或许可以说，这些必须遵守或者禁止的规则已经深入人心，轻易无法变革。

（二）重视意识形态

明治时代是民族主义盛行的时代，也是天皇崇拜开始狂热，并积极推崇向外扩张的时代，因此这些承担着教化幼童的幼学便览类文献不可避免地带有上述意识形态因素。其中，白井笃治《汉诗作法幼学便览》就是典型。

首先，在诗题、诗语、诗韵中不遗余力地宣扬忠君爱国思想。该书仅在"春部"中便有"四方拜"（天皇祭祀）、"元始祭"（皇室祭祀）、

---

① 蔡镇楚编：《域外诗话珍本丛书》（第1册），北京：北京图书馆出版社，2006年，第198—200页。

"新年宴会"（天皇赐宴）、"孝明天皇祭"（先帝忌日）、"祈年祭班帑"（朝廷活动）、"纪元节"（日本初代天皇神武天皇继位日）等诗题。在这些诗题下的诗语中更是不乏"天恩""皇恩""雄武""圣明""睿智""勋业""伟绩""伟功""鸿业"等诗语和"报国中""许国忠""尽精忠""擢精忠""浴恩泽""天恩暖""皇恩遍""天恩遍""胜汉祖""过周武"等诗韵。据此，读者很容易得出神武天皇"雄武胜汉祖，伟业过周武"的诗句，从而不自觉地产生"报国""许国""尽忠"的念头。

其次，在例诗中不遗余力地赞美丰臣秀吉侵略朝鲜的扩张行为。例如，在诗题"丰国祭"中，作者附了两首自己的例诗：

其一

尾州陋巷爱知县，爽气郁葱生睿贤。

畴昔曲腰捧履手，震惊明室屠朝鲜。

其二

碧蹄馆外挫虏兵，新寨城头大破明。

夜叉上官最雄略，蔚山战斗勇名轰。

作者昧着良心歌颂了与史实不符的丰臣秀吉（包括加藤清正）侵略朝鲜的赫赫战功，为明治政府侵略朝鲜和中国制造声势。

再次，作者宁可违背自己在卷首主张的"诗学之要，先贵详知熟字"原则，也要在文中引入大量日本特色的诗题、诗语、诗韵。诗题有"源将军观樱花图""小督词""新罗三郎吹笙图""常盘抱三子图""那须与市射扇图"等。诗语有"岩城""陆奥""出羽""祇王""吉野"。诗韵有"勿来关""奥羽间""义经猷""常盘续""潜题诗"等。这些表示日本特有人名、地名以及典故的词语，明显是民族主义的产物。

四、幼学便览类文献影响

首先，尽管明治时代的幼学便览类文献存在不少问题，但是它在启蒙幼童、普及汉诗方面的贡献却是不可磨灭的。据明治时代的俳句中兴之祖、著名汉诗人正冈子规（1867—1902）回忆，他在明治十一年（1878）11岁时开始习作汉诗，当时用的教科书就是《幼学便览》。①子规通过组装其中的诗语、诗韵写出了平生第一首汉诗：

一声孤月下，啼血不堪闻。

叶半空敧枕，故乡万里云。②

由此可知，当时幼童习作汉诗的确是以幼学便览类文献为教材的，而且效果也不错。

其次，幼学便览类教材不仅得到了日本学者的肯定，甚至还得到了中国学者的赞赏。王治本就给三尾重定《幼学便览》题词："不朽之盛业"。王治本（1836—1908？）是浙江慈溪人，精通诗文，1877年赴日，近代中日文化交流的先驱。③据说他在日本游历三十余年，博得日本文人儒士的仰慕，甚至到了"仰之如泰斗"的程度。④王治本初到日本便给予该书极高的评价，一方面说明中国学者对该书或者该类著作的肯定，另一方面也表明日本汉诗界对中国学者的尊崇。

---

① 正冈子规：《任笔》，载《子规全集》（第8卷），东京：阿尔斯，1925年，第388页。

② 大谷博国、佐藤利行、李均洋编著：《"锦"和"红叶"——咏红叶诗》，东京：白帝社，2021年，第127页。

③ 童银舫编著：《慈溪历代名人图像集》，宁波：宁波出版社，2018年，第95页。

④ 慈溪市文联编，孙仲山主编：《溪上翰墨 慈溪古今书画作品集2》，上海：上海人民美术出版社，2011年，第38页。

结　语

综上所述，明治时代的幼学便览类文献尽管仍以取材于中国历代诗集为主，文中绝大部分内容也是中国因素，但是时代特色、日本特色已经十分明显。对于明治政府而言，此类文献无疑在诗教方面发挥了巨大作用：一方面为幼童快速普及了汉诗，促进了汉诗的全面复兴；另一方面，在潜移默化中完成了意识形态的灌输，尽管这与汉诗"温柔敦厚"的主旨不尽相符。或许是新式教育制度的普及，或许是幼学便览类文献仅面向幼童的功能性缺陷，致使此类文献在1900年之后便不见踪迹。取而代之的是数量庞大、势头迅猛的作诗法类文献和评释类文献。作诗法类著作内容更加丰富，难度更高，适用于有一定文学基础的学生（包括大学生），而评释类著作则是为了使学诗者登堂入室而针对中国名家诗集所作的评析和解释，与作诗法类著作相辅相成。关于这两类文献的研究无疑是今后一个有意义的课题。

东亚同文书院的中国调查

程 真

明治维新后，日本东亚同文会在中国上海建立起东亚同文书院，历届学生在中国进行大旅行调查持续40余年，5000余学生先后参与其中，旅行线路达700余条，足迹遍及除西藏以外的中国所有省级行政区。收藏在日本爱知大学的大旅行日志及报告原件，为学术界留下研究中国清末、民国社会的宝贵资料。

日本长期关注中国文化、中国国情，明治维新后日本军部、通产省、外务省、各大财团、新闻单位都有对中国调查的系统。在日本众多对华调查机构中，大连的满铁调查部和上海东亚同文书院是最具代表性的两大机构。相比之下，"东亚同文书院"的中国调查持续时间更长、调查地域分布更广，40余年间同文书院学生的足迹遍及除西藏以外的所有地区，留下数亿字关于中国国情的调查报告，为日本政府和民间机构研究中国留下了丰富而有价值的资料。东亚同文书院造就了日本研究中国的权威机构，在传统的日本汉学向近代中国学转型的过程中扮演了重要角色。同文书院学生的大旅行志是研究清末、民国社会的重要资源，他们所使用的实证主义调查研究方法也是值得我们参考借鉴的。

一、东亚同文书院沿革

1868 年日本通过明治维新，走上了资本主义道路，除了"脱亚入欧"的思潮外，还有主张以日本为盟主联合中国兴盛亚洲以与欧洲抗衡的"兴亚论"兴盛一时，由此日本国内掀起了一股研究中国的热潮。一些追捧"兴亚"的团体纷纷建立起来，东亚同文会就是其中的代表之一。

东亚同文书院

东亚同文书院的源头，可追溯到"兴亚论"者荒尾精。与主张"脱亚入欧"的日本政界主流不同，荒尾精是个典型的"亚洲主义者"。1886年荒尾精主持的乐善堂汉口支店便在汉学深厚、经商养谍的传奇人物岸田吟香的资助下开张，以经营药材、书籍、杂货为掩护，开展中国调查，从此成为盘踞华中地区的日本情报机构。

1890 年，荒尾精又在上海创设"日清贸易研究所"，招收150名日本学生，以研习中国语言、了解中国商事习惯及社会状况为业，学生修业4年，最后一年为实地调查，这就成为"东亚同文书院"的先声。"日清贸易研究所"于1893年8月停办。

1899 年，日本东亚同文会会长近卫笃麿公爵专程赴南京拜会两江总督刘坤一，会商在南京设立学校之事并获得赞同。
1900年5月在南京成立"南京同文书院"。因义
和团事起，1901年4月，同文书院迁至上海，更名
"东亚同文书院"，是专科制学校，首任院长根
津一是原"日清贸易研究所"的骨干。书院的学
生从日本各府县选拔而来。第一期招收公费生51
名，加上自费生4名，共55名。一年收一期学生，
至1945年已招至第46期。学生在校学习汉语以及
中国历史、政治、经济等课程。卢沟桥事变后，
徐家汇校舍毁于战火，1938年开始租用上海交大

根津一

校舍开学上课。1939年，"东亚同文书院"由专科学校升格为大学，命名为
"东亚同文书院大学"。书院大学四年制，前三年完全学习中国文化，包括
文字、地理，后一年以实习的名义对中国进行调查。1945年9月，即日本投降
一个月后，中国军队进驻书院租借的交通大学，对书院进行接收，上海东亚
同文书院大学关闭。次年，以原书院大学的教职员为中心，在日本丰桥创立
了现今的爱知大学。

二、大旅行调查

　　承袭乐善堂"日清贸易研究所"传统，东亚同文书院十分重视对中国社会
状况的实地踏访。每届学生以三个月至半年时间，获得中国政府许可证，数
人结成一组，或乘车坐船，或骑马徒步，所谓"沐雨栉风""风餐露宿"，[①]

---

　　① 同文书院历届学生作结业书"旅行志"，书名都取自中国典故，如：《虎风龙
云》《禹域鸿爪》《金声玉振》《乘云骑月》《出庐征雁》《孤帆双蹄》《沐雨栉风》
《风餐露宿》等。

足迹遍及中国城乡。在每期调查实施前，都由专业教师拟定调查题目，指导学生学习调查方面的理论及相关专业知识，尤其是进行调查方法指导，然后编成旅行队出发。旅行调查的总方针是院长根津一制定的，而具体提案则由负责经济、商科的根岸佶教授制订。根岸佶认为，资金不足的日本，为了与西洋竞争，必须通晓中国商业实情，因而要进行实地调查。

东亚同文书院学生调查的内容，涉及中国各地经济状况、经商习惯、地理形势、民情风俗、多样方言、农村实态、地方行政组织。记述方式除文字外，还有图表、素描速写、照片等等。这些见闻材料，又由学生整理成"调查旅行报告书"，作为毕业论文。对调查报告的要求是严守实证态度：一、写真实的事；二、不要空理论；三、不准剽窃他人；四、出处不明的暧昧东西算零分。

20世纪上半叶的40余年间（1901—1945），东亚同文书院（包括东亚同文书院大学）的学生5000余人先后参与中国调查，旅行线路700余条，遍及除西藏以外的中国所有省级行政区，有的还涉足东南亚和俄国西伯利亚及远东。调查旅行历时最长的一次是第2期生林出贤次郎的新疆调查，共274天，跋涉天山北麓，直抵中俄边境伊犁。

1905年7月18日，林出贤次郎从北京出发，单骑出玉门关，经吐鲁番、乌鲁木齐，直达伊犁，历时一年多。波多野养作则历时21个月，从乌鲁木齐折向青海、宁夏而回。林出贤次郎等人深入实地调查，从当地政府获得许多在中国鲜为人知的事情，回来后撰写《外蒙古视察复命书》等报告，对决策有十分重要的参考价值，后被外务省录为官员。[1]

1943年后受战争的影响，旅行调查受到许多制约与限制。1944年第44期生的旅行调查被限制在华北、东北等日本占领区。学生小林谷正在包头被傅

---

[1] 周德喜：《东亚同文书院始末》，《兰州大学学报（社会科学版）》2004年第3期。

作义的部队打死。①

学生的结业书要包括"调查旅行报告书"和"旅行日志"。这些资料编辑成《大旅行志》，每年刊行。第七届以后，每年的《旅行志》以单行本出版，卷首邀请中国政要名流题词。孙中山为第4期生《旅行志》题词"壮游"；黎元洪为第11期生、第13期生《旅行志》题词分别为"游于艺""书同文"；段祺瑞为第14期生《旅行志》题词为"作述之林"；时为教育总长的汤化龙为第12期生《旅行志》题词为"发皇耳目，开拓心胸"。

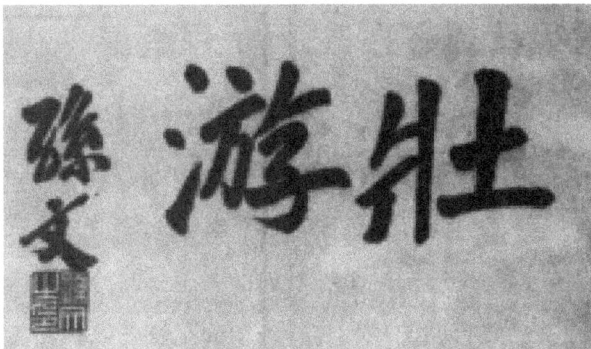

第4期生《旅行志》题词

学生的调查报告经过整理后除书院和同文会各保存一份外，还必须送参谋本部、外务省各一份。同文书院毕业生大部分留在中国，进入日本在华的军政外交机构，为数众多的同文书院毕业生进入了满铁株式会社。

除了"调查旅行报告书"和"旅行日志"外，历届学生的实地调查材料经加工整理编辑成丛书和志书，还有专家利用原始调查资料撰写专著，这些共同构成东亚同文书院旅行调查的重要文献成果。

---

① ［日］薄井由：《东亚同文书院大旅行研究》，上海：上海书店出版社，2001年，第61页。

历届学生对中国作的调查材料，交给东亚同文会东京总部的调查编纂部，经整理编成专书。如《支那经济全书》12卷（1907年至1908年出版），从事这项调查的学生总数约200人，原稿在20 000页以上，可见工程之浩大；《支那省别全志》18卷（1917年至1920年出版），后来又经增修，出版《新修支那省别全志》19卷（1941年至1946年出版）。东亚同文书院的教授撰写的一些著作，如马场锹太郎的《支那经济地理志》《支那主要商品志》，根岸佶的《清国商业综览》等，都利用了学生的旅行调查材料。此外，东亚同文会调查编纂部的《支那开港场志》等书，也大量采用东亚同文书院的调查报告。

三、东亚同文书院刊物

对于东亚同文书院的历史沿革和著名的大旅行的调查，研究者众多，但是同文书院及同文会发行的多种刊物并未引起足够的重视。这些刊物是同文书院出版物的重要组成部分，是研究东亚同文书院历史的重要文献源。

据学者研究，东亚同文书院的刊物先后共出版过20种之多，大致分为如下几类：

（一）同文书院或同文会机关刊物或会刊

创刊于1898年的《东亚时论》是东亚同文会刚成立时出版的机关杂志。1900年《东亚时论》停刊后，《东亚同文会报告》作为替代杂志开始发行。

（二）校友会或同窗会的刊物

（三）中国调查报告类刊物

东亚同文书院学友会①《会报》，是由驻上海的学友会在1904年创刊发行

---

① 学友会，东亚同文书院1902年结成的学生组织。

的学友会机关刊物；1917年6月创刊的同窗会会报《沪友》，刊登同窗会会员间的联络和相关告知以及活跃在国内外的毕业生的随笔等；1940年《沪友》停刊后，以《沪友学报》为名在上海刊行，主要登载东亚同文书院的校内纪事和同窗会相关纪事等。校友会、同窗会的刊物是研究东亚同文书院历史必不可少的资料。

1908年东亚同文会支那经济调查部在东京创刊《支那经济报告书》。1910年6月《东亚同文会报告》和《支那经济调查报告书》同时停刊，同年7月份该会调查编辑部在东京开始发行新机关杂志《东亚同文会支那调查报告书》，后改为《支那》。

（四）东亚同文书院发行的中国研究学术杂志

1918年10月，东亚同文书院设置了以中国为研究对象的研究机构——支那研究部，其研究成果发表在1920年8月在上海刊行的《支那研究》上，刊载汉学家专业论文和报告。1941年7月该校的支那研究部改称东亚研究部，《支那研究》也改为《东亚研究》。

1944年创刊于东京的《东亚同文书院大学学术研究年报》是东亚同文书院大学刊行的学术杂志。时任东亚同文书院大学校长在创刊号上题词，表明该校欲在坚持近代中国研究的特长和传统之上，扩大其研究视野和范围，向全面的研究型大学的目标努力。

（五）语言文学类刊物

1928年在上海创刊的《华语月刊》由东亚同文书院支那研究部华语研究会刊发，内容包括中国语的研究论文以及该校的中国语测试问题集和标准答案等，供学习者研究参考。1932年12月在上海创刊的《第二江南学志》由东亚同文书院学艺部刊发，呈现出纯文学和政治观点鲜明的多样化形态。满铁社社歌的作者即伪满洲国文艺界的翻译家大内隆雄（第25期生）当学生时曾在内山书店与鲁迅、郁达夫、田汉等交流，这些在该杂志上均有记载。《第二江南学志》停刊后，《江南学志》1933年6月在上海创刊。

东亚同文书院刊物所载文章，涉及当时中国政治经济和社会生活等各个方面，反映传统日本汉学到近代中国学的转型过程。作者大都有一定的学术和政治背景，对于研究近代中国具有独特的价值。其中有关日本军国主义的"大东亚共荣圈"计划，涉及中国、朝鲜和越南等诸国利害，为研究中日关系及东南亚各国关系提供了重要参考资料，也为研究东亚同文书院及同文会提供了重要史料。

四、同文书院文献归宿

日本投降以前，东亚同文书院图书馆藏书量居日本在上海办的三大图书馆之首。据日本沪友会编的《东亚同文书院大学史》记载，1945年移交给汪伪政府的图书有 255 084 册。中央图书馆是南京图书馆的前身，抗战时期西迁重庆，抗战胜利后回到南京。1946年东亚同文书院大部分图书档案被南京政府接收，后移交给南京中央图书馆。据《南京图书馆志》记述，中央图书馆回南京后"奉命接收了上海同文书院10万余册图书"。存放在书院图书馆的资料与泽存书库等文献一起被转往南京中央图书馆，存放在成贤街书库内。据南京图书馆《接收上海日本东亚同文书院图书清册》，计6237种93 754册，其中又以中国方志及舆图为重点。

1954年南京中央图书馆从国立图书馆改为省图书馆，文化部下通知命北京图书馆派干部南下选书，同年5月北京图书馆与南京图书馆共同拟定了《北京图书馆选提南京图书馆藏书计划草案》，东亚同文书院资料即在该选书范围之内。提书工作于1955年2月结束，北京图书馆经办人是杨殿珣。[1]1954年中科院图书馆也曾派访书工作组前往江浙采书，在采书记录中提到"北京图

---

① 卢子博：《南京图书馆志》，南京：南京出版社，1996年，第99页。

书馆派了七八人至（南京）成贤街、长江路、铜井巷各库工作了两个多月，提取中外文书约九百箱，以同文书院日文书、伪政府各机关中文书为主"。"看到业已选定尚未装箱的书籍中，有同文书院历届毕业生在中国各省进行特务活动的日记、报告等手稿、印本数千册，这是最有价值的一部

老北京图书馆柏林寺分馆

分。"被北京图书馆先行挑走的这批同文书院的大旅行日记及报告等手稿，让中科院图书馆的同行们"垂涎三尺"。①北京图书馆选提的同文书院资料暂存在柏林寺分馆的书库内，直到1987年白石桥新馆落成后渐次移送至书库中。

1938年，上海同文书院租借上海交通大学校舍，图书馆也在其中。抗战胜利后图书馆藏书移交南京中央图书馆，但尚留有部分图书和档案依旧存于交通大学内。1959年，这些档案随校迁至西安，在西安交通大学档案馆保存至今。这些档案包括照片及少量文书档案，文书档案里又以《日立上海东亚同文书院大学交接书》较为引人注目，可从中了解同文书院的藏书情况。②

东亚同文书院提交到日本军部的大旅行报告等资料被美军运至美国。剩余部分资料则由霞山会转移至东京，后移至爱知大学。

1946年从上海撤回的东亚同文书院最后一任校长本间喜一和书院大学小

---

① 莫晓霞：《访书旧事——兼谈近代三个侵华文化机构藏书的流散》，《国家图书馆学刊》2017年第3期。

② 张小亚：《西安交通大学所藏日本东亚同文书院档案》，《历史档案》2014年第4期。

岩井净教授提议，以东亚同文书院大学遗留的人员和资产为基础创立爱知大学，得到13名书院大学教授赞同和书院大学学生的积极回应，于是联合了从韩国京城帝国大学、中国台北帝国大学撤回的教员和学生共同组建了爱知大学。该学校的资产形式上归大学的教职员集体所有。本间喜一从上海撤回时，把东亚同文书院的大学"学籍簿"等重要资料带回日本，现保存在丰桥校区教务科的保险柜里。1916年至1935年间，同文书院学生大旅行日志及报告原件，以日文草书写就，共装订为707册，现存于爱知大学丰桥校区图书馆。

中国社科院研究员房建昌先生1982年在北京图书馆柏林寺分馆发现了这批东亚同文书院的文献后，历经十年翻阅考察，就北图所藏同文书院的旅行日志和调查报告等做了详尽的分析。①日本爱知大学于2001年翻译并出版房建昌先生提供的"1936—1943年东亚同文书院大旅行日志、报告目录"②，据说，日方知道北京图书馆藏东亚同文书院历史资料就始于房建昌所著目录在日本的出版。

1997年4月，日本爱知大学正式成立了"现代中国学部"，这是日本国内第一个以"中国"命名的院系。以研究古代中国为主要内容的"汉学研究"在日本源远流长，建立一个以现代中国为主要研究对象的研究体系，是爱知大学成立现代中国系的根本动机。

2008年，日本爱知大学利用文部省的资金，完成了东亚同文书院及东亚同文会刊行杂志纪事数据，主要对收藏在爱知大学图书馆内的东亚同文书院相关刊行杂志进行了整理，并制作了收录文献的电子数据，在互联网上公布并可检索。

---

① 房建昌：《上海东亚同文书院（大学）档案的发现及价值》，《档案与史学》1998年第5期。

② 房建昌：《北京国家图書館所藏東亜同文書院1938—43年書院生夏期旅行調查報告書および日誌目録》，《同文书院纪念版》，2001年第8卷。

中国国家图书馆出版社于2016年10月，以馆藏的千余种调查手稿作为底本，首次公开发行了冯天瑜教授担任主编的《东亚同文书院中国调查手稿丛刊》。全书250卷，收录了从1927年第24期生至1943年第40期生撰写的约1000本旅行日志手稿和800余本调查报告手稿影印件。

宫崎市定研究之回顾与评述①

郭珊伶

摘要： 宫崎市定乃日本东洋史学之京都学派的第二代史家。其学虽以中国史研究为基，但却旨在构建一种新的"世界史体系"，学术风格独特而鲜明。纵观学界对宫崎市定学术活动及其著述研究的把握与评价，以2000年前后为界（宫崎于1995年逝世）可以发现：前期对其多以书评、悼文及译著等介绍性论述为主；后期对其的研究则渐趋深化且向多元化方向发展，对宫崎史学的重要观点、其人及其史观皆有批判性和思想性等方面的诸多分析，还揭露出宫崎史学内部暗含的意识形态等隐形特质。由于宫崎学术体大思精，深入探寻宫崎的学术特质且给予恰当的学术史定位，仍有不少待发之覆，需要我们进一步做出努力。

关键词： 宫崎市定；学术研究；回顾；评述

宫崎市定（Miyazaki Ichisada，1901—1995），乃日本东洋史学之京都学派的第二代史家。他继承和发展了桑原隲藏、内藤湖南等开创的京都东洋史学的学风，著有泱泱大作二十五卷本，学术成果浩如烟海，曾获有"汉学诺贝尔奖"之称的儒莲奖（1978）、日本学士院奖（1958）和文化功劳奖

---

① 本文在写作过程中得到了首都师范大学王广生老师的指导和修订，特此感谢！

（1983）等。他所提出的"中国古代都市国家论""宋代文艺复兴论"等重要观点，至今仍对东亚史研究极具启发意义。

宫崎市定于明治三十四年（1901）出生在长野县东北地区千曲川左岸下水内郡秋津村（今饭山市）的静间；1922年进入京都大学东洋史学科，师从东洋史学京都学派的创始人内藤湖南和桑原隲藏研习东洋史；从京大毕业后担任高中教师，并作为一年志愿兵进入宇都宫辎重兵第十四大队；后任教于京都大学东洋史学科。1937—1938年，宫崎市定作为日本代表出席在罗马尼亚布加勒斯特召开的国际人类学先史考古学会，其间游历西亚各国，这对他形成"历史必然是世界史""站在世界史体系中构建历史"的世界史视野产生了极其重要的影响。1960年以后，宫崎多次受邀前往欧美担任各大学的客座教授，受欧美各学说的影响而得"景气史观"，并将其运用于构建完整而联动的世界史体系。①

宫崎市定的学术研究和学术活动，受学界的关注较早。笔者将学界对宫崎史学的评价、著述之译介以及研究，以宫崎离世前后为界分为两个时期：

---

① 关于宫崎市定学术生涯的分期，可参考砺波护的观点："七十年的著述活动大约分为三个时期。第一个时期是1925年至1945年（昭和二十年）夏日本战败为止的二十年，第二时期是战败到1965年（昭和四十年）春自京都大学退休的二十年，第三时期是之后悠然自适、直到去世的三十年。"（砺波护：《宫崎市定的生涯》，载宫崎市定著，焦堃、瞿柘如译：《宫崎市定中国史》，杭州：浙江人民出版社，2015年，第3页）吕超的观点："宫崎市定的生涯大致可分为四个时期。第一时期是1901年到1921年在家乡长野度过小学和中学这一人生最初二十年。第二时期是从1922年进入京都大学东洋史学科到1938年法国留学归来。第三时期是自1938年从巴黎留学归来正式执教于京都大学至1965年退休。第四时期是1965年从京都大学退休直至离世的三十年。"（吕超：《宫崎市定东洋史观的形成——青壮年期的经历及其影响》，《国际汉学》2017年第1期，第82页）以及王广生在参照砺波护等已有观点的基础上，将宫崎史学的早熟性和稳定性特点、战争期间宫崎市定的学术活动、宫崎市定的学术影响力和地位等因素加以商酌，提出宫崎市定学术生涯新的四期划分法："第一期是1901—1926年的少年求学期，第二期是1927—1949年的青年教授期，第三期是1950—1965年的学界领袖期，第四期是1966—1995年的老而弥坚期。"（王广生：《宫崎市定学术分期新论》，《中华读书报》2021年12月15日，第19版）

前期以学界对其观点的批判、介绍，高足、友人对其人的追忆缅怀为主；后期以对宫崎史学多角度、宽视野的研究评述为主。需要注意的是，中国学界虽也参照此分期，但略晚于日本学界，且由于日本东洋史学学科性质的特殊性，中国学界在前期和后期都始终以译介宫崎市定的主要学术论作和著述为主，后期研究性著作与论文渐多，且呈后起炽烈之势。

一、宫崎史学研究之滥觞

在宫崎史学研究的前期，学界对宫崎史学的研究呈现出两大特点，一是惯于从京都学派与东京学派的论战着手，在两大学派的比较中为京都学派群体定性，进而从群体透视宫崎史学在东洋史学中的地位和影响；二是多书评、悼文、译著等散作，此阶段的研究较为分散，且均以介绍性论述为主。

20世纪40年代末至70年代初，日本东京学派和京都学派围绕中国史研究的相关问题展开激烈论战，涉及问题包括中国史的时代区分、秦汉帝国的形成与性质、六朝贵族制与共同体、唐代均田制的渊源和实施、宋代的庄园制与佃户制、明清乡绅阶层的形成与特权以及中国社会的近代化进程等。[①]此次论战的起因在于继承或批判内藤湖南关于中国史的时代区分论。[②]宫崎市

---

① 刘俊文：《中国史研究的学派与论争》（中），《文史知识》1992年第5期，第64页。

② 内藤将东洋史划分为四个时期和两个过渡期。第一期为上古时代，即远古至后汉中期，进而又分为前后两期，前期为中国文化的形成期，后期为中国文化向外部发展，形成所谓的东洋史的时期。随后为第一个过渡期，即后汉后半期至西晋，为中国文化暂时向外发展的时期。第二期为中世，即五胡十六国至唐中叶，此时段是外部势力觉醒并反作用于中国内部的时代。第二过渡期为唐末至五代，外部势力在中国达到顶峰。第三期是近世前期，为宋元时代。第四期是近世后期，即明清时代。详见内藤湖南：『支那上古史』，载神田喜一郎·内藤乾吉编：『内藤湖南全集』第10卷，東京：筑摩書房，1969年，第10—12頁。

定在内藤学说的基础上，将中国史放置在世界史体系中，从国家形态、制度史、经济史等角度，进一步将古代定义为太古至东汉末，历经氏族部落、都市国家、领土国家、古代帝国四个阶段；中世为三国至唐末五代，实行贵族制度、全民皆兵制以及庄园经济，具有较强的分裂割据倾向；近世为宋代至明清，庄园农奴制转变为佃户制，其本质是佃农与地主间对等的契约关系；最近世为鸦片战争或民国以后。①这一系列学术观点遭到历史学研究会各方的批判。如前田直典批判宫崎在全民皆兵、豪族为官僚两点上未说明古代和中世在本质上的差异，并认为豪族并非以农奴从事耕作，而是奴隶或半奴隶。②仁井田陞反驳宫崎之观点，认为将佃户理解为人和奴隶中间的身份阶层的"部曲"来类推解释也是适用的，部曲和奴隶一样没有居住转移的自由，而是隶属于主人，有明显的"主仆之分"，③并指责宫崎使用的"隶农""契约""不法行为"等词用法错误，不合乎法学规范。但同为东大法学教授的滋贺秀三大致认同宫崎的观点，并认为宫崎所使用的词句合乎法学常识，相反，仁井田陞博士却有强词夺理之嫌。④堀敏一认为地主与佃户签订的契约都是地主对佃户单方面的条款，而地主一方却不受任何制约，可以自由苛待佃户、解除契约或收回土地，因而双方并非对等关系。⑤这些观点实际上是借批驳或赞同宫崎"古代社会的下限为汉末""宋代为近世"的论述而阐明自身对中国史时代区分的观点。学界对此次论战已有较为成熟的相关研究，西嶋

① 宫崎市定：『中国史』，载宫崎市定编：『宫崎市定全集』第 1 卷，東京：岩波书店，1993年，第37頁。

② 前田直典：《古代东亚的终结》，载刘俊文主编、黄约瑟译：《日本学者研究中国史论著选译》第一卷，北京：中华书局，1992年，第141—143页。

③ 仁井田陞：『支那身分法史』，東京：東方文化学院，1942年，第870頁。

④ 参见滋贺秀三：『仁井田陞博士の「中国法制史研究」を読みて』，『国家学会雑誌』1966年第80卷第1・2号。转引自宫崎市定：『部曲から佃戸へ』，载宫崎市定编：『宫崎市定全集』第11卷，東京：岩波书店，1992年，第77頁。

⑤ 堀敏一著，邹双双译：《中国通史：问题史试探》，北京：社会科学文献出版社，2015年，第300页。

定生和铃木俊将此次论战汇编成书。①中国学界的学术成果也极为丰富②，而从论战中考察并把握宫崎史学的重要学术观点，也不失为一个颇具启发性的研究视角。

　　宫崎在七十年的著述生涯中，著作等身，博古通今，为其撰述书评之人接连不断，如德山正人对《科举》③的书评④，守屋美都雄、河地重造、越智重明、木嶋孝文对《九品官人法研究——科举前史》⑤的书评⑥，滨口重国⑦对《亚洲史研究第一》⑧、山田宪太郎对《亚洲史研究第二》⑨的书评⑩，小

———————————

　　①　鈴木俊・西嶋定生 編：『中国史の時代区分』，東京：東京大学出版会，1957年。
　　②　主要强调的是宫崎市定对内藤湖南中国史时代区分论在社会经济史和世界史立场方面的继承和发展，具有代表性意义的著作及论文有台湾学者高明士的《战后日本的中国史研究》（台北：明文书局，1982年），邱添生的《近代日本的中国史研究——以时代区分论为中心（《国立台湾师范大学历史学报》1991年第19期），刘俊文的《中国史研究的学派与论争（上、中、下、续）》（《文史知识》1992年第4、5、7、8期），张其凡的《关于"唐宋变革期"学说的介绍与思考》（《暨南学报（哲学社会科学版）》2001年第1期），李华瑞《20世纪中日"唐宋变革"观研究述评》（《史学理论研究》2003年第4期）等。
　　③　宫崎市定：『科挙』，大阪：秋田屋，1946年。
　　④　德山正人：『書評 宫崎市定著「科挙」』，『史潮』1949年第42号，第107—108頁。
　　⑤　宫崎市定：『九品官人法の研究：科挙前史』，京都：東洋史研究会，1956年。
　　⑥　守屋美都雄：『書評 宫崎市定著「九品官人法の研究」』，『東洋史研究』1956年第15卷第2号，第83—91頁。河地重造：『書評 宫崎市定著「九品官人法の研究——科挙前史」』，『史学雑誌』1957年第66卷第2号，第68—74頁。越智重明：『書評 宫崎市定著「九品官人法の研究——科挙前史」』，『歴史学研究』1957年第205号，第33—35，37頁。木嶋孝文：『書評 宫崎市定著「九品官人法の研究——科挙前史」』，『大谷史学』1957年第6号，第77—79頁。
　　⑦　浜口重国：『書評 宫崎市定著「アジア史研究第1」』，『東洋史研究』1958年第17卷第2号。
　　⑧　宫崎市定：『アジア史研究 第1』，京都：東洋史研究会，1957年。
　　⑨　宫崎市定：『アジア史研究 第2』，京都：東洋史研究会，1959年。
　　⑩　山田憲太郎：『書評 宫崎市定著「アジア史研究 第2」』，『東洋史研究』1960年第19卷第1号。

仓芳彦对《论语的新研究》①的书评②，小畑龙雄、安冈章太郎对《亚洲史论考》③的书评④，以及胜藤猛对《中国史》、《大唐帝国——中国的中世》和《中国政治论集》的书评⑤等。除此之外，还有时野谷滋对日唐朝官位制度⑥、小岛晋治对太平天国⑦的介绍性研究等。

另在《宫崎市定全集》随刊的《月报》中登载宫崎市定的高足后学关于其人或其史学的文章，如京都大学名誉教授岛田虔次的《宫崎史学的系谱论》⑧整体论述了东洋史学京都学派的派系发展，主要分析宫崎市定对狩野直喜、内藤湖南、桑原隲藏的继承性和开创性，认为宫崎史学受桑原史学的影响最大。信州大学教授后藤延子的《关于宫崎史学的思考》⑨，从整体上论

① 宫崎市定：『論語の新研究』，東京：岩波書店，1974年。

② 小倉芳彦：『書評 宫崎市定著「論語の新研究」』，『東洋史研究』1975年第33卷第4号，第677—682頁。

③ 宫崎市定：『宫崎市定アジア史論考上・中・下』，東京：朝日新聞社，1976年。

④ 小畑竜雄：『書評 宫崎市定「アジア史論考」』，『立命館文學』1976年第375、376号，第1027—1031頁。安岡章太郎：『世界史としてのアジア史——「宫崎市定 アジア史論考」上・中・下（思想と潮流）』，『朝日ジャーナル』1976年第18卷第41号，第57—59頁。

⑤ 勝藤猛：『「中国史（上）」宫崎市定』，『大阪外国語大学学報』1987年第74卷第3号，第119—131頁。勝藤猛：『「中国史（下）」宫崎市定』，『大阪外国語大学学報』1987年第75卷第3号，第155—168頁。勝藤猛：『「大唐帝国——中国の中世」宫崎市定』，『大阪外国語大学論集』1990年第4号，第303—308頁。勝藤猛：『「中国政治論集」宫崎市定』，『大阪外国語大学論集』1993年第8号，第255—261頁。

⑥ 時野谷滋：『宫崎市定博士の日唐韓冠位制度の研究について』，『日本上古史研究』1960年第40号，第68—71頁。

⑦ 小島晋治：『太平天国と農民（上）——宫崎市定教授の所説に寄せて』，『史潮』1966年第93号，第44—77頁；小島晋治：『宫崎市定氏の「太平天国の性質について」について』，『歴史評論』1966年第191号，第21—25，37頁。

⑧ 島田虔次：『宫崎史学の系譜論』，載『宫崎市定全集』第24卷『月報』25，東京：岩波書店，1994年，第1—7頁。

⑨ 後藤延子：『宫崎史学について思うこと』，載『宫崎市定全集』第16卷『月報』22，東京：岩波書店，1993年，第4—8頁。

述了宫崎史学的六个方面："历史就是世界史"的整体史观，用比较史的视角解释中国史；站在通史的立场，注重历史的连续性、回归性；具有极强的实证性，着眼于以"景气变动"为中心展开的历史；将历史学与地理学密切关联，形成历史空间的视点；灵活运用中国古典文献，注重史料互证方法；论述浅显易懂，深入浅出。关西大学名誉教授藤本胜次①、伊东俊太郎②、法政大学教授田中优子③等均关注宫崎在世界史视野下的时代区分论，尤其赞同其利用比较文明的理论构建东洋、西亚及西洋三大地域联动的世界史体系。1995年，宫崎逝世，其同僚友人和高足撰写大量追忆性的文章，如荒木敏一、池田温、狩野直祯、谷川道雄、柳田节子等65人的《〈宫崎市定博士追悼录〉追悼记事》④，由砺波护主持，佐伯富、岛田虔次、岩见宏、寺田隆信、间野英二出席的"宫崎市定博士先学座谈会"⑤，梳理宫崎自学生时代起的学术生涯，呈现出一位生动立体的史学大家的形象。另有坪内祐三⑥、山内昌之⑦、石川忠司⑧等诸位学者对宫崎市定的世界史视野和方法等进行了

① 藤本勝次：『古い「コーラン」の写本』，载『宫崎市定全集』第20卷『月報』14，東京：岩波書店，1992年，第1—5頁。

② 伊東俊太郎：『非ヨーロッパ史における「近世」と「近代」』，载『宫崎市定全集』第17卷『月報』19，東京：岩波書店，1993年，第1—5頁。

③ 田中優子：『巨大なる連鎖への導き手』，载『宫崎市定全集』第22卷『月報』11，東京：岩波書店，1992年，第1—4頁。

④ 『「宫崎市定博士追悼録」追悼記事』，『東洋史研究』1996年第54卷第4号，第1—74頁。

⑤ 佐伯富・島田虔次ほか：『座談會 先學を語る——宫崎市定博士』，『東方學』2000年第100卷，第315—347頁。

⑥ 坪内祐三：『戦後論壇の巨人たち–18–宫崎市定——現実を眺める歴史家の眼差し』，『諸君！：日本を元気にするオピニオン雑誌』1997年第29卷第12号，第272—273頁。

⑦ 山内昌之：『歴史の交差点——宫崎市定から「歴史の対立法」へ』，『週刊ダイヤモンド』1998年第86卷第12号，第162—163頁。

⑧ 石川忠司：『宫崎市定「世界史」そのものと化す、無敵の歴史学（特集 読み継がれよ20世紀日本）』，『文學界』2001年第55卷第1号，第234—237頁。

评介。

可以看出，在日本学界，2000年左右以前的宫崎史学的相关研究均以批评介绍、追忆缅怀、称颂赞扬为主，涉及的角度和视野极广，如宫崎市定的世界史立场、东西交通史观、时代区分论、史学比较的方法、实证主义思想等，为我们了解宫崎史学的整体性提供了较为全面的文字材料。

同时，自20世纪60年代以来，宫崎市定的著作陆续被翻译成中外文书籍出版，最早是1962年刘永新、韩润棠的译本《东洋朴素主义的民族和文明主义的社会》①，其中部分收入中国科学院近代史研究所资料编译组编译《外国资产阶级是怎样看待中国历史的——资本主义国家反动学者研究中国近代历史的论著选译（第二卷）》（内部读物），旨在为"研究和批判资产阶级学术思想的同志，提供反面的参考资料进行兴无灭资的斗争"②。次年，由中国科学院历史研究所翻译组编译的《宫崎市定论文选集》③共收入了《中国古代史概论》《九品官人法的研究（节译）》等26篇与中国史相关的文章，全书共45万字，编者的前言是当时常用的极"左"的言辞，以"反动史学家"称之，封面标识为"内部读物"，足见当时中国学界上层对宫崎史学的重视程度之高。1964年，韩润棠、张廷兰、王维平编译以宫崎市定为主要写手、由日本东亚研究所编著的《异民族统治中国史》④。随后，《科举》被译为英语

---

① 宫崎市定著，刘永新、韩润棠译：《东洋朴素主义的民族和文明主义的社会》，北京：商务印书馆，1962年。

② 中国科学院近代史研究所资料编译组编译：《外国资产阶级是怎样看待中国历史的——资本主义国家反动学者研究中国近代历史的论著选译》（内部读物），北京：商务印书馆，1961—1962年。

③ 中国科学院历史研究所翻译组编译：《宫崎市定论文选集》（上、下），北京：商务印书馆，1963、1965年。

④ 东亚研究所编著，韩润棠等编译，孙毓棠校订：《异民族统治中国史》，北京：商务印书馆，1964年。

版①、意大利语版②，并传播至海外。

1992年，《日本学者研究中国史论著选译》③首次全面系统地介绍日本学者研究中国史的成果，收入宫崎《东洋的近世》《晋武帝户调式研究》《唐代赋役制度新考》《从部曲走向佃户》《王安石的吏士合一政策》《宋元时代的法制和审判机构》《明代苏松地方的士大夫和民众》《清代的胥吏和幕友》《条支、大秦和西海》等文章，将宫崎市定放置在明治以后日本东洋史学的大背景中，从群像透视个人，可窥得其研究领域、研究方法、研究时段和史学思想在不同学派和学术风格中的异同及地位。进入21世纪后，中国学界呈现出明显的宫崎市定译著"出版热"趋向，如韩昇、刘建英的译著《九品官人法研究》④，焦堃、瞿柘如译《宫崎市定中国史》⑤，孙晓莹译《雍正帝：中国的独裁君主》⑥，谢辰译《亚洲史概说》⑦，林千早译《宫崎市定人物论》⑧相继出版。随后南京大学张学锋教授等翻译系列著作《宫崎市定亚洲史论考》《宫崎市定亚洲史论考杂纂》《东洋的近世》《中国的历史思想》《日出之国与日没之处》《从部曲到佃户：唐宋间社会变革的一个侧面》及

---

① Ichisada Miyazaki, *China's examination hell: the civil service examinations of Imperial China*. Translated by Conrad Schirokauer. New Haven：Yale University Press，1976.

② Ichisada Miyazaki, *L'inferno degli esami: studenti mandarini e fantasmi nella Cina imperial*. a cura di Alessandro Russo. Torino：B. Boringhieri，1988.

③ 刘俊文编：《日本学者研究中国史论著选译》（十卷本），北京：中华书局，1992—1993年。

④ 宫崎市定著，韩昇、刘建英译：《九品官人法研究》，北京：中华书局，2008年。

⑤ 宫崎市定著，焦堃、瞿柘如译：《宫崎市定中国史》，杭州：浙江人民出版社，2015年。

⑥ 宫崎市定著，孙晓莹译：《雍正帝：中国的独裁君主》，北京：社会科学文献出版社，2016年。

⑦ 宫崎市定著，谢辰译：《亚洲史概说》，北京：民主与建设出版社，2017年。

⑧ 宫崎市定著，林千早译：《宫崎市定人物论》，杭州：浙江人民出版社，2018年。

《中国聚落形态的变迁》等。①另有中信出版社相继出版《宫崎市定解读〈史记〉》《东洋的古代：从都市国家到秦汉帝国》《谜一般的七支刀：五世纪的东亚与日本》等。②启真馆出品宫崎市定的《科举》《水浒传：虚构中的史实》《隋炀帝》以及《大唐帝国：中国的中世》系列作品。③由此可见，中国学界近年来对宫崎的著作翻译繁多，体现了对宫崎史学的关注。

二、多元化的宫崎史学研究

在宫崎史学研究的后期，学界逐渐由介绍性论述转向批判性、思想性分析，主要从以下方面展开。其一，从东洋史学的发展脉络或东洋史学京都学派的治学理念、学术特性、学派内部的传承性等方面，将宫崎作为承袭内藤湖南和桑原隲藏的二代学者为其史学研究定性。其二，将宫崎市定的主要学

---

①　宫崎市定著，张学锋、马云超译：《宫崎市定亚洲史论考》，上海：上海古籍出版社，2017年；宫崎市定著，马云超、张学锋译：《宫崎市定亚洲史论考杂纂》，上海：上海古籍出版社，2018年；宫崎市定著，张学锋译：《东洋的近世》，上海：上海古籍出版社，2018年；宫崎市定著，张学锋、尤东进等译：《中国的历史思想：宫崎市定论中国史》，上海：上海古籍出版社，2018年；宫崎市定著，张学锋、马云超译：《日出之国与日没之处》，上海：上海古籍出版社，2018年；宫崎市定著，张学锋译：《从部曲到佃户：唐宋间社会变革的一个侧面》，上海：上海古籍出版社，2018年；宫崎市定著，张学锋、马云超等译：《中国聚落形态的变迁》，上海：上海古籍出版社，2018年。

②　宫崎市定著，马云超译：《宫崎市定解读〈史记〉》，北京：中信出版社，2018年；宫崎市定著，马云超、张学锋等译：《东洋的古代：从都市国家到秦汉帝国》，北京：中信出版社，2018年；宫崎市定著，马云超译：《谜一般的七支刀：五世纪的东亚与日本》，北京：中信出版社，2018年。

③　宫崎市定著，宋宇航译：《科举》，杭州：浙江大学出版社，2018年；宫崎市定著，赵力杰译：《水浒传：虚构中的史实》，杭州：浙江大学出版社，2020年；宫崎市定著，李弘喆译：《隋炀帝》，杭州：浙江大学出版社，2020年；宫崎市定著，廖明飞、胡珍子译：《大唐帝国：中国的中世》，杭州：浙江大学出版社，2021年。

术观点作为该领域学术史的一个节点进行研究。其三，研究宫崎市定其人及其史学方法和史学思想。

第一，由于宫崎市定师从东洋史学京都学派的开创者内藤湖南和桑原隲藏，作为择其优长的二代学者，宫崎便成为东洋史学系谱不可不言之人。因此，江上波夫、砺波护、竹田笃司和窪寺纮一等学者均在通论性著作中提及宫崎市定的主要学术观点和师承关系。①而在中国学界，严绍璗、李庆、钱婉约、刘正、连清吉等学者则从日本汉学的发展脉络中缕析东洋史学京都学派的成立及特征，并简要介绍了宫崎市定的生涯、主要观点和学问特色。②此外，谷川道雄、李济沧的《日本京都学派的中国史论——以内藤湖南和宫崎市定为中心》③分别对内藤湖南与宫崎市定的史学思想进行论述，并强调宫崎对内藤学说的继承。

第二，由于宫崎史学涉猎极广，学界的研究大多将其作为某领域学术史的一个节点，如对"都市国家论"、"宋代近世说"、九品官人法和科举的研究，《论语》研究，"二元对立论"以及"倭寇论"等论述的批判性、反思性研究。其中，关于宫崎的"都市国家论"，日本秦汉史学会前会长池田雄一列举对该观点赞同与批判的学者，并利用出土的睡地虎秦简，考证中国

① 江上波夫：『東洋史の系譜』，東京：大修館書店，1992—1994年；礪波護・藤井讓治編：『京大東洋学の百年』，京都：京都大学学術出版会，2002年；礪波護編：『京洛の学風』，東京：中央公論新社，2001年；竹田篤司：『物語「京都学派」』，東京：中央公論新社，2001年；窪寺紘一：『東洋学事始：那珂通世とその時代』，東京：平凡社，2009年。

② 严绍璗：《日本中国学史》，南昌：江西人民出版社，1991年；钱婉约：《从汉学到中国学——近代日本的中国研究》，北京：中华书局，2007年；李庆：《日本汉学史》，上海：上海人民出版社，2010年；刘正：《京都学派》，北京：中华书局，2009年；连清吉：《日本京都中国学与东亚文化》，台北：学生书局，2010年。

③ 谷川道雄、李济沧：《日本京都学派的中国史论——以内藤湖南和宫崎市定为中心》，《史学理论与史学史学刊》2003年卷。

古代是以自然村为形成基础而并非都市国家。①另有王彦辉教授从两个方面进行驳论：针对宫崎市定的论证过程，即用大量文献及考古资料论证"汉代的乡、聚、亭都筑有城郭"这一观点的不完全性；对比"公民平等"的城市国家与"依靠强制力量统一社会群体"的中国古代社会，反对宫崎提出的"秦汉各区域形成松散简单的集合形式，体现出'城市国家'的聚落形态"这一观点。②井上文则从宫崎的"都市国家论"分析其与西洋古代史研究的关系，论证"都市国家论"为宫崎世界史体系不可分割的一部分，并在此基础上阐释日本西洋古代史研究如何理解"都市国家论"。③

就宫崎的"宋代近世说"，学界通常将其放置于内藤湖南学说的延长线上，严绍璗的《日本中国学史稿》论述宋代生产关系变动具体表现在以唐代"部曲"为主的庄园劳动变成宋代以佃户为主的庄园劳动。④李济沧从内藤和宫崎的时代区分论入手，探讨宫崎理论框架的特点以及"宋朝近世论"提出的意义。⑤同时对"宋代近世说"提出批判的有钱婉约《从汉学到中国学——近代日本的中国研究》、刘正《京都学派汉学史稿》，认为宫崎从朴素主义与文明主义的对立视角宣扬了"中国文明停滞论"，是在学术外表下为日本

---

① 池田雄一提出，所持观点相似的学者有贝塚茂树、木村正雄、日比野丈夫和西嶋定生；对该观点持否定态度的学者有加藤繁等人。参见池田雄一：『中国古代の聚落と地方行政』，東京：汲古書院，2002年（见池田雄一著，郑威译：《中国古代的聚落与地方行政》，上海：复旦大学出版社，2017年，第7页）。池田雄一著，郑威译：《从出土简牍出发挑战"都市国家论"》，《文汇报》2017年11月。

② 王彦辉：《早期国家理论与秦汉聚落形态研究——兼议宫崎市定的"中国都市国家论"》，《中国社会科学》2014年第6期。

③ 井上文则：『宫崎市定と西洋古代史研究』，『西洋古代史研究』2015年第15号，第1—18页。

④ 严绍璗：《日本中国学史稿》，北京：学苑出版社，2009年，第471—472页。

⑤ 李济沧：《"宋朝近世论"与中国历史的逻辑把握》，《中国经济史研究》2017年第5期。

侵略战争寻找所谓合理解释的政治性言论。①另有罗祎楠从史学史视野探讨日本学者内藤湖南与宫崎市定到美国学者郝若贝（Hartwell）所构建的唐宋变革理论模式变化，认为唐宋变革理论的产生根源于20世纪初现代化浪潮中人们对中国历史中现代性的反思——这种反思的根本特点是中西现代化进程的比较，实际是在用西方的理念、历史、文化来研究中国问题，这也就决定了唐宋变革论本身无论如何发展，必将受到理论创建者所处的学术背景的影响。②

在科举及九品官人法相关的研究方面，韩昇在简述宫崎市定的生涯及师承关系后，阐述宫崎市定的九品官人法研究与前人相较的创新点，突出其实证、比较、反思等史学方法。③吴光辉、张凌云则认为宫崎市定的科举评价尽管强调要还原到中国自身的立场，且必须公正地评价科举制度，但也潜藏了以中国为工具来论述现代日本合理性的根本意图。④对于宫崎《论语》研究的相关评述，吴鹏通过分析武内义雄《论语之研究》和宫崎市定《论语之新研究》，阐释日本近代中国学的特色。⑤张士杰从史学与语言学两个维度考察宫崎市定《论语之新研究》中的得失，认为一方面宫崎对《论语》的疑难讹误之处以怀疑和考证的有机结合之法提出了一些颇有见地的看法，极富启发意义，但另一方面，由于怀疑过甚、一叶障目、考证不力及未能读透原文，而有矫枉过正、错判无辜之嫌。⑥另有吕超将宫崎的《论语》研究置于日本近

① 《从汉学到中国学——近代日本的中国研究》，第241—243页；《京都学派汉学史稿》，第259—262页。

② 罗祎楠：《模式及其变迁——史学史视野中的唐宋变革问题》，《中国文化研究》2003年夏之卷。

③ 韩昇：《宫崎市定和〈九品官人法的研究〉》，《学术研究》2007年第9期。

④ 吴光辉、张凌云：《宫崎史学与科举评价——以〈科举史〉为中心》，《厦门大学学报》2014年第6期。

⑤ 吴鹏：《武内义雄、宫崎市定：日本近代〈论语〉研究备忘录》，《南开日本研究》2011年卷。

⑥ 张士杰：《宫崎市定〈论语〉研究的特质》，《国际中国文学研究丛刊》2017年第五集。

代《论语》诠释的脉络中，厘清宫崎采用史学的研究路径去"溯本清源"，主张以客观实证、整体贯通的文献学研究方法来还孔子和《论语》以本来面貌的过程，并在与吉川幸次郎和贝塚茂树的比较中明晰宫崎解读《论语》之特色。①

关于"二元对立论"②，钱婉约强调该论说旨在宣扬"中国文明停滞论"，与日本当时的政治语境具有密不可分的关系，是为侵略战争提供理论依据的学术论调。③吕超在分析其形成的过程中，强调其中与伊本·赫勒敦《历史绪论》之间的学术渊源，并揭露宫崎在学术外表下寻找历史依据来合理化日本侵略战争的时代性和政治性。④王锐主要分析在内藤湖南学说下成长起来的宫崎市定以"素朴主义与文明主义"的二元对立理论解释东洋史的发展历程，认为"二元对立论"与其说代表了一种分析中国历史的视角，不如说体现出宫崎对于日本称雄东亚的某种幻觉，⑤但同时宫崎也以其批判性精神和他者意识的史学研究实践为中国文明的研究提供了新的途径和思路。⑥而关于近年的"倭寇论"研究，郭尔雅解析宫崎"去寇化"的倭寇观，认为其无视朝贡体制，有意抹去"寇"的负面意义，并援引郑舜功的《日本一鉴》为

---

① 吕超：《宫崎市定的〈论语〉研究》，载吕超：《世界史图景中的中国形象：宫崎市定研究》"附论二"，北京：人民出版社，2021年，第245—283页。

② 是指宫崎市定认为"历史是朴素鄙俗的边疆民族与精英凝练的中央文明之间角逐所形成的产物"，参见宫崎市定：『東洋における素朴主義の民族と文明主義の社会』，東京：富山房，1940年，载宫崎市定：『宫崎市定全集』第2卷，東京：岩波書店，1992年，第7—10頁。

③ 《从汉学到中国学——近代日本的中国研究》，第241—243页。

④ 吕超：《宫崎市定中国史研究中的"二元对立论"》，《国际汉学》2021年第1期。

⑤ 王锐：《"文明主义"：宫崎市定的中国观》，《读书》2021年第4期，第166页。

⑥ 王锐：《何谓从周边看中国：以宫崎市定和白永瑞为例》，《知识分子论丛》2018年第1期。

倭寇开脱的相关论述是基于国家主义立场对历史的背离。[1]王锐在对宫崎倭寇论的历时性分析中，强调其史学思想与近代日本右翼思潮间的紧密联系，并认为他于战前至晚年仍主张一贯的殖民主义立场，呼吁人们在阅读其著述时应保持警醒。[2]

第三，关于宫崎市定其人和其史学方法及史学思想的研究主要围绕宫崎市定的生涯、东西交通史观及世界史观等方面。由于历史学家也是一种社会现象，不仅是其所属社会的产物，而且是那个社会自觉或不自觉的代言人，他在历史进程中所处的地位就决定他观察过去时所采取的观点。[3]这意味着分析历史学家所处社会的政治语境和学术生涯本身就成为研究该历史学家的前提。砺波护撰写的《宫崎市定的生涯》[4]和京都大学井上文则的《与天为友——宫崎市定评传》[5]，分时段对宫崎的生涯进行介绍，记载了宫崎的生平事迹与主要著作，确立了其东洋史学巨擘的地位。李庆在《日本汉学史3：转折和发展（1945—1971）》中对宫崎市定的生涯进行概述，其后对他中国史分期及具体研究、日本及亚洲史研究进行相关论述，认为宫崎史学主要有以下五个特点：哲学思辨之光、广阔史学视野、重视材料、注重经济史观以及逻辑严密、表达引人入胜。[6]吕超《宫崎市定东洋史观的形成——青壮年期的

---

① 郭尔雅：《宫崎市定"去寇化"倭寇观及其历史倾向》，《兰州大学学报》2020年第6期。

② 王锐：《借尸还魂——宫崎市定的倭寇论批判》，《中国图书评论》2021年第3期。

③ 爱德华·霍列特·卡尔著，吴柱存译：《历史是什么》，北京：商务印书馆，2007年，第123页。

④ 礪波護：『宮崎市定の生涯』，載礪波護、藤井讓治編：『京大東洋學の百年』，京都：京都大学学術出版社，2002年，第220—239頁。

⑤ 井上文則：『天を相手にする：評伝宮崎市定』，東京：国書刊行会，2018年。

⑥ 李庆：《日本汉学史3：转折和发展（1945—1971）》，上海：上海人民出版社，2010年，第110—122页。

经历及其影响》①对宫崎的著述生涯进行了系统的阐述，并论证宫崎青壮年期间的参军经历、游览西方各地的经历对其学术产生的影响。王广生《宫崎市定史学中的民族主义》②通过爬梳宫崎壮年时期前的经历，明晰影响其史学思想形成的诸多因子，勾勒出其历史观形成的轨迹；又有《宫崎市定的学术谱系研究》③论述宫崎市定在京都学派的师承关系下受到的东京帝国大学等外部学者的刺激和影响，并将宫崎史学放置在日本东洋史学谱系下予以定位，为研究宫崎史学提供了比较文化和思想史的新视角。

在宫崎市定史学方法和史学思想方面，王广生的著述颇丰且较为全面，如《宫崎市定方法论研究——以"交通"与"比较"为中心》④首次以方法论的立场阐释宫崎市定"世界文明起源一元论"的理论前提，并展开论述宫崎市定主要以"交通"和"比较"为方法和路径建构世界史的方法论体系；《宫崎市定中国史研究的特色与立场——在内藤湖南中国史研究的参照下》⑤在参照内藤学说的学术特色和现实关怀后，论述宫崎市定在研究中国史时的世界史视域和民族主义立场；《日本东洋史学家宫崎市定的世界史观》⑥认为宫崎市定的世界史观主要体现在"世界文明起源一元论"和"整体互动的世界史观念"两方面，并结合宫崎市定的生涯和日本战时的政治语境分析其世界史观的形成，明晰其中暗含的民族主义立场；《日本东洋史学方法论刍

---

① 吕超：《宫崎市定东洋史观的形成——青壮年期的经历及其影响》，《国际汉学》2017年第1期。

② 王广生：《宫崎市定史学中的民族主义》，《国际汉学》2017年第3期。

③ 王广生：《宫崎市定的学术谱系研究》，《国际汉学》2022年第1期。

④ 王广生：《宫崎市定方法论研究——以"交通"与"比较"为中心》，《汉学研究》第十六集，北京：学苑出版社，2014年春夏卷，第393—406页。

⑤ 王广生：《宫崎市定中国史研究的特色与立场——在内藤湖南中国史研究的参照下》，《汉学研究》第十七集，北京：学苑出版社，2014年秋冬卷，第370—382页。

⑥ 王广生：《日本东洋史学家宫崎市定的世界史观》，《国际汉学》2015年第3期。

议——以宫崎市定中国史研究方法论为例》①在方法论的视角下回溯日本东洋史学的方法论和思想特质的整体性，以此为背景，将宫崎市定的史学方法论体系构建为以世界史观为理论前提、以"交通史观"和"比较研究"为方法、以史学的民族主义与"近代"的价值立场为目的的框架。

另外，对于宫崎市定独特的"东西交通视野"，张学锋论述了其基于东西交通史的立场来认识人类社会的发展历史，认为在"丝绸之路"热潮前，宫崎史学中的交通视野是值得充分借鉴的。②在宫崎市定对中国人物的评价方面，林千早在《宫崎市定人物论》译后记《"我对普通人类没有兴趣"》中认为宫崎冷静客观分析人物复杂性格，以实事求是的态度深究世间人物的东洋史学考据，从而构建其东洋史及世界史的宏观体系。③关于宫崎市定的史学视野，铃木章柏沿着宫崎市定对"东洋史"的视野及其时代区分进行考察，通过对其思索过程的检讨来揭示其历史哲学理论体系本身，从而探明个人历史观对其学说的影响。④粕谷一希着重阐明宫崎在《亚洲史论考》中基于世界史视野的构想和阔达的历史叙述⑤，葛兆光等学者在阐述京都学派的亚洲论述时，认为宫崎市定注意到了不同地域中文化的内在发展线索，但由于强调亚洲与欧洲历史模式的一致性，所以其不得不在进化论的层面上落入了单线历

---

① 王广生：《日本东洋史学方法论刍议——以宫崎市定中国史研究方法论为例》，《汉学研究》第二十五集，北京：学苑出版社，2018年秋冬卷，第325—332页。

② 张学锋：《"宫崎史学"的东西交通视野》，《江海学刊》2016年第5期。

③ 林千早：《"我对普通人类没有兴趣"——〈宫崎市定人物论〉译后记》，载宫崎市定著，砺波护编，林千早译：《宫崎市定人物论·附录》，杭州：浙江人民出版社，2017年，第279页。

④ 铃木章柏：《关于历史观对学说的影响——以内藤湖南与宫崎市定为例》，《人文论丛》2013年卷。

⑤ 粕谷一希：『内藤湖南への旅（8）宫崎市定の位置——「アジア史論」の方法と磁場』，『東北学』2005年第3号，第182—191頁。

史进化论的圈套。①砺波护和吉野浩司从宫崎市定的三部通史，即《东洋的朴素主义民族和文明主义社会》《亚洲史概说》以及《中国史》着手，阐释宫崎的史学视野从东洋史到世界史的发展历程，及其史观从"朴素主义与文明主义二元对立图式"到基于民族主义的"交涉史观"，再到"景气波动"史观的阶段性演变过程。②

上述对于宫崎市定其人及其史观的论述以论文居多，均以某方面的史学方法或史学思想的阐释为主，缺乏整体性、系统性的研究，对于从宏观角度把握宫崎史学仍有所欠缺。而值得一提的是，王广生于2020年线装书局出版的《宫崎市定史学方法论》③作为国内学界第一本关于宫崎史学的专著，开创性地从历史哲学层面以宫崎市定的史学方法论为研究对象，对宫崎市定的世界史观、史学研究方法及其内在的价值立场进行了系统性论述。④又有吕超《世界史图景中的中国形象：宫崎市定研究》⑤从比较文学、形象学与思想史角度出发，以宫崎市定世界史构想的形成过程为连接其学术和思想、历史和现实的线索，从三个维度，即宫崎市定自身的成长经历和学术谱系、日本社会的文化及政治语境、国际环境下欧美学界的理论思潮，阐述宫崎史学中潜藏的对中国和日本的认识。

---

① 葛兆光：《一个历史事件的旅行——"文艺复兴"在东亚近代思想和学术中的影响》，《学术月刊》2016年第3期，第126页。

② 礪波護："解説"，載宮崎市定：『大唐帝国』，京都：河出書房，1968年；吉野浩司：『歴史社会学者としての宮崎市定——東洋史からアジア史そして世界史へ』，長崎県立大学東アジア研究所《東アジア評論》2013年第5号。

③ 王广生：《宫崎市定史学方法论》，北京：线装书局，2020年。

④ 该著将宫崎市定的史学方法论构建为以世界史观为理论前提、以"交通"和"比较"为主要史学方法路径、以民族立场和"近代"为价值立场，既涵盖宫崎史学特殊性，又体现日本东洋史学普遍性的完整的一套方法论体系。可参考笔者对该著的书评《历史哲学视域下的宫崎史学——王广生著〈宫崎市定史学方法论〉评介》，《国际日本研究》第1辑，北京：社会科学文献出版社，2022年，第162—170页。同时，该文得以发表，特别感谢北京第二外国语学院的张晓明老师。

⑤ 吕超：《世界史图景中的中国形象：宫崎市定研究》，北京：人民出版社，2021年。

可见，学界在后期对宫崎史学的研究领域渐宽，涉及宫崎市定的"宋代近世说"、科举及九品官人法的研究、"都市国家论"、交通史观、世界史观以及其人与所属时代的综合性研究，已然呈现出对宫崎史学整体化、全面化、体系化研究的倾向，但总体仍以译著和研究性论文为主，仅于近年出版两本关于宫崎史学的研究性著作，且研究方向具有强调宫崎史学内部暗含的意识形态，挖掘其学术外表下政治内里的倾向。实际上，如丸山真男所言，社会潮流不会停止，当整体的社会呈暗流涌动态势时，若知识分子，或是某个普通人坚守不站任何流派，坚持自我立场的话，其本身却是处于更大的暗流之中，也就是说，"静止"本身就是"随波逐流"，是跟随社会潮流的一种形式。①宫崎市定固然自诩为"抛除束缚史学的各种理论思想，如实描绘人类的过去"②的历史学家，却也无法避免以"静止"的姿态跟随社会的潮流，沦为利用自身建立的世界史构想服务于战争的学术工具。

在笔者看来，宫崎市定作为经历明治、大正、昭和、平成四个时期的历史学家，其基本的史学框架和世界史观在战时和战后并不存在"实质性"的转变，而具有极强的连续性和稳定性。然而二战后宫崎史学的影响力得以延续至今，是因为其中仍有诸多引人深思的史学观点和史学方法，如历史学的客观实证性，历史想象的可能性与真实性，历史叙事中的文学性与生动性及其社会功用，③历史研究中的"他者"意识与世界史观等。因此，我们不应忽视宫崎史学背后的政治语境和暗含的意识形态，但也不应拘泥于他对某地域

① 丸山真男著，陈力卫译：《现代政治的思想与行动》，北京：商务印书馆，2018年，第502—503页。

② 宫崎市定：『日本の東方史学』，『经济人』1959年第13卷第1号。载宫崎市定：『宫崎市定全集』第23卷，東京：岩波書店，1993年，第140页。

③ 对此，王广生在《宫崎市定史学方法论》中详细论述了宫崎市定历史叙述风格中的"生动性"与"文学性"，揭示宫崎基于日常经验的言说，善用修辞与类比的手法解释史学中的抽象概念，重视史学面向大众的传播和普及，并将其内在的民族主义立场融入其中，宣扬其所倡导的东洋历史图景。详见《宫崎市定史学方法论》，第166页。

某时段的具体论述或因时代背景而体现的民族主义思想，而应择宫崎史学之优长，思考他对当今史学的启发性意义。如沟口雄三所言，宫崎市定是以多数他者的存在为前提，有时还把自我当作他者加以相对化，可划入在开放世界中意识他者的外国研究的范畴里，而所谓开放世界中的外国研究是将所研究的外国作为多样化世界中的一员，亦即以用多元化视角去研究其对象为特质的。[①]简而言之，宫崎将世界史作为研究历史的最高目标，打破各学科之间的壁垒，将各种因素加以整合形成广阔的史学视野，用"历史必然是世界史"[②]的理论、坚守客观实证的史学方法研究中国史，将东洋史乃至任何历史学的研究对象都放置在世界史体系中，无疑给予中国学者以研究本国史与世界史的新思路与新方法。

[①] 沟口雄三著，王瑞根译：《中国思想和思想史研究的视角》，《文史哲》2002年第3期，第8页。沟口雄三主张"以中国为方法，以世界为目的"，实际上是在世界史的视野和框架下理解或解释中国史，或以此将中国史与日本史、西洋史连接起来。对日本历史学的学科体系而言，世界史作为一个建构性的概念，要求的仍是打破目前的体系划分和研究区隔，坚守历史学的客观性和实证的史学方法，这是任何"主张"或"方法"都无法超越的。

[②] 宫崎市定认为："无论是日本史还是西洋史，本来都不是地域范围上的区别，而仅仅只是重点不同的世界史。在圆形的地球上产生的历史的边境之事本就令人生疑，事实上，历史并无界限，只是研究室与研究室之间存在坚固厚重的壁垒罢了。"参见宫崎市定：『菩薩蛮記』，载『宫崎市定全集』第20卷，東京：岩波書店，1992年，第158頁。

中国文学译介与研究

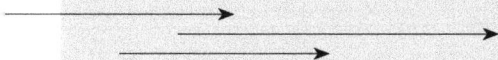

古小说的语法

——论人称代词及疑问代词的用法①

[日] 小川环树 著　严绍璗 译

摘要： 上古汉语及"文言文"中代词的用法自马氏文通以来已经有许多学者进行过整理与分析，但就某一具体时期研究其特殊用法及变迁的著述却并不多见。本文拟就"古小说"即六朝时代通常被称为小说的作品中的用例，论述其语法上的某些特征。

关键词： 古小说；人称代词；疑问代词；语法

本文引用的资料内容如下：

六朝部分

a.《搜神记》（二十卷本）商务印书馆，一九五七年［简称《搜20》］

b.《搜神后记》（学津讨原本）［简称《搜后》］

c.《搜神记》（八卷本）养德社，一九五九年［简称《搜8》］

d.《古小说钩沈》（鲁迅辑）人民文学出版社，一九五三年［简称

---

① 本文由严绍璗依据日本学者小川环树、庄司格一《中国小说史研究》（岩波书店，一九六八年）译出，原文最初发表于《集刊东洋学》第八号，昭和三十七年十月。

《钩沈》]

　　e.《唐宋传奇集》（鲁迅校录）文学古籍出版社，一九五六年［简称《唐宋》]

　　f.《唐人小说》（汪辟疆校录）上海古典文学出版社，一九五五年［简称《唐人》]

　　这些小说中并非没有掺杂某些俗语，但其基本仍是以文言文为主（不像唐代"变文"等俗语占的比重很大），语法基本与文言文的原则相符，稍有例外。下面主要谈一谈其中的代词，特别是人称代词和疑问代词。

　　我们首先由上述小说中抽出含有人称代词的句子做成卡片，共得三千余张，将不同作品中这些人称代词（我、吾、汝、君、尔等）的出现数目列成别表。"我""吾"等在句子中出现的位置又细分为主次、宾次、偏次三种，主次大致相当于欧语系中的主格（nominative case），偏次相当于所属格（genetive case、possessive case），宾次相当于宾格（accusative case），即主次的名词、代词作句子（sentence）中的主语，偏次作后续名词的修饰语，宾次作谓语动词的宾语（object）或直接补语（complement）。

　　这里之所以将代词分为三类，是因为Karlgren氏曾指出[①]在古代汉语（Karlgren氏所谓的Proto-Chinese）特别是《论语》等文献中，"我"与"吾"，"尔"与"汝"都分别有规律地区别使用，恰与欧语系"格"的概念相对应，Karlgren氏的学说虽然到今天仍没有得到中国很多学者的赞同，但我们认为"我"与"吾"，"汝"与"尔"的区别使用在古代大约是存在的，即使其不完全与欧语系的宾格、所有格相对应，也不能无视其实际不曾混同的事实。

　　我们所研究的古小说几乎都是三世纪以后的作品（《搜神记》即使保留

---

　　① B. Karlgren：Le Proto-Chinois，langue flexionnelle in Journal asiatique 1920。另外，胡适氏《尔汝篇》（胡适文存）没有参照上文作出同样的论证。对此，中国学者反论很多，这里从略。

了其最古的形态，其著者干宝也是晋朝人），"我"与"吾"的区别使用已经不规范了，但是仍可以看出它保留了上古的某些痕迹。别表的数据表明："我"多用于主次与宾次，很少用于偏次；"吾"最多用于主次，偏次次之，用于宾次的次数最少。即言之"我"很少用于偏次，"吾"则很少用于宾次。应当说，这种区别使用的现象虽没有古代语明显，但仍在某种程度上保持了原有的特色①。

"尔"与"汝"则没有如此明显的区别，这一点在古代语中亦相同，因为它们没有"我""吾"那样多的使用机会，特别是"尔"在古小说中使用频率极小，可以说其地位完全被"君"所代替了。"我"与"吾"的古代音为nga与ngo，是声母同为ng-的同根词（cognate words），而"尔"与"汝"的古代音为nia与nio，虽同有n-，但"尔"发生音韵变化，nia>nie>ni>nzi（>ər），在这一过程中派生的ni写作"你"，"你"作为俗语一直沿用至今，同时"尔"则脱化为纯粹的文言用语②。六朝时代的文言文中同样多用"汝"，究其原因，应当在于"尔"同时还有"……虽如此"的含义，并经常使用。如：

> 文追之、谓曰、我当为此土地神、以福尔下民、尔可宣告百姓，为我立祠、不尔、将有大咎。（《搜20》、卷五、p35）
>
> 明出、果闻岸北有声、状如风雨、草木四靡视南亦尔。（《搜后》、卷十、二b）

① 章士钊于光绪三十三年丁未（一九零七年）就曾署文《中等国文典》（民国二十一年，上海印本）指出："第一人称、主格多用吾字，目的格多用我字。故吾字直隶于动词之下，为目的格者。如（韩愈）祭十二郎文所云……'吾佐董丞相于汴州、汝来省吾'者，实罕见也。然吾字为目的格，隶于动词之下者罕见，而次于动词之上者孔多，特次于动词之上者，乃限于文之有否定意者耳。'居则曰不知吾也'（《论语》）。"应当说，"我"与"吾"的混用，在唐代是很普遍的。

② 小川环树：《你与尔及日田的成立》（言语研究、第二十四号、一九五四年）。

（府君）便缚白马吏著柱所罚一百、血出流漫、问得、欲归不？得曰、尔。（《钩沈》、《幽明录》、p278）

"尔"意为"如此"（不尔，"非如此"），进而转用作形容代词修饰"时""日""夕"等有关时间的名词：

尔夕、其妻梦季曰、吾行遇盗、死已二年。（《搜20》、卷十七、p130）

尔后生因暗行堕于空井中。（《搜后》、卷九、三a）

太傅云、当尔时形神俱往。（《钩沈》、《郭子》、p39）

庚崇者、建元中于江州溺死、尔日即还家、见形一如平生、多在妻乐氏室中。（同上、《幽明录》、p222）

以上两种情况的用例数目分别为：

二十卷本《搜神记》15例、《搜神后记》12例、《古小说钩沈》45例、八卷本《搜神记》4例，与别表"尔"作人称代词的使用数目相比，作"如此"讲的用例仅在《搜神记》中较少，二十卷本中4例、八卷本中3例，而在《古小说钩沈》《搜神后记》中都明显增多。另外，"尔"在八卷本《搜神记》中仅作"因尔""不尔"讲，不见形容代词的用例[①]：

因尔方知玄石是鬼。（卷二、p162）

（信纯）因尔恸。（卷五、p184）

不尔即无计矣。（卷六、p188）

---

① 说库本八卷本《搜神记》中"迩后光武中兴、斯宾微矣"（卷四、p176）之"迩"字作"尔"，其他版本均作"迩"，此不计。

不尔吾将诣官焉。（卷八、p198）

"君"用于第二人称远多于"尔"，可与"汝"相匹敌，但"君"（原为名词）的反义词"臣""仆"作为第一人称代词的用例却很少。"君"原为敬称，"臣""仆"为卑称，"君"用作代词后渐渐失去尊敬的语感，甚而用作指称地位相同的人。如：

崔谓充曰、君可归矣、女有娠相、若生男、当以相还。（《搜20》、卷十六、p126）

客曰、君可还内省过、何以至此。（《搜后》、卷二、二a）

同时也有若干含有尊敬语感的用例：

忽空中有一青衣小儿来、问使曰、君何来也。（《搜20》、卷十八、p139）

达闻其言、肝胆涂地、乃请之曰、君听贫道、一得礼佛、便至心稽首、愿免此苦。（《钩沈》、《冥详记》、p450）

表明"君"的使用范围正日渐扩大。

"臣"的用例明显较"君"要少，大致如下：

朔曰、臣愚不足以知之。（《搜20》、卷十三、p98）

相如曰、于臣则可、未知陛下何如耳。（《钩沈》、《汉武故事》、p293）

（一老翁）对曰、臣姓颜名驷、江都人也。以文帝时为郎（同上、《汉武故事》、p294）

文宪答曰、臣诚庸短、亦缘陛下纲目不疏。（同上、《小说》、p93）

均是仅用于实际的君、臣关系——以上用例即为东方朔、司马相如、一老翁对汉武帝，文宪对文帝（这一点与文言文相同）。

"仆"较"臣"用得广泛，而又没有如"君"一般化。"仆"原为名词，转用作代词后由于受原来词义的影响，一直用作卑称。在古小说中，其用例数目并不多，六朝时代的作品中一半以上用作鬼、神的自称代词。

客遂屈、乃作色曰、鬼神、古今圣贤所共传、君何得独言无、即仆便是鬼。（《搜20》、卷十六、p116）

（一人）曰、仆蒋侯也、公儿不佳、欲将请命故来尔。（《搜后》、卷五、三a）

鬼云、仆受罪已毕、今暂生鬼道、权寄君家、后四、五年当去。（《钩沈》、《幽明录》、p233）

据此可见，"仆"作为卑称，同时还具有某种特殊的语感。与此相对，在《唐宋传奇集》《唐人小说》中，却没有一例鬼神自称的用例：

钦悦即复书曰、……原卜者之意，隐其意、微其言、当待仆为龚使而。（《唐宋》、《大同古铭论》、p44）

舞毕、因谢曰、仆实庸才、得陪清贫、赐垂音乐、惭荷不胜。（《唐人》、《游仙窟》、p28）

下官曰、仆是何人、敢当此事。（同上、《游仙窟》、p23）

以上用例皆为卑称（自谦）语，没有六朝作品中所见的特殊语感。唐代作品之中，"仆"的用例在《游仙窟》中有二十例之多，而在《敦煌变文集》（一九五七年，北京，人民文学出版社）所收的《搜神记》中却一例不存，表明"仆"不用作俗语，而渐渐变为文言文的词汇。

古代汉语中经常出现的第一人称代词"予""余"在六朝时代的作品中使用次数极少，而且常用于韵文句子中：

（八童子）授琴而弦、歌曰、明明上天、照四海兮、知我好道、公来下兮、公将与余、生羽毛兮。（《搜20》、卷一、p3）

充又与金釧、并赠诗曰、……会浅离别速、皆由灵与祇、何以赠余亲、金釧可颐山、思爱从此别、断肠伤肝脾。（同上、卷十六、p126）

同时又如：

（楚文）王曰、吾鹰所获以百数、汝鹰曾无奋意、将欺余耶。（《钩沈》、《幽明录》、p201）

（树神）答曰、秦公其如予何。（《搜20》、卷十八、p136）

用例全为帝王、鬼神的对话，推想"予""余"二字有特殊的语感、联想，表达较庄重的语气。

但是，如别表所示，在八卷本《搜神记》中"予"为三例，"余"为十一例，使用频率较二十卷本《搜神记》《古小说钩沈》为高。而且除用于鬼神对话外，还有如下用例：

先生曰、玄石岂非圣人乎、何故聪明、即过某矣、今已老耄无能、子有何术、愿示于予。（卷二、p161—162）

余尝览佛书、见论十千天子报恩，何异于是乎。（卷五、p183）

（仁美）常谓人曰、余官不遇邑长、寿不过六十岁、今吾五十四岁矣、其不远也。然余有一女未适人、此为急务。（卷五、p181）

这些用例应当说与《唐人小说》《唐宋传奇集》中的用法不同。在《唐宋传奇集》中：

余不可得而知也。（《大同古铭论》、p47）

妻曰、余即洞庭君之女也。（《柳毅传》、p60）

公佐拊掌竦听、命予为传。（《李娃传》、p108）

余衣上香经十余日不歇、竟不知其如何。（《周秦行纪》、p141）

余家世好蓄古书器、惟炀帝事详备、皆他书不载之文。（《隋炀帝海山记》、p209）

在《唐人小说》中：

余时在洛敦化里弟、于宴集中、博士渤海徐公说为余言之。（《三水小牍》、《王知古》、p292）

二公遂俱稽颡曰、余二小子、幸遇大仙、多劫因依、使今谐遇、金丹大药、可得闻乎？（《传奇》、《陶尹二君》、p285）

以上用例中的"予""余"没有像《搜神记》《古小说钩沈》中那样用于韵文及鬼神的对话而带有特殊的语感，仅为普通的自称代词。这一点，下面论及八卷本《搜神记》的成书过程亦成为一个重要的依据。

在仕宦之途上，与"君"相近的第二人称代词还有"卿"一词，其原本也是名词，卿大夫之"卿"，身份地位仅次于君主。这一代词在《古小说钩沈》中明显多用，几乎与"君"相当，而在其他资料中却极少见。或许因为"卿"为六朝贵族所喜用，其后便趋消沉了。由用例可以看出其间的演变：

　　夏侯曰、卿直许终了、见闻、必以为施、可命焚与。（《钩沈》、《述异记》、p161）（"卿"指代夏侯任兖州刺史的沈僧荣）

　　锺毓、锺会少有令誉、年十三、魏文帝闻之、语父繇曰、令卿二子来。（同上、《小说》、p96）

　　郭闻之、怅然云、吾昨夜亦梦与人争钱、如卿所梦、何期太的的也。（《搜20》、卷十、p76）（"卿"指永嘉太守郭伯猷的朋友会稽谢奉）

　　（赵固）始交寒温、便问、卿能活我马乎。（《搜后》、卷二、四a）（"卿"指郭璞）

　　这些用例中，"卿"为贵族语言，或有此语感，使用频率也很高。下述用例用作鬼神指称鬼神、鬼神指称人、人指称鬼神。

　　（新亡鬼）曰、吾饥饿殆不自任、卿知诸方便、故当以法见教。（《钩沈》、《幽明录》、p274）（"卿"指鬼的朋友）

　　（亡友）谓协曰、生气见陵、不复得往、与卿三年别耳。（同上、《冥详记》、p412）

　　祐知其鬼神曰、不幸疾笃、死在旦夕、遭卿、以性命相托。（《搜20》、卷五、p38）

　　这里似乎包含对鬼神由敬畏感所产生的尊敬。同时应当注意的是，"卿"亦用来指称自己的妻子：

此人负吾金、卿以此板往责之、勿违言也。（《钩沉》、《录异传》、p348）

夷甫骤谏之、乃云、非但我言卿不可、李阳景亦谓不可。（同上、《郭子》、p40）

英闻梁嫁、白日来归、乘马将数人、至于庭前、呼曰、阿梁、卿忘我也。（《搜8》、卷一、p160）

此外，"卿"还用来代指无名的人、朋友等：

袁在艰中、欣然无忤、便云、大快、我不但拔卿、要为卿破之、我必作快齿、卿但快唤。（《钩沉》、《郭子》、p50）（"卿"指少年时代贫困之中的桓公）

（刘舒谓曰、……）卿归、岂能为我说邪。（同上、《幽明录》、p236）（"卿"指舒德朋友高人陈良）

后夫闻、乃往求之、其人不还曰、卿妇已死、天下岂闻死人可复活耶、此天赐我、非卿妇也。（《搜20》、卷十五、p109）（后夫及与其对话的人均未录名字）

"卿"本来为贵族阶层的人们互相承认、尊敬对方地位的用语，同时带有一种亲近感。这种亲近感进而扩展为称妻子、称朋友。所以对于身份完全不同的人，如奴婢，是不用这一词的。

"身"（第一人称代词）可以说是"卿"的反义词，在六朝史书中常可见到，如《三国志》中：

飞将二十骑拒后、飞据水断桥、瞋目横矛曰、身是张益德也、可来

共决死。（《蜀书》、《张飞传》）①

《世说新语》：

（王刘）答曰、身不如夷甫。（下下、《排调》篇、八a）

"身"的用例，《唐人小说》中一例：

身是妇女、不能自诉。（《玄怪录》、《齐推女》、p209）

此外仅在《古小说钩沈》中出现：

裴曰、身是逸民、君朋可更来。（《裴氏语林》、p13）
杜曰、天上京兆、身是鬼、见使来诣君耳。（《幽明录》、p260）②

此证"身"与"卿"同，进入唐朝后明显趋于衰亡。

---

① 《资治通鉴》卷六十五（汉纪五十七）存同文，胡三省注："自此迄于梁陈士大夫，率自谓身。"据此知三国时代的士大夫以"身"为自称语。

② "身"原为自己之意，相当于现代汉语的"自己""本身""本人"，所以多介于普通名词及代词之间。下述用例即很难判定清楚。但是，在后世文言文中却几乎不再用作自称代词，相比而言，六朝时代的用例则保有更多的代名词色彩。"（孙敬德）明日行决。其夜、礼拜忏悔、泪下如雨、启曰、今身被枉、当是过去枉他、愿偿债毕、誓不重作。"（《旌异记》、p464）"酒数行、主人谓廓曰、身至簿不幸阁任有阙、以君才颖、故欲相屈、当能顾怀不（p451）。"（《冥祥记》、p451）下面一例可以用"我"代"身"："空中称善、中散抚琴而呼之、君是何人、答云、身是故人、幽没于此数千年矣。闻君弹琴、音曲清和、昔所好、故来听耳。身不幸非理就终、形体残毁、不宜接见君子、然爱君之琴、要当相见。"（《荀氏灵鬼志》、p168）

用作第二人称的"郎"如别表所示，《唐宋传奇集》中多用，《搜神记》《搜神后记》《古小说钩沈》中均较少见。"郎"原用于女子称呼情人，在六朝时代的民谣诗歌如《玉台新咏》中即有：

> 妾乘油壁车、郎骑青骢马。（《钱塘苏小歌一首》、岩波文库本、下、p322）
>
> 玉枕龙龙席、郎眼何处床。（《近代吴歌九首》、八、《长乐佳》、岩波文库本、下、p315）

散文中用例很少，《玉台新咏》中称呼情人的九例、指称情人的一例。在二十卷本《搜神记》中仅一例，用以称呼情人：

> 女即自言曰、……然兹信宿、未悉绸缪、既已分飞、将何表信于郎。（卷十六、p124）

《古小说钩沈》《搜神后记》中存四例：

> a.须臾奴子自外来云、郎求镜、妇以奴诈、乃捐床上以示奴。奴云、适从郎间来、于是白驰其夫。（《搜后》、卷三、四b）
>
> b.妻韩氏时尚未觉、而奴子云、郎索纸百幅。（《钩沈》、《甄异传》、p135）
>
> c.桓温以弟买得质羊、羊主家富、谓桓言、仆乃不须买得郎为质、但郎家贫、幸可为郎养买得郎耳。（同上、《俗说》、p64）
>
> d.其仆客三人送护、言树才可用、欲货之、郎常不听、今试共斩斫之。（同上、《幽明录》、p262）

a、b两例明显为奴子对主人的夫人称主人为"郎"，"郎"用作男子之间的指称代词，而不是女子称呼情人。[1]

《唐宋传奇集》中：

> 他日、娃谓生日、与郎相知一年、尚无孕嗣、常闻竹林神者、报应
> 如响、将致荐酹求之、可乎。（《李娃传》、p100）
> 红娘敛曰、郎何以至。（《莺莺传》、p129）

总计称谓情人十四例，指称情人八例，指男子的六例，男子之间相称的两例。《敦煌变为字义通释》（蒋礼鸿著，中华书局）引《李娃传》：

> 歌者之貌、酷似郎之亡子。（《唐宋》、p103）

此句注为"'郎'也是称主人的"。据此，男子之间相称的时候"郎"应解释为"主人"。

在唐代，"郎"的使用范围日渐扩大。另外，《搜神后记》、《古小说钩沈》（《俗说》《甄异传》《幽明录》）中的用例与唐代的用法非常接近，表明其成书的日期应晚于六朝。自然仅凭个别词语的考察是不充分的，留作今后的课题。

古小说的资料中人称代词的分布状况最值得注意的是"你""某"等词。如别表所示，这些词作为代词使用只限于《搜神记》（八卷本）、《唐

---

[1] c（俗说）的意义不明。"买得郎"似应有特别的含义。

宋传奇集》与《唐人小说》。① "你"的用例存三例：

> （石）因何希曰、你作何物也、令我一杯大醉、今日方醒、日高几许矣。（《搜8》、卷三、p169）

> 一贵人戴侯冠、衣王者衣、乘白马。今左右呼夫至前、谓曰、与吾言你十二郎、还白璧一双、尔当宾于天、炀帝有天下十二年。（《唐宋》、《开河记》、p235）

> 堂上人曰去邪曰、"与吾语麻叔谋'谢你不伐吾城、来岁奉尔二金刀、勿谓轻酬也'"。（同上、p236）

"某"的用例每部作品各存一例：

> 玄石曰、某因宿会得事先生、生所授之业、不可知也。（《搜8》、卷二、p162）

> 崔生曰、某贫士、何有是。（《唐人》、《玄怪录》、《崔书生》、p197）

----

① "某"在二十卷本《搜神记》及《古小说钩沈》中并非全无用例。别表注以"？"，存两例："女曰、某三何人、父见为戈阳令、作被召来、今欲得还、与日暮、局获瓜田李下之讥、望君之容、必是贤者、是以停留、依凭左右。"（卷十五、p109）"主人以其乡里贵人、便令女出从之、往来渐数、语苏公云、无以相报、若有官事、某为君任之。"（卷十七、p130）前者引于《太平御览》卷八八七、后者引于《太平广记》卷三六。分别作"我三河人""若有官事、其为君任之"、这里存疑。《古小说钩沈》中存两例："鬼便出、谓阖曰、君有贵相、某为惜之、故亏冥法以相济、然神道幽密、不可宣泄。"（《戴祚甄异传》、p130）"道猷曰、君是何神、居此几时？今若必去、当去何所？答云、弟子夏王之子、居此千余年、寒石山是家舅所住、某且往寄憩、将来欲还会稽山庙。"（《述异记》、p140）分别引自《太平广记》卷三二一、卷二九四、不见于其他类书。但注意到说话者为鬼神、《甄异传》一例的前面对话中用"我"："我是鬼耳、君可诣之""我当自往"、推测"某"应有特殊语感。同时、由于引自类书、所以亦很有可能混入后世的语法、以上四例暂为存疑、留待他日再行考证。

任氏良久、曰、有巫者言某是岁不利西行、故不欲耳。（《唐宋》、《任氏传》、p40）

"某"原为不定称代词（中国语法学家所谓"虚指""泛指"），并非人称代词，即意为"某某人"。吕叔湘曾指出，古代人们常以自己的姓名自称，其子孙或其他人在记录这一言行时，为了避讳，即以"某"代姓名，其结果"某"便似乎成了自称，进而具有第一人称代词的功能。①而且，自称自己的姓名本来是一种谦称，"某"作为姓名的代用词也具有了谦称的语感。其完全变成第一人称代词之后，这种语感也一直没有消失。

我们很难具体判定"某"纯粹作为代词使用的时期，但是，六朝文献中，如《文选》《世说新语》中，凭借索引找不到一例可以解作人称代词的用例②，而唐代的古文派散文，如韩愈、柳宗元的文集中，"某"作为代名词在对话中出现的用例却很多。③

---

① 吕叔湘：《开明文言读本导言》（文言虚字、一九五八年、香港：大光出版社、附录、p213）。杨树达引《汉书·高帝纪》"始大人常以臣亡赖、不能治产业、不如仲力。今某之业所就、孰与仲多"及《楚元王传》《王莽传》指出："此三某字乃史家避高帝之讳改称、非人可自称曰某也。"（《词诠》、民国二十一年、上海、卷一、p30）据此可知，汉代"某"尚非纯粹代词。

② 斯波六郎编《文选索引》（昭和三十三年、京都人文科学研究所刊）、高桥清：《世说新语索引》（一九五九年、广岛、油印本）。《世说新语》曾引《论语》"某在斯"（《卫灵公》篇）一语（《言语》篇），亦不是自称语，而为所谓虚指，实指当时的皇帝。

③ 各举一例，均出现于对话之中。韩愈：赠太传董公（晋）行状，"造怀光言曰、公之功、天下无与敌。公之过、未有闻于人、某至上所、言公之情"（《昌黎文集》、四部丛刊本、卷三十七、二a）。柳宗元：段太尉逸事状，"太尉曰、某为泾州、甚适少事"（《全唐文》、卷五九一、五b）。

我们以为，这一用法是到了唐代（且为唐中叶以后）普及的。①若果如此，"某"的自称用例在《搜神记》（二十卷本）与《古小说钩沈》中除尚有疑问的四例外几乎不存。而在《搜神记》（八卷本）中竟有二十三例之多，绝非偶然。如前所述，"尔""余""予"的用法也是八卷本《搜神记》最为特殊，这可以说明八卷本《搜神记》较二十卷本稍晚，至少可以明言，二十卷本比较忠实地保留了六朝时代的语法，而八卷本中却混入了后世的语法现象。

附带指出，"你"最初出现于北朝末年（北齐及隋）的文献中。（参注③）

关于疑问代词，仅提示一两点值得注意的现象：

古代汉语中一般作及物动词宾语的名词置于动词之后，这一原则基本保留在现代汉语之中，而疑问代词"谁""何"作及物动词宾语时，一般置于动词之前（人称代词大致相同）。这一点若视为古代语及文言文的一个原则，古小说中也有许多符合这一原则的用例，如"何言""何为"等。

介词（多为前置词）与疑问代词的关系和上述动词与代词的关系相似，如"何因""何从"。古小说中亦作"何因"：

班进拜流涕问、大人何因及此。（《搜20》、卷四、p28）

吉思惟此客者、非于潜人、穹山幽绝、何因而来、疑是鬼神。

---

① "某"用于自称的用例在各篇作品中出现情况如下：《唐宋传奇集》中《古镜记》一例、《伍氏传》十二例、《李娃传》十二例、《灵应传》六例，其他十四篇；《唐人小说》中《甘泽谣》二十五例、《传奇》十三例、《玄怪录》五例、《续玄怪录》四例，其他三篇。关于各篇作品的作者情况，依据解说，最早的《古镜记》的作者王度，生殁年不详，一说殁于贞观年间（627—649），该篇中一例："婢再拜自陈云、某是华山府君庙前长松下千岁老狸。"（p14）其他作者较早的陈玄祐，一说为大历年间（766—779）人。其余的则基本活跃于八世纪中至九世纪。这一点，也为推测"某"的自称用法普及于唐中叶以后提供了依据。

（《钩沈》、《冥祥记》、p393）

　　章武答曰、后期杳无约、前恨已相寻、别路无行言。何因得寄心。（《唐宋》、《李章武传》、p67）

　　（妇人数十）见人皆慢视迟立、至则问曰、何因来此。（同上、《白猿传》、p25）

但是，亦有写作"因何"的用例：

　　老人答曰、刺非世间书、君因何得见。（《唐人》、《续玄怪录》、《定婚店》、p223）

　　我又叫曰、王士良、汝是我之常使脸手也、因何杀我。（同上、《薛伟》、p227）

同样，"何从"写作"从何"：

　　审因问曰、妇数从何来也。（《搜20》、卷十八、p139）

　　（父母）问、从何得食。（《钩沈》、《异闻记》、p313）

　　乃诘子珍姓氏、从何而来、复往何处。（《搜8》、卷二、p161）

　　陛下过恶、从何得闻。（《唐宋》、《隋炀帝海山记下》、p224）

　　（老玉工曰）……汝是何人、从何而得。（《唐人》、《霍小玉传》、p80）

这种违反文言文原则的用法在唐代的诗（特别是近体诗）中亦有所见，或许忠实地传达了当时俗语的用法。唐诗中（较一般想象为多地）保留了俗语的用法一点，笔者曾作过论述。①

　　小说作品中保留了民间俗语的例证，可以举出在唐代广泛使用的 "谁家" "谁人" 等词语。较多保留了当时俗语的变文（《敦煌变文集》、北京、人民文学出版社、一九五七年）中，"谁家" 存五例，"谁人" 存十二例。"谁家" 有 "谁的家、哪一家" 及 "谁" 的意思：

　　　　（使者）遂即缓步抽身，徐问邻人曰、此是谁家屋宅？（《降魔变文》、p363）

　　　　佛是谁家种族？（同上、p376）

《唐人小说》中：

　　　　余问曰、此谁家舍也。（《游仙窟》、p19）

　　这几例皆应解作 "谁"。二十卷本《搜神记》、《古小说钩沈》、《搜神后记》、八卷本《搜神记》中存四例：

　　　　皆问曰、尔谁家小儿、今日忽来。（《搜20》、卷八、p69）
　　　　隋侯曰、谁家之子而语吾。（《搜8》、卷三、p169）
　　　　（夫人）语婢云、汝出问此是谁家儿。（《钩沈》、《妬记》、p309）
　　　　（父）问云、汝昔生谁家。（同上、《冥祥记》、p455）

　　这几例皆应解作 "谁家" "哪家"。没有 "谁人" 的用例。《唐宋传奇

---

　　①　参照小川环树：《唐诗概说》（昭和三十三年、东京：岩波书店）第137页以下。

集》《唐人小说》中"谁家"存四例，"谁人"存三例。结合《敦煌变文集》的用例，基本可以判定"谁家""谁人"意为"谁"是盛行于唐代的民间俗语。

唐诗中有俗语入诗的现象，小说作品中也有同样的倾向，这一点虽不甚重要，但容易被忽视。另外，别表附于下面。

别表

唐人小說	唐宋傳奇集	古小說鈎沈	八卷本搜神記	搜神後記	二十種本搜神記	次	代詞
26	97	182	33	27	70	主次	我
17	29	73	32	11	26	偏次	
33	83	93	20	23	65	賓次	
85	105	104	19	11	64	主次	吾
34	63	38	9	5	21	偏次	
10	24	23	7	0	9	賓次	
22	39	146	19	8	34	主次	汝
11	16	40	4	3	21	偏次	
8	16	70	13	3	20	賓次	
29	67	162	8	16	35	主次	君
22	40	52	6	7	24	偏次	
12	24	44	8	8	26	賓次	
9	17	18	4	2	14	主次	爾
2	17	6	2	0	1	偏次	
6	5	5	1	0	4	賓次	
29	5	26	3	3	8		僕
0	9	25	1	3	2		己
1	0	6	0	0	0		身
0	65	24	19	0	2		臣
0	23	11	5	0	0		朕
14	63	1	5	0	10		奏
8	13	3	3	0	2		予
58	77	3	11	0	4		余
0	54	2	23	0	2？		某
1	28	110	10	13	22		卿
23	30	10	2	3	1		公子
0	75	17	8	0	16		子
0	2	0	1	0	0		你
6	30	4	1	2	1		郎
0	8	0	0	0	0		儂
0	21	1	0	0	0		郎君
59	0	0	0	0	0		下官

注：表中数目难免有脱落，但仍具有资料性。另外，《唐人小说》中含有辑录于《唐宋传奇集》中的二十六篇，其中的用例数目不另计入《唐人小说》中。

《文选》学习与古代日本的汉文教育①

高　薇

摘要：南朝梁萧统所编《文选》是中国现存最早的诗文总集，在隋唐时期便已传入日本，并一跃成为古代日本官方认可的汉文教材。鉴于人们学习汉语发音的需要，《文选》曾被视为类同《尔雅》的汉音基础教材。而受到训读法影响，《文选》学习课本多为白文无注，旁加训点，由此形成了"白文无注加点本"的特殊文本形态。汉文教育在古代日本具有强烈的贵族色彩，《文选》学习逐渐发展为博士官的"家学传统"，在相当长时期内代表了权贵阶层的权势与地位。考察《文选》在古代日本的学习，有助于揭示古代日本汉文教育的诸多细节和文化意义，再现古代东亚汉文化圈的生成景象。

关键词：《文选》；汉音基础教材；白文本；家学传统；文化意义

汉语是日本、百济、新罗等古代东亚诸国的官方语言。为了培养掌握汉语的人才，汉文教育在诸国官方层面占据着重要的地位。在此背景下，古代东亚诸国基于何种考虑，选择何种中国典籍作为学习汉文的教材，又如何利用教材展开学习，采用何种方法，进而对课本选择与文化接触产生何种影

①　本文为中国博士后科学基金第70批面上资助（项目编号：2021M703775）阶段性成果。

响，上述问题，虽是基于中国典籍在域外的传播考察，却须延伸至国际汉文教育领域寻求答案。本文拟以《文选》在古代日本的学习为例试作探讨。

南朝梁代昭明太子萧统所编之《文选》，是中国现存最早的诗文总集，不但在中国传统社会中长期发挥着文章典范的作用，而且也参与古代东亚汉文化圈的构建，是中国乃至整个东亚地区一部重要的典籍。其中，古代日本深受《文选》的影响。圣德太子编订的《宪法十七条》（604年）对李康《运命论》的化用，舍人亲王主持编修的《日本书纪》（720年）对《西都赋》《西京赋》的借鉴，[1]均可说明公元五至六世纪《文选》已经传入日本。又，日本进士科考须试帖，"《文选》上帙七帖"，《枕草子》《源氏物语》均提到《文选》是时人必读之书。藤原佐世《日本国见在书目录》亦著录传入日本的《文选》各类版本。隋唐时期中国流行的《文选》内容，包括白文三十卷本和诸家注释均已间接通过百济，或者直接通过使臣传到了日本。作为一部中国典籍，《文选》传入日本之后，其官方定位、课本选择及发展过程，均有异于中国之处，充分展现了古代日本汉文教育的具体情形。

一、作为汉音基础教材的《文选》

古代日本的汉语人才队伍之建设，有赖于汉文教育的展开。让日本贵族能够读懂汉文文献、听懂汉人语音、运用汉语写作和会话，是汉文教育的基本要求。但是，汉音教育却是日本人学习汉文过程中面临的第一道难关。只有先解决文本诵读问题，才进入到如中国人学习文本那样，理解语义、句意和整体大意的环节。而《文选》在日本早期的传习，正好呈现出服务于汉音

---

① 冈田正之：《日本汉文学史（增订版）》，东京：吉川弘文馆，1954年，第171页。小岛宪之：《上代日本文学和中国文学 上》，东京：塙书房，1971年，第367页。

教育的特点。

为了让日本人掌握汉语发音，日本朝廷安排有专门的教师——"音博士"。《养老令·职员令》"大学寮条"记载"音博士二名 掌教音"。相比之下，中国并没有设置语音教师，即所谓"唐令无音博士"（《令集解·学令》"凡学生先读经文"条）。"音博士"的设置是结合了日本国情，体现了日本学制的特色。在这种情况下，掌握汉语的渡来人往往被日本朝廷聘请为官方教育机构"大学寮"的教师，以"音博士"的身份教授贵族子弟。持统五年（691）九月、持统六年（692）十二月记载有音博士——大唐续守言、萨弘恪二人，可能是最早载于史册的两位音博士，均是唐人出身（《日本书纪》卷三十）。更为人所熟知的是唐人袁晋卿的例子：

> 天平七年（735）随我朝使归朝，时年十八九，学得《文选》《尔雅》音，为大学音博士，于后历大学头安房守。（《续日本纪》卷三十五）

因精通《尔雅》《文选》之音，袁晋卿被日本朝廷聘请为"音博士"。又根据弘法大师空海《性灵集》的记载，当时袁晋卿随从吉备真备返回日本，二人"诵《两京》之音韵，改三吴之讹响，口吐唐音，发挥婴学之耳目"。这条记载揭示了当时日人所发之汉音经历了从"吴语"到"唐音"的转变。而袁晋卿所教授的汉音，当指唐时长安所使用的北方音。至于音博士带领学生所展开的汉音学习步骤，作为《大宝令》《养老令》各种令文注释的集大成者，惟宗直本编纂的《令集解》，对此有所说明：

> 古记云，学生先读经文，谓读经音也，次读《文选》《尔雅》音，然后讲义，其《文选》《尔雅》音，亦任意耳。[1]

---

[1] 惟宗直本编：《令集解》卷十五，东京：国书刊行会本1912年，第483页。

据这条材料可知，音博士先带领学生诵读经文，此即传授汉音的过程，然后再读《尔雅》《文选》音作为补充。因此，大学寮的汉音教材包括"《文选》《尔雅》音"。

传授内容的安排其实颇耐人寻味。《文选》本以辞赋取胜，却与《尔雅》相提并论，且学习要求限于音义。《尔雅》乃是训诂辞书，在中国的书籍分类当中属"小学"，既然《文选》与《尔雅》归为同类，恐怕日本官方乃是视《文选》如《尔雅》，即将它作为学习汉文的"小学类"教科书。而《文选》不但与《尔雅》同列，且侧重点在于音义功能，显然表明《文选》在日本飞鸟、奈良时期的官方定位，是一部学习汉文语音的教材。

《文选》的这个官方定位，不但体现在大学寮教育，也通过国家考试制度得到落实。奈良时期元正天皇养老二年（718）颁布的《养老令》，其中《选叙令》明确将《文选》和《尔雅》二书并提，以之作为进士科考察的内容：

> 进士取明闲时务，并读《文选》《尔雅》者。

《养老令》是以《大宝令》为基础完善而成的日本国家法令，二者均是对唐朝律令的接受和模仿。法令具体设定了秀才、明经、进士、明法四科的考试内容、评定标准和选拔任用。从《养老令·选叙令》来看，学习《文选》《尔雅》是考取进士的要求之一。而根据前述音博士的教学规定，主修诸经的学生除了学习中国经书之外，《文选》《尔雅》亦读。换言之，无论是考取明经科或者进士科，都需要了解《文选》《尔雅》这两部汉籍。这表明《文选》《尔雅》在汉文教育中的基础地位。

关于进士科的具体考核要求，《养老令·考课令》规定：

> 进士试时务策二条。帖所读，《文选》上帙七帖，《尔雅》三帖。

进士科的考查内容包括"试时务策二条"和读帖十条。所读的十条又包括《文选》上帙，即出自《文选》无注本前十卷内容中七条，以及《尔雅》三条。关于合格的要求，如果策试二条和帖试十条全部通过为甲等，如果只过一条策试及六条帖试，则为乙等。然而，光是出自《文选》的试帖内容便有七条，因此很可能出现《文选》六条合格而《尔雅》三条皆不过的情形。有意思的是，这种情形同样被视为合格。这一点侧面印证，《文选》与《尔雅》在日本进士科考中所扮演的角色几乎相同，甚至在考查过程中，《文选》可以取代《尔雅》并发挥其功能。

日本采取"帖试"方式考查考生对《文选》《尔雅》内容的掌握程度，其实模仿了唐朝的帖经试士制度，但是考查范围和侧重点并不相似。

唐朝调露二年（680），考功员外郎刘思立始奏二科并加帖经（《通典》卷十五）。永隆二年（681）《严考明经进士诏》颁布，规定了"明经试帖"。开元二十五年（737），"帖经"的考查内容和合格标准有所调整，但相关要求并未被大幅度修正。唐朝帖经试士的内容包括诸经及《孝经》《论语》《老子》兼注，由于属于明经科考，考试范围显然远远多于日本。

日本对考核的具体形式也进行了改良。唐代杜佑《通典》指出"帖经者，以所习经掩其两端，中间开唯一行，裁纸为帖，凡帖三字，随时增损，可否不一，或得四、得五、得六者为通"，可知"帖经"乃是以纸覆字，一般帖三字，也可能帖四至六字。唐人帖经试士，本是为了敦促学子研读经文，主要考查记忆经文的能力。这一题型相当于今天填空题，能够默写便可。但是日本的考核题型却相当于一道背诵题。《令集解》指出：

谓帖者安也，言于字上安物，谓读令过也。

释云，《广雅》，帖安也，音他协反，谓字上安物，谓读令过耳。

古记云，帖，谓一行三字，以板覆隐令读过，此板名为帖也。

穴云，帖隐三字令读过，谓之帖也。

或云，帖所读者读音耳在穴记。朱云，《文选》并《尔雅》音读耳。[1]

所谓帖者安也，在字上安物，日本的这个操作过程与唐朝相类似，区别正在于"帖所读者读音耳"这一要求，即令考生凭借记忆，将隐去的三字诵读出声。换言之，唐代的默写填空题，放到日本考生身上，却是一道升级版的填空题，不考查默写能力，而侧重诵读和记忆能力。记诵原文存在一个前提，便是需要正确识读汉字的语音。这样其实对考生提出了颇高的要求，既要掌握汉字发音，又要熟悉原文，乃至达到能够暗诵的程度。两项能力综合起来，对于汉语并非母语的日本人而言难度颇大。而日本选择这一经过改良的"帖试"制度，也是为了切合本国培养和选拔汉语人才的需求。

既然这一考核方式的前提是需要发出声音、进行诵读的能力，回过头来看汉文教育的设置也便合情合理。音博士在讲授，以及考生在备考《文选》《尔雅》时的侧重点，首要任务便是识字读音、朗读背诵，以满足考试的基本要求。而且二书当中，《文选》更为重要，因为考生仅仅掌握《文选》上帙音，也即前十卷的内容，同样也能够获得承认。

《文选》之所以被选为学习汉音的教材，与其注音材料丰富的特点有关。《文选》在中国最早出现的两部注释书均是注音方面的成果。入隋的萧该"撰《汉书》及《文选音》，咸为当时所贵"（《隋书·儒林传》），唐代的曹宪"所撰《文选音义》甚为当时所重"，唐太宗曾向曹宪请教难字，曹宪皆能"为之音训，及引证明白"（《旧唐书·儒学传》）。《文选音》及《文选音义》这两部书在隋唐之时便已得到时人乃至最高统治者的关注。入唐以后，又有许淹、李善、公孙罗，相继以《文选》教授，也均有音义类注释作品流传于世。据前引《日本国见在书目录》可知《文选》的相关注音

---

[1] 惟宗直本编：《令集解》卷三，东京：国书刊行会本，1912年，第124页。

成果也均传入日本。当然，《文选》收录的不少作品的确存在大量难识难读之汉字，尤其开篇所收之汉大赋，如班固《两都赋》、张衡《二京赋》等，不但今人需要借助注释工具才能顺利展开阅读，即便古人也面临这个问题。所以，对于已经学习过《千字文》《论语》《蒙求》而具备一定汉文水平的日本人，选择注音成果丰富的《文选》作为进一步学习汉文语音的高级教材，未尝不是一种可以理解的行为。

而通过《文选》学习汉音的官方要求在日本一直得到延续。奈良圣武天皇时期的正仓院古文书中出现了将近十一条关于《文选》抄写用纸的记录。"文选音义"一词分别在正仓院古文书的天平三年和十七年出现过两次。首次出现记录是天平三年（731）八月皇后宫职给图书寮的移文，出现了"《文选音义》七卷纸一百八十一张"等的抄写用纸记录。另外，天平十四年（742）的文书里提到大安寺僧菩提熟悉"《文选》上帙音"。日本使用的《文选音义》到底是曹宪的还是李善等人的作品，或者兼而有之，虽不能确证，但日本宫廷颇重视"文选音"的学习，则是无法忽视的事实。而平安初期延历十七年（798）二月十四《太政官宣》第二条规定："一大学生年十六已下，欲就明经者先令读《毛诗》音，欲就史学者先令读《尔雅》《文选》音。"甚至《日本文德天皇实录》记载藤原诸成能够"暗诵《文选》上帙"，号为"学中三杰"（齐衡三年，856年，四月十八日），"暗诵《文选》"被认为是一种才能的表现。当然，由于受到唐朝以文章取士风尚之影响，古代日本一直十分重视《文选》在指导诗文创作、引领骈俪文风等文学方面的价值。但是日本汉文教育对"《文选》上帙"和"上帙音"的重视，是在《文选》诗文总集定位之外又提出的一种崭新功能，颇值得中国留意与反思。

二、训读法与《文选》课本的选择

掌握汉音之后，便进入理解汉文的环节。日本在学习汉文方面有一套独特的方法——训读法。这一学习方法上的差异，使得古代日本长期采用的《文选》学习课本，也具有迥异于中国的特点。

训读法的起源问题众说纷纭，但其发展与完善过程却同平安时期大学寮各博士官的汉籍传习有关。博士官在传授《文选》的过程中会留下两类讲解内容，一是汉文注释，一是日文训点符号。汉文注释来自《文选》注释书，且以注音为主，主要参考的是中国唐代形成的李善注、五臣注等"注文本"。而另一类内容——日文训点，包括片假名、乎古止点（ヲコト点）、返点、四声点等符号。日文训点的数量庞大，与中国注释书的关系密切。因为片假名、四声点代表的是注音信息，乎古止点、返点则指向句意理解。学习汉文发音，需要注音材料，理解文意和句子结构，需要释义方面的材料。没有音义材料作为辅助，便没有训读过程的展开。总而言之，中国的音义注疏材料能够为准确理解《文选》作品提供帮助，进而在讲授和记录时被转写为日文训点。因此，《文选》训点资料的形成，离不开相应的注释书籍。

如此一来，在古代日本能够充分利用《文选》注释书籍的人，基本是大学寮中负责讲授的文章博士。他们充分利用《文选》注释书籍形成不同的观点，转写成不同的训读意见。再加上不同的博士官自有一套记录的符号，非亲传者无法正确识读和理解其含义，因此训读内容逐渐神秘化，演变为家族内部传承的学问，成为秘不示人的"秘说""秘点"。

然而，再秘传的知识也需要一个文本载体。基于训读法所形成的训点内容，不能完全脱离文本而单独存在，否则便只是一堆指示不明的符号。《文选》在中国长期使用的是像李善注本、五臣注本这样的"注文本"，在古代日本是否也是类似的情况？答案是否定的。适合添加训点的载体应当是没有汉文注释的"白文本"。除了掌握汉语音义，日本人还会通过《文选》

学习优秀的汉诗文作品。为了易于理解作品内容，方便的做法是直接将训点符号标记在仅有白文的文本上。假若是基于注文本的学习，那么除了标记在白文上，注文部分也要阅读和标记，对日本人而言无疑又增加了不少阅读任务。汉文教育需要考虑学习方法的有效性，尤其在手抄的时代，学习课本应能够做到容易复制和普及利用。这种加上训点的白文本，即"白文无注加点本"，显然可以成为这样一种有效的学习课本。日本人直接通过训点理解白文，恐怕会比让他们直接阅读李善注等汉文注释更加容易把握，也更容易获得学习效果。

非常幸运的是，古代日本学习《文选》的"白文无注加点本"我们今天还能够看到一些。这些学习课本都是以手抄方式制作而成，是古代日本人学习与接受《文选》的直接载体。根据笔者在日本的调查统计，日本保存至今的《文选》古抄本数量颇多。其中"白文本"就单独的卷子本来看，序文残片1种1件，卷一3种3件，卷二2种2件，卷三、卷七、卷十、卷二六各1种1件，卷十九1种3件。另有多卷本九条本1种21件、杨守敬本1种20件。白文古笔切卷一、卷九、卷二一各1种，共3件。而在"注文本"当中，李善注《西都赋》古笔切3种3件，正仓院李善注卷五二拔萃1种1件，五臣注卷二十1种1件，《文选集注》1种24件。若将多卷本各视为1种，并连同古笔切也计算在内的话，上述"白文本"共有16种，"注文本"共有6种，全部《文选》日藏古抄本共计22种86件。除此之外，日本还有少量的古笔切或《文选集注》断简未计入上述数字。仅就这些现存的古抄本来看，白文古抄留存下来的数量众多；而且白文本存在同卷重复的情况，卷一和卷二的转抄频率最高，此外上帙中的第三卷、第七卷、第十卷也有发现，这也印证了"上帙"自古以来深受重视。当然"中帙""下帙"的古抄本也有发现，如观智院所藏为卷二六，更不用说九条本和杨守敬本这样卷次多达二十卷左右、较为完整的本子。面对数量众多的白文古抄，我们很容易想到，正是由于"白文本"是一种便于复制和掌握的学习课本，所以重抄的频率要高于其他类型的文本。相比之下，注文本的使用和重视程度，反映在今天的留存数量上，确实远远不及白文本。

书志著述和古文书记录也可以说明"白文本"在使用上的普遍性。《日本国见在书目录》中"《文选》卅 昭明太子撰"的记录，指的正是白文本。前述《养老令·考课令》提到"《文选》上帙七帖"的要求，正仓院古文书也分别于天平三年和天平十八年出现了抄写"文选上帙"的记录。一帙为十卷，以上、中、下三帙指代三十卷的分类法在日本的流行，侧面印证白文本得到了频繁的使用。

总而言之，训读意见不能脱离文本载体而存在，《文选》训读意见的文本载体乃是白文无注本，添加上训点后便成了"白文无注加点本"。现存的《文选》古抄白文本和注文本的数量对比、书志及古文书的记录也可印证这一判断。总的来看，日人在学习汉文过程中所面临的问题和处理方案，形成了异于中国的学习特点，即重视汉音、采用训点记录汉文意思。而这种学习特点，影响了课本的选择，形成了"白文无注加点本"的文本特征。

三、"家学传统"及其文化意义

在古代日本社会，汉文教育之一大功能体现在为国家的内政外交培养汉语人才。因此最有条件和机会接受汉文教育的，莫过于贵族及官吏子弟。

日本自"大化改新"（646）以来转变为律令制国家，虽说废除了苏我氏等世家大族的世袭权力，强调以才选官，但是一些隐性的门槛，仍然使得国家教育和考试制度呈现出一定的权贵色彩。①贵族子弟要么凭借荫位特权平步

---

① 日本学者久木幸男便直接将大学寮称为"古代贵族学校"，并详细分析了教育机构"贵族化、世袭化倾向的发生"之问题。参见《日本古代学校的教育》，东京：玉川大学出版部，1990年，第146—166页。

青云，要么进入大学寮或"大学别曹"即贵族建立的私塾（如藤原氏的劝学院、王氏的奖学院、橘氏的学馆院等）接受优质的汉文教育，得业生更无须忧心教育经费的问题。《养老令·学令》明确规定贵族子弟具有接受国家教育（包括大学寮和国学）的资格：

> 凡大学生，取五位以上子孙及东西史部子为之。若八位以上子，情愿者听。国学生，取郡司子弟为之。【大学生式部补。国学生国司补。】并取年十三以上、十六以下聪令者为之。

大学寮生的范围主要是父辈官至五位以上的贵族子弟和"东西史部子"即渡来人的后代，然后才考虑父辈官品八位以上的子弟，即中下层官吏的子弟。至于国学生，主要以录取郡司子为主。他们在大学寮接受汉文教育，而后被推举参加明经、秀才、进士、明法等式部省考，通过者也能获得一官半职。不难发现，在大学寮学习《文选》的学生群体，主要是由贵族及官吏的子弟构成。另一方面，大学寮的教师逐步世袭化，子承父业的情况十分普遍，比如菅原家族连出三代文章博士，在天皇身边侍读《文选》，在大学寮中为贵族子弟讲授《文选》。在这种情况下，往往是权贵阶层最有条件和机会接受汉文教育，享受汉文教育所带来的优势资源。

当然，必须补充的是，在漫长的日本古代历史当中，也存在过庶民得以接受汉文教育的机会。一是在奈良时期"杂任及白丁"曾被列为文章生的选拔来源。《令集解·职员令》大学寮条"文章生廿人"的令释提到："简取杂任及白丁聪慧。不须限年多少也。"[1]"杂任"指下层官吏，"白丁"即指无位无官之庶民。这条规定证明了庶民进入大学寮获得汉文教育的可能性。二是平安时期，天长五年（828）空海在京都创办"综艺种智院"，实行民众

---

① 惟宗直本编：《令集解》卷三，东京：国书刊行会本，1912年，第89页。

教育。他重视教育的作用，指出"九流六艺，济代之舟梁；十藏五明，利人之惟宝"，然而当时"贫贱子弟，无所问津"，于是"今建此一院，普济瞳矇"（《性灵集》卷十），面向庶民展开汉文教育。三是在中世时期以降，知识出现了向下流通的趋势。最典型的例子是一介商人——林宗二，虽非贵族出身，由于认识三条西实隆公爵，得以从三条家获得菅家的《文选》秘传知识。至于江户时期，日本坊间纷纷刊刻出版《文选》，如庆长十二年直江版、宽永二年版、庆安五年版等等，展现出日本近世以后庶民阶层文化水平的提高，是完全不同于中世之前的汉文教育景象。另外，古代日本的僧人也存在学习汉籍、熟悉《文选》的现象，情况颇为复杂，也要考虑部分僧人在俗世中的出身。

然而上述这些情况，并不能从整体上抹去汉文教育的权贵色彩。尤其在平安朝——"家学传统"最为关键之奠定时期，恰恰是贵族及官吏掌握汉籍诠释权以及接受汉文教育最具优势的阶段。博士官传授汉籍总的来说存在两条途径，一是在官方教育机构大学寮中授课，意见能够传授给更多的学生，一是在私学中授课，这又包括在家塾中为本家的儿孙授课和在受到其他贵族的聘请到相应的私塾中授课。实际上，豪族藤原氏早在弘仁中（810—823）便已创建本家私塾劝学院。天长年间之后，橘氏的学馆院（嘉祥848—850）、在原氏的奖学院（元庆中877—884）也相继出现。这些私塾的出现，是出于各家族针对朝廷以汉文人才的选拔为取向而致力于培养本族人才的考虑，但也说明权贵家族内部对汉籍传授的重视与把持。换言之，权贵阶层试图从家族内部对汉文教育实施垄断。

而博士官本身便是靠汉文教育而谋得存在感，贵族的种种考虑，也与他们休戚相关。博士官为本家长久发展所做之准备，便是将特定汉籍的传授转变为"家学"，实施学问传授在家族代际之间的垄断。日本在平安末期形成了类似中国汉代分经分家的传授局面，汉籍各书变成明经、纪传等各道博士的专门之学。在明经道，《毛诗》《左传》等经学方面典籍的传授，主要由清原、中原等博士官家族垄断。在纪传道（也即原来的文章院），"三史"和《文选》则由菅原、大江这样的文章博士家族垄断。总的来说，后人总结出了七家："本朝的诸儒，清家、中家、菅家、江家、南家、式家、善家之学，经的纪传，各有不同，其业凡七氏家"（《碧山日录》长禄三年条）。

"家学传统"之存在表明，能够学习包括《文选》在内的中国典籍，是权贵阶层掌握教育、文化等优势资源的象征。为了继续占有资源，维护既有地位，权贵阶层反过来也重视和加强《文选》的传习。固定的古抄本传承形态，白文无注加点本的学习课本，承袭自平安朝博士官学问的"家学"传统，这些特征的不断复制与加强，延缓《文选》学习的知识更新，甚至阻止了学习底本的更替。尤其到了中世以后，在日渐没落的贵族群体心中，源自平安朝之学问更是成为"道统"与"血统"的代表。[①]在同中国交往的过程中，日本贵族往往凭借优势第一时间获得舶来品，得以了解中国的文化动态和时尚前沿，博士官也紧紧跟随贵族的步伐。但是为了继承原有的传统，哪怕《文选》自中国宋元以来刊本流行并同步传入日本，日本仍然十分倚重渊源自平安朝的古本文献，视之为学问的正统。这种对白文无注本的信赖，对加点学习方式的依赖，在刻本输入伊始也没有发生非常大的改变。这种维护正统的意识代代相传，无形之中也烘托出权贵阶层占据文化资源乃至政治地位的正当性。这样的"正当性"，已经超越了教育的范畴，而与社会政治文化紧密相联。古代日本学习《文选》等中国典籍而发展出的强烈文化意义，已经与中国传统社会读书人通过熟读经典参加科举的情形不尽相同。

---

① ［日］静永健、陈翀：《汉籍东渐及日藏古文献论考稿》，北京：中华书局，2011年，第151页。

结　语

　　以上借助《文选》在古代日本的学习景象，展现了古代日本的汉文教育特征。中国向古代东亚诸国的文化传播与浸润，绵延千年，不曾断绝。古代日本全面学习中国的制度和文化，以培养汉文人才为导向展开汉文教育。重视汉音这一基础教育，使得《文选》被当成一部类同《尔雅》的教材，在日本官方教育机构中树立起基础而权威的地位。日本现存的《文选》古抄本则保存了古代汉文教育之细节与特色。通过《文选》考察古代日本的汉文教育，既是对古代教育活动的挖掘和探寻，也能够管中窥豹，使今人更贴切地理解整个古代东亚地区的汉文教育情况，把握古代东亚地区的文化繁荣景象，并为当下国际汉文教育提供可资参考的历史样本。

中国文化在海外

1807—1949年中国文化在日本
——基于以"支那"为检索关键词段的文献学考察①

梁 辰

摘要： 进入近代以来，日本国内对于中国文化的理解和认识发生了新的转变。通过日本国立国会图书馆检索网站，以"支那"为关键词段进行检索，并根据日本国内的思想分阶等因素，将检索时间限定于1807—1949年。希望借助总结分析所获得的检索结果，对这一阶段日本的中国认知有初步的了解。通过对检索结果的数据和内容分析，可以了解到近代日本对于中国的认知是复杂的。充斥着浓重侵略色彩的时势与基于实证主义的中国学研究汇织在一起构成了近代日本的中国形象。

关键词： 中国文化；文献学；中国学

长期以来，日本对中国文化抱有"敬畏"之心，以中国文化为模范，加以学习。然而进入近代，伴随着欧美文化流入日本，日本人深切地意识到自己同"近代化"之间的差距，在广泛吸收欧美文化的同时，东亚与欧美文化

---

① 本文系国家社科基金重大项目"多卷本《中国文化域外传播百年史（1807—1949）》"（17ZDA195）阶段性成果。

的碰撞也让日本对中国文化产生了新的想法。笔者希望从文献学的角度，通过对一段时间内的出版内容进行总结分析，获得近代以来日本对中国认知的变化。

在学界，尽管目前对于"支那"一词的词源有多种解释，但可以确定的是"支那"一词来源于梵语，最早于唐代传到中国并回译成"支那"二字。同一时期，经由佛教经典的传播，"支那"一词进入日本。空海的诗集《性灵集》中留有"支那台岳曼殊庐"的诗句，推测是日本最早用"支那"称"汉土"的文字。平安时代后期成书的《今昔物语集》中也出现过"支那国"的称呼。同时期1106年出版的《东大寺要录》中也有"支那"一词。然而，这一时期"支那"二字并没有作为对中国的称呼在日本流传开来。[①]进入19世纪以后，随着日本与西方的交往日益密切，"支那"这一称谓再次出现在日本人的眼前。佐藤信渊于1823年撰成的《宇内混同秘策》中称"中国"为"支那"，书中表达了对中国轻蔑的态度和一种极为疯狂的征服野心。至1888年，该书被日本军国主义者看中，大量出版发行，成为日本侵华的舆论工具。[②]至此，"支那"一词逐渐成为日本人对中国的普遍称谓。

可以认为，"支那"一词所代表的是进入19世纪以后至20世纪70年代一百多年间日本人眼中的中国。作者通过日本国立国会图书馆检索网站（https：//ndlonline.ndl.go.jp/）以"支那"为关键词段进行检索，根据网站的检索模式，出版物标题、作者、出版部门、书籍详细信息中若含有"支那"二字则会被判定为符合检索要求。同时，考虑到日本自身的思想文化分阶、对外扩张的阶段性以及中日关系变化，将检索时间限制为1807—1949年，并将其分为三个阶段，分别是1807—1868年、1869—1926年、1927—1949年。

---

① 朱文通、陈瑞青：《历史文献学的考察视角："支那"词义的演变轨迹》，《石家庄铁道学院学报（社会科学版）》2007年第1期，第63—68、76页。

② 黄兴涛：《话"支那"——近代中国新名词源流漫考之二》，《文史知识》1999年第5期，第54—61页。

日本国内的图书分类方式以《日本十进分类法》（Nippon Decimal Classification，简称NDC）为著名，NDC类目设置如下，与网页呈现结果一致：

0. 总记（图书馆学、书目学、百科全书、连续出版物、丛书）

1. 哲学（哲学、心理学、伦理学、宗教）

2. 历史（历史、传记、地理、游记）

3. 社会科学（政律、经济、统计、社会、教育、民俗、军事）

4. 自然科学（数学、理学、医学）

5. 技术（工学、工业、家政学）

6. 产业（农林业、水产业、商业、交通）

7. 艺术（美术、音乐、剧作、体育、娱乐）

8. 语言

9. 文学①

在实际操作过程中出现了影响检索结果的三个问题。第一，部分检索项的出版时间没有明确显示为具体年份，可能会混淆搜索结果。如限定时间段在1869—1926年之间，检索结果中含有出版时间标注为［19—］的出版物，这些检索项实际的出版时间可能会超出限定时间段。出版时间标注为［18—］则不会被包含在检索结果之中。第二，检索数据包含重复计数。同一部作品的不同分卷通过共享书籍详细信息，在检索中重复出现，占据多条结果。如1872年文部省出版的《史略》共四卷，其中第二卷为"支那卷"。因为四个分卷和合集共用书籍信息，实际上占据了5条检索结果。第三，检索结果还会受一些包含"支那"字眼的固有名词影响，例如："支那町""支那医"等。但是，考虑到最终获得的检索数据数值较大，这些问题带来的影

---

① 高倬贤：《〈中国图书馆图书分类法〉与〈日本十进分类法〉比较研究》，《图书馆学研究》1999年第6期，第54—57页。

响较小，可以认为最终获得的数据是具有可靠性的，能够在此基础上做进一步分析。

第一阶段1807—1868年，以"支那"为检索词共有4条检索结果，为"和古书·汉籍"类，分别为《古今沿革地图》（1835年）、《唐土历代州郡沿革地图》（1835年，1857年，1857年）。这一检索结果数量同下一阶段存在量级差异。笔者同样尝试了"唐土""汉"等日本人常用的对于中国的称呼，检索数量同"支那"所得的结果为同一量级，主要原因是日本国立国会图书馆馆内收录的出版年份在1807—1868年间的出版物总数较少，1868年以后，由于文明开化带来的思想解放和出版技术的提高，出版物数量有了极大幅度的增长，因此这一阶段的出版物数量同后面两个阶段的藏书数量相比有了较大差异。

第二阶段1869—1926年，以"支那"为检索词共得到16 531条检索结果。从分类（仅图书与地图参与分类）结果上来看，历史、社会科学、技术占据前三位，所占总比超过60%。（见图1）

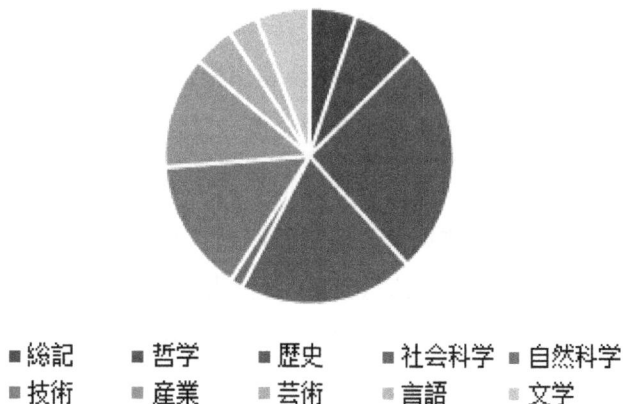

■総記　　■哲学　　■歴史　　■社会科学　■自然科学
■技術　　■産業　　■芸術　　■言語　　■文学

图1　1869—1926年"支那"检索结果分类占比

（数据来源于日本国立国会图书馆检索网站）

第三阶段1927—1949年，以"支那"为检索词得到检索结果共39 196条，社会科学和历史类目分居前两位，占总数的60%。（见图2）

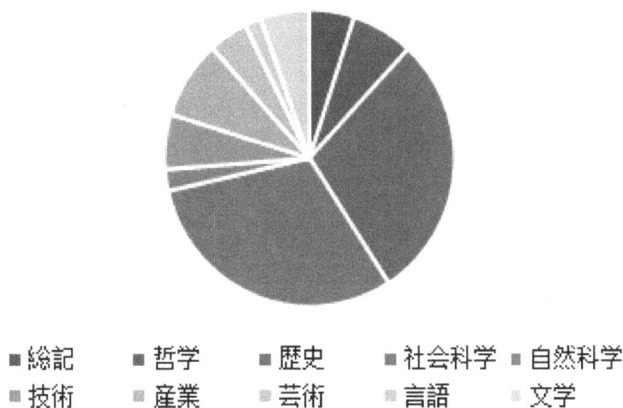

图2　1927—1949年"支那"检索结果分类占比（数据来源同上）

从检索结果总量以及检索结果各类目占比的两项数据上来看，首先，检索数据总量随阶段变化大幅增加，由此可以看出，日本对中国的关注程度是日益提升的。其次，中日两国之间发生的重要事件会对同一时期的出版物数量造成影响。作者统计了1892—1897年即甲午中日战争前后逐年检索结果的数量（见图3）。从图中可以直观地看出，逐个阶段的检索结果数量呈现出倒U型图像，检索数量在1894—1895年甲午战争时期到达顶峰。这一结果与同时期中日两国的实际交往的紧密程度呈正相关关系。

从检索结果的各类目占比的数据上来看，历史与社会科学类目一直占据前两位且占比较大。

如前所述，社会科学类目包括政律、经济、统计、社会、教育、民俗、军事相关内容。这一大类占比较大，固然受到这一大类下涵盖纲目较多的影响，但从另一方面也反映出日本自明治以来对于中国的关注是带有现代式的功利性的，社会科学类的出版内容很多都具有一个共同特点，可以为日本

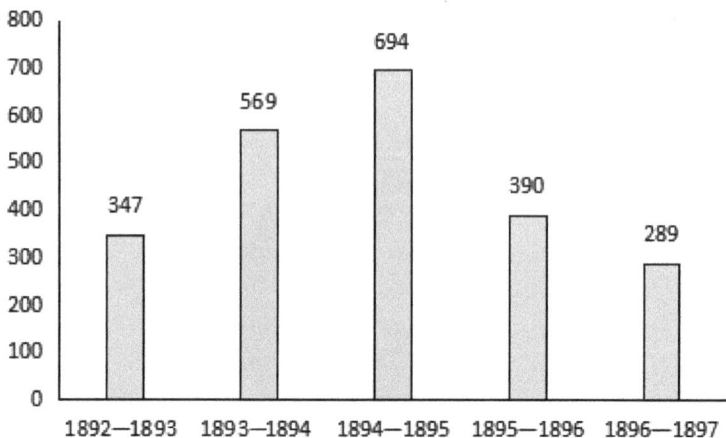

图3　1892—1897年分阶段检索结果总量（数据来源同上）

的对华侵略提供一切必需的信息。1885年出版的三岛鹿之助所著《支那海陆兵势》、1888年山本忠辅所著的《日本军备论》、1895年出版的福本诚所著《今世海军》等军事相关研究毫无疑问地可以直接指导日本的对华侵略活动，对中国社会变革、经济、政治、律法等内容的研究同样有助于日本对外扩张的实施。这种带有浓重的军国主义色彩和侵略意图的刊物在历史类目下也屡见不鲜。

1869—1926年阶段，历史部分含图书1607册、地图527幅。1927—1949年阶段历史部分检索结果图书4226册、地图3164幅。地图多为日本参谋本部等军事部门出版。在1927年之后出版的地图内容可以具体到中国的县级行政区，涉及中国多个省份。1894年甲午中日战争爆发以后，日本于同年10月即刻出版了《日清战争忠勇美谈》《绘本日清战争实记》等相关书籍。江东散史编写的《日清战争忠勇美谈》大肆表彰甲午战争中的日本军士之"精忠武勇"，为故去的军官著书立传，嘲讽清国官民之丑态、中国军备之薄弱。石原贞坚所著的《绘本日清战争实记》则记录了日本自备战开始至战争结束经历的重大战役和事件。以上两本书具有代表性，展示了这一时期相关出版内容的大体走向。在这一阶段，以"日清战争"为关键词，在历史类目下获得304件检索结果，占历史大类检索结果的近五分之一，当时日本国内对于甲午中日战争的关注程度可见一斑。

这种强烈的战争色彩在其他类目的出版内容中也有所体现。例如在文学部分，佐佐木信纲于1894年出版的《支那征伐之歌》中高呼"時機は来れり今ぞ今（时机已到就是现在）"。这一时期日本的小说创作涉及中国题材的总是伴随着"战争"与"冒险"的主题，如渡边霞亭的《少年之梦：我军胜利》、远藤柳雨的《志士与佳人：冒险小说》等。随着时局的紧张，中国题材的相关文学创作也走向直白鼓吹法西斯主义、宣传侵略战争的道路。继甲午中日战争之后，日军于1931年发动了九一八事变，次年发动了"一·二八"事变（又称"淞沪抗战"），并策划建立伪满洲国。春江堂出版的《壮烈炸弹三勇士·满洲进行曲》等弘扬日军"忠勇气魄"、宣称"战争正义"等极具法西斯色彩的书籍皆于1932年出版。

这类带有战争底色的出版物大量存在，首先是因为日本的著者（编者）在创作出版过程中受到国家权力的干预和诱导，后者以各种方式鼓励著者（编者）的创作服务于日本军国主义，打压不愿意服从的著者（编者），通过或强权压迫或利益诱惑的方式使其发生"转向"。其次，一些著者（编者）本身在思想上与日本国内鼓吹的国粹主义思想相统一。最后，日本国内通过教育等方式全方位向国民灌输国粹主义思想，对外大肆发动战争。在这样特殊的历史时期，创作者想要摆脱当时的生存语境，不闻不见，似乎是不可能的。

然而，千年以来的历史交往中，中国文化早就深深扎根在日本的土壤之中。即便是以侵略扩张为主基调的时代，日本对中国的感情仍然是复杂且多样的。纵然在被认为文化跛行的时期，日本的中国学家们仍然以近代学术之观念，立足于实证主义方法论，取得了可观的学术成果。

首先，在历史方面，明治早期出版的有关中国的历史大致可以分为两大类。一类是在辐射世界的时候将中国涵盖其中，多为百科类图书中出现一个关于"支那"的章节。"万国""世界"等词时常出现在图书标题中，这也体现了日本民众经由文明开化对广阔世界的向往。另一类则是介绍中国历代皇帝的生平，内容十分简略，很难将其定义为史书。

明治十一年（1878）岐阜师范学校出版的由味冈正义等四人编著的《支那史略》的序言中介绍了书目编纂的背景。

> 我國之與支那交固舊矣。然而拌近鄰之舊識而貴遠地之新交者蓋非通人之所為也。又厭遠地之新交而重近鄰之舊識亦非達士之所屑也。（中略）以舉其數千年推移興廢之。蹟而備小學科目。小學之徒。國史之外。先讀之。然後覽萬國之事則新舊各得其益。而為一地球內之通人達士。亦可期而待焉。①

这段话清楚地说明中国与日本的关系是近邻亦是旧交，不能因为新鲜的西洋文化的输入而舍弃中国文化。

明治二十一年（1888）出版的《支那文明史略》中青山正夫在序言中如是写道：

> 方今各國交通。波此往來六大洲之事情。固不可不知之。而知之有序。先始自近者矣。我邦於支那。其州既同。其地僅隔海。唇齒相依。而其政教之開示在各國之先。是以古昔我邦制度文物多取支那而隱括之。故支那歷代。政行法度。風俗人情。不可不窮先知之也。近世歐米之交通日繁。其學藝月開。人二爭精其事情。而略支那。譬之無階而上

---

① 味岡正義ほか：『支那史略』，岐阜県師範学校，1878年，第3—4頁。笔者所见源于日本国立国会图书馆网站。

堂。求時夜於卯。毋乃躐等失序乎。[①]

青山正夫更进一步强调了中国文化对于日本的重要性，认为中国不仅在地缘上是日本的邻国，在文化上，中国也影响了日本，表示一味地追求欧美文化而摒弃中国文化对于日本的发展是不可取的。

与《支那文明史略》同时期出版的《支那通史》被誉为"世界第一本近代性中国通史"。作者那珂通世以实证的历史研究方法、严密精确的考证、清晰明了的篇章分类完成了这部《支那通史》，不仅在中日两国，而且在全世界都有着不小的影响。同样，以1888年为起点，有关中国的史学研究进入了蓬勃发展的阶段。

日本学界的中国历史研究热潮的背景是当时日本所主张的"国权扩张论"，即把朝鲜与中国台湾和东北纳入日本的势力范围，通过武力征服中国之后，实现日本在亚洲的统治地位。在这种现实要求下，对中国历史的研究符合日本的政治文化要求，揭示了日本妄图超越中国，称霸亚洲的狼子野心。同时，日本借对中国历史的关注，也承认了中国在亚洲的文化中心地位，以及中国文化对于日本发展的重要性。这种隐形地对中国文化的承认在哲学和文学类目中也有所体现。

哲学部分，中国传统的儒释道三家是日本的重点关注方向，日本出版了大量中国诸子百家的著作，如博文馆出版的《支那文学全书》中就包含了《荀子讲义》《四书讲义》《韩非子讲义》等。新光社出版的《支那哲学丛书》包含《荀子：现代语译》《孟子·中庸·大学：现代语译》多部中国古代哲学著作的日语译本。松本文三郎的《支那哲学史》是日本中国学史上第一部中国哲学"通史"[②]。远藤隆吉、中内义一、高濑武次郎、宇野哲人等人

---

① 青山正夫：『支那文明史略』，東京：文海堂，1888年，第3—4頁。笔者所见源于日本国立国会图书馆网站。

② 严绍璗：《日本中国学史稿》，北京：学苑出版社，2009年，第207页。

也陆续发表了中国哲学史研究的相关文章。

文学部分，末松谦澄于1882年出版的《支那古文学略史》首次提出文学史的概念。该书序中写道："况汉土之学，实本邦文物之祖，苟志于学问者固不可不讲究其书也。（中略）今后生知汉籍之梗概，譬之航海，先辈既按星象，测地维，定其铁路，制之图册，后生因得知其远近险易，礁洲津港，则事半而功倍焉，其为惠大矣。"①这段序文除了继续肯定中国文化对于日本文化的重要性外，同时也更为清楚地说明明治时期中国学备受重视的原因在于为日本的侵略活动服务。

此后，古城贞吉、藤田丰八、笹川种郎（临风）、中根淑、高濑五次郎、久保天随（得二）、宫崎繁吉、儿岛献吉郎等人的中国文学史相关著作相继出版。此外还有桂五十郎、铃木虎雄的《评议支那诗史》，宫原民平的《支那小说戏曲史概说》等专项著作出版。

可以说，19世纪80年代到20世纪20年代是日本的中国文学史研究蓬勃发展的四十年。

1927—1949年，尽管出版物数量较前一阶段倍增，但学术研究并没有得到长足发展。

历史部分，出版物内容反映了日本分裂中国、统治亚洲的野心。比起前一阶段的中国史研究，这一时期更加侧重于台湾、蒙古、朝鲜等地区史学研究，同时也更加强调东洋史的概念。这种东洋学取代中国学（支那学）的研究方向在哲学类目下也有所体现，仅从出版书名上就可以直观地感受到去"支那"、兴东洋的趋势。直至1944年出版内藤虎次郎（湖南）的《支那上古史》，日本的中国史学研究逐渐在战争的废土中生长出新的篇章。

文学部分，尽管有儿岛献吉郎、西泽道宽、青木正儿、盐谷温等人的中

---

① 末松谦澄：『支那古文学略史』，京都：丸山书店，1882年，第5页。笔者所见源于日本国立国会图书馆网站。

国文学史相关研究，但文学类出版物较前一阶段多出近两倍的情况下，数量仍低于前一时期，学术研究的低迷可想而知。但在这一时期，引进了很多中国作家的作品，如增田涉翻译的鲁迅原著《支那小说史》、立仙献一郎翻译的谭正璧原著《支那文学史》、真田但马翻译的李维原著《支那诗史》等。除此之外，东成社于1940年出版的《现代支那文学全集》收录了鲁迅、周作人、丰子恺、冰心等中国现代知名作家的作品。胡适、林语堂等人的作品也在这一阶段流入日本。

综上所述，1807—1949年以"支那"为关键词段在日本国立国会图书馆官网的检索内容的考察与分析，清楚地描绘了这一阶段日本人眼中的中国形象。现实落后的近代中国同历史文化悠久的中国形象叠加在一起构成了日本对于中国的理解。日本对于中国文化既不是一味地背离抛弃，也绝不如近代之前一样奉为圭臬。传统的中国文化与新兴的欧美文化的对峙和冲突中，日本找到了理解中国、研究中国的新出路。尽管学术研究不可避免地受到时势的影响，但正如前所述，创作者是不可能绝对脱离生存的土壤的。然而，由于笔者的研究水平有限，本文的研究尚有诸多不足之处。首先，本文研究主要基于日本国立国会图书馆官网，该网站收录的明治之前相关出版内容十分不足，无法为研究提供充足的对象，故1807—1868年这一阶段的日本对中国的认知尚不明晰。其次，本文仅仅涉及了实际检索结果中的一小部分，着重分析了书籍类出版物，尚未触及杂志、报纸等其他类型出版物。这也为日后笔者的研究提供了可能的方向。

21世纪日本的《易经》主题出版概要

吴　娇

摘要： 公元6世纪前后传入日本的《易经》，经中世的传播和积累，到了江户时代迎来了兴盛局面，对日本思想文化产生了诸多影响。进入21世纪，《易经》在日本的热度依旧不减，且出版相关文献的类型广泛，普通读者亦可网络发表高质量书评等。我们发现《易经》在日本当代社会以教养主义为中心的接受立场，同时也为理解《易经》的世界性价值及其如何融入当下日常生活提供了可贵的经验。

关键词：《易经》；21世纪；日本；接受

引　言

　　《易经》在日本的流布，至迟自公元6世纪初就已开始，到德川幕府时期（1603—1868），日本刊刻了一千多部易学著作，对于《易经》的研究盛极一时，甚至超过了同期的中国本土。

　　近代以降，特别是在明治日本复兴传统的思潮之中，以《易经》为代表的中国古代文化典籍也得到空前的重视，从传统训解、义理学术，到现代性诠释，视角多样，许多有代表性的著作在日本刊印流布。

进入 21世纪以来，《易经》在日本的热度依旧不减，其版本及相关研究成果不胜枚举，笔者通过OCLC数据库（Online Computer Library Center，联机计算机图书馆中心）①及亚马逊关键词查询工具检索21世纪以来在日本出版及再版的《易经》相关著作，从出版销售的数量、版本、类型、读者书评等多个维度出发，展开定量和定性研究。

需要说明的是，统计的目的并不是获取准确的统计数字，而是通过统计了解变化趋势。本文将统计所得数据制作成图表以粗线条描述《易经》在日本出版、译介与传播的整体变化趋势，并尝试提出自己的判断。

一、《易经》相关著作在日本的译介与出版现状

《易经》具体何时传入日本，已不可考。学界一般认为大约在公元6世纪前后通过朝鲜半岛传入日本。②在奈良和平安时代，《易经》相关著作多为注释《周易》本经和《易传》以阐明义理，属义理学派。③此时日本对《易经》的重视程度远远不及《论语》，人们对《易经》的关注度并不高。

到了日本中世镰仓幕府时期，《易经》开始在日本逐渐得到越来越多人的关注和重视。其中最重要的原因是，中国对《易经》的重视引起了日本对《易经》的重视。随着隋唐时代遣隋使、遣唐使的大批来华和归国，他们将中国士绅阶层对于《易经》等"五经"的研究及其态度也带回了日本。尤其是13世纪前后，《易经》与新儒学的兴起而形成的互动关系更是让日本学

---

① https://www.oclc.org/zh-Hans/home.html.最后访问日期：2022年11月28日。

② 李伟荣：《〈易经〉在亚洲》，《传记文学》2021年第11期，第11—25页。

③ Wai-Ming Ng, The I Ching in Tokugawa Thought and Culture: Asian Interactions and Comparisons. Hawai'i: University of Hawai'i Press, 2000, p4.

界对《易经》发生很大的兴趣。由于《易经》为新儒学构建了形而上的架构，程朱学派对于《易经》也越来越重视，这就更加保证了新儒家在中国的兴起。中国学界的这种互动反应，也直接通过遣唐使等反馈到日本国内，进而影响了日本学界对《易经》的态度。同时，日本僧侣也起着非常重要的作用，尤其是五山禅林的僧侣成为《易经》研读的主要力量，他们对《易经》的研究、点校和注疏以及对中国《易经》注疏的翻刻，都直接影响了《易经》在中世日本的流通和传播。同时，中世日本也是一个动荡不安的时代，《易经》的"易"思想契合了日本的时代思潮，从而营造了较为顺畅的接受环境。最后，《易经》与日本本土信仰也有契合之处。例如，日本的神道教就吸收了《易经》的阴阳思想和中国的五行思想。①

日本古代的哲学家、思想家从接触中国儒学开始，就对《易经》产生了浓厚的兴趣，例如安土桃山时代著名易学家藤原惺窝对《易经》进行了新的注释，其弟子林罗山还著有《易经本义点》《易经手记》等。

到了江户时代，日本易学进入繁荣阶段，例如伊藤仁斋著有《太极论》《易经古义》《易经乾坤古义》等著作。现代的日本也有诸多易学者著书立说，像藤村与六的《易的新研究》、北村泽吉的《易经十翼精义》。②《易经》自传入日本以来便兴盛的原因是它常被用于支持"臣忠于君"这一儒家核心概念，出于政治的实际需要，从德川时代伊始，《易经》便被用于弘扬德川儒学，天皇和幕府将军纷纷在《易经》中寻求精神和实践指导。③藤原惺窝的高徒、朱子学派儒者松永尺五也持这种观点④。

---

① Ng，op.cit.，pp.5–6.

② 史少博：《日本对〈易经〉研究的路径》，《世界哲学》2018年第3期，第59—64页。

③ Richard J. Smith，The I Ching：A Biology. Princeton：Princeton University Press，2012，pp. 132–133.

④ Ng，op.cit.，p60.

21世纪以来出版的82种日译本《易经》相关著作中，目前全球馆藏数量最多的是明德出版社（东京）于2012年出版的由赤塚忠编译的《易经》。全球共有24家图书馆收藏了该书。

（一）作者出版数量层面数据分析

进入21世纪，《易经》相关著作作者出版数量统计详情如下（见表1），数据选取方法是在OCLC数据库旗下的World Cat中使用高级搜索引擎，输入关键词"易经"，设置题名包含"易经"或"易学"，出版年份设置为2000年至2022年10月，语言设置为日语，出版格式设置为印刷版图书、电子图书、期刊进行检索，共得到96条搜索结果，之后人工对每条搜索结果过筛，剔除掉文章标题含有关键词"易经"但内容为"贸易经济"等不相关词条及重复词条后，共得到80条搜索结果。从表中可以看出，竹林亚希子共出版13种《易经》相关著作，在日本读者群体中较受欢迎，主要因为她作为易学研究者用通俗易懂的语言并结合日常琐事中包含的易学智慧，为大众提供了大量入门级的《易经》书籍，而且她还在全国的企业、政府机关举办易学演讲和《易经》研讨会等，主要作品有《超译易经》《每日一句易经》等。

表1　《易经》相关著作作者及出版数量统计①

作者	总出版数量（种）
竹林亚希子	13
本田济	7
今井宇三郎	5
梶川敦子	3
远山尚	3
三浦国雄	3

① 表1为《易经》相关著作在作者出版数量层面的统计，出于版幅考虑，只显示总出版数量大于1种的作家。资料来源：www.worldcat.org.最后访问日期：2022年10月30日。

续表

作者	总出版数量（种）
溪百年	3
西孝二郎	2
立野清隆	2
笠原维信	2
冰见野良	2

　　从表1中我们能明显看出竹林亚希子总出版数量遥遥领先其他作家。调查发现，竹林亚希子21世纪以来出版作品及评分状况如下（见表2）。

表2　21世纪以来竹林亚希子《易经》相关著作出版及评分状况①

著作	书评人数	评分
超訳易経陽：乾為天	82	4.3
こどものための易経：自分のことが好きになる	81	4.1
易経 陽の巻　夢をもつってどういうこと	70	4.3
超訳易経陰：坤為地ほか	64	4.4
「経営に生かす」易経	64	4.1
人生に生かす易経	64	3.9
易経 陰の巻　結果が出ないときはどうしたらいい	52	4.4
「易経」一日一言：人生の大則を知る	50	4.3
超訳・易経：自分らしく生きるためのヒント	45	4.3
易経 青龍の巻—自分の足で歩いていくってどういうこと？	30	4.3
リーダーの易経：「兆し」を察知する力をきたえる	23	4.3
春の来ない冬はない：時の変化の法則の書『易経』のおしえ	16	4.5
リーダーのための「易経」の読み方：時の変化の道理を学ぶ	15	4

① 表2为21世纪以来竹林亚希子《易经》相关著作出版及评分状况。资料来源：www.amazon.co.jp.最后访问日期：2022年10月30日。

从表2中可知，竹林亚希子的著作主要与当下生活密切结合，读者读起来不会感到晦涩，而且她还出版了大量面向儿童的《易经》作品，例如《〈易经〉青龙卷——什么是亲自实践》（『易経　青龍の巻―自分の足で歩いていくってどういうこと？』）、《失败的时候应该怎样做（儿童读物版〈易经〉）》（『易経　陰の巻　結果が出ないときはどうしたらいい』）。此外，像《春天一定会来：〈易经〉中的教诲》（『春の来ない冬はない：　時の変化の法則の書「易経」のおしえ』）、《每日一句〈易经〉：知人生大事》（『「易経」一日一言：　人生の大則を知る』）主要从义理的角度挖掘《易经》的哲学价值与对当下人生的启迪。像《领导者必看〈易经〉：锻炼感知先兆的能力》（『リーダーの易経：　「兆し」を察知する力をきたえる』）、《领导者〈易经〉读法：学审时度势之理》（『リーダーのための「易経」の読み方：　時の変化の道理を学ぶ』）、《企业经营中的〈易经〉》（『「経営に生かす」易経』）则是从实用角度出发，让读者领悟《易经》的魅力。书评数量最多的著作是《超译易经阳：乾为天》（『超訳易経陽：　乾為天』），此书主要讲述如何培养审时度势的感知力，并且用通俗易懂的语言讲述龙的成长故事——"乾为天"。

（二）年度出版数量层面数据分析

统计结果显示（见图1），日本进入21世纪以来并未停止出版与再版《易经》的脚步，尽管有些年份出版数量偏低，但依旧每年都有相关著作出版。2008—2009年《易经》相关著作在日本出版达到峰值，2010—2011年出版数量出现下降后，2012—2013年又出现第二次峰值。2014—2017年出版数量下降后，2018—2019年又出现第三次峰值。这三次峰值出现的时间分别在2008年、2012年和2019年前后。

日本《易经》相关著作出版数量

图1　《易经》相关著作年份出版数量一览①

这三个时间点在日本发生的重大事件如下：

2008年全球发生的重大事件有全球经济危机；2012年前后日本发生的重大事件莫过于3·11日本地震；根据日本读卖新闻发布的数据，2019年前后发生的最重大事件为新冠疫情的爆发，日本媒体评选出的2020年重大事件排行榜中，疫情扩大，紧急事态宣言高居榜首。②

每一次《易经》相关著作出版数量的高潮都与重大事件密切关联，这表明《易经》的智慧渗透到方方面面，每个人阅读《易经》似乎都能找到内心疑惑之处的答案。《易经》的六十四卦可谓说尽了人间百态，各种吉凶善恶都在各色卦象中纷纷呈现，其中有四个卦——屯、蹇、困、坎的卦象被认为是最为凶险的，因此并称为"四大难卦"，根据不同卦象的爻辞我们可以

---

① 图中数据基于www.worldcat.org，具体出版数量由本人人工统计所得。最后访问日期：2022年10月30日。

② 2020年日本の10大ニュース：読売新聞オンライン（yomiuri.co.jp）。最后访问日期：2022年10月30日。

找出破解困境的方法。每次遇到重大灾难时，《易经》相关著作的出版数量便出现递增趋势，这是因为《易经》所蕴含的智慧，或许能对每个人都有帮助，我们总会根据自身的需求找到适当的方法应对形形色色的困难。

二、《易经》相关著作在日本受容现状

（一）日本学界围绕《易经》相关著作展开的学术研究

在CINII Research日本学术数据库中，检索题名包含"易经"或"易学"的文献资料，可获得127条检索结果，之后人工对每一条检索结果过筛，去除题名中包含"易经"但论文内容为"交易经营""贸易经济""简易经营""贸易经路"等不相关词条后，共得到50条检索结果。上述检索结果共涉及12个研究主题，详情如下（见图2），且集中于经济学、哲学、亚洲研究、文学、语言学、医学等领域，可以看出《易经》在日本的论文研究中已基本覆盖传统人文科学及社会科学领域，并且已逐渐从人文科学及社会科学的范畴，成功渗透到自然科学领域。

在以"易经"为题名的日语论文之中，被引用次数最多的是京都大学西平直教授于2014年发表于《三田文学》上的论文《易与元型：井筒俊彦〈意识与本质〉中的〈易经〉》（『易と元型：井筒俊彦「意識と本質」における「易経」』），而在以"易经"为题名的全语种论文之中，被引用次数最多的文章并非来自人文科学或社会科学领域，而是来自自然科学领域的华南理工大学计算机科学与工程学院张通教授发表在SCI一区顶级期刊《电气和电子工程师协会控制论汇刊》上的《基于〈易经〉算子的高非线性度S盒设计》（*Design of Highly Nonlinear Substitution Boxes Based on I-Ching Operators*），截至2022年10月已被援引133次，再次证明了《易经》作为"大道之源"的博大精深之处。日本被引用次数最多的论文虽尚属于文学领域，但也有医学领

域的相关论文研究。

研究领域

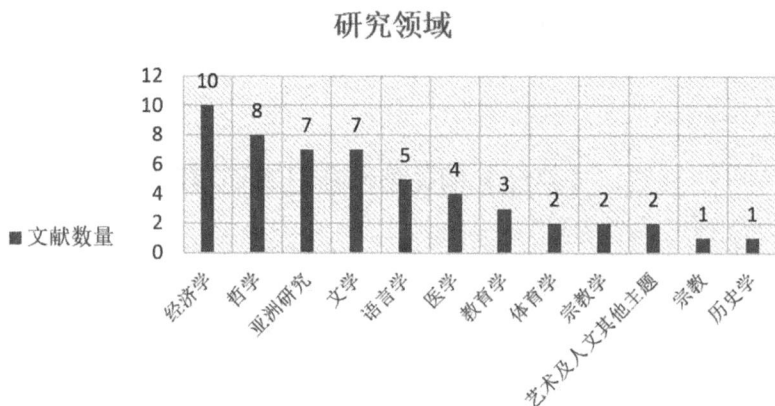

图2　CINII Research日本学术数据库《易经》相关文献主要涉及领域一览[①]

（二）日本读者对于《易经》相关著作的接受与评价

在日本最大的图书销售网站亚马逊中，书评数量最高的《易经》相关著作是岩波书店东京出版社于2006年再版的，由高田真治和后藤基巳翻译的《易经 上》（见图3），截至2022年10月，累计共有115位来自世界各地的读者为该版《易经》打分，其中93%的读者对该书给予好评〔打分在3分（含）以上，满分5分〕，目前该书的平均得分为4.1分。[②]

---

① 图中数据基于cir.nii.ac.jp，相关文献主要涉及领域由本人人工统计所得。最后访问日期：2022年10月30日。

② 易经 上（岩波文库）| 高田 眞治，後藤 基巳 |本 | 通販 | Amazon 最后访问日期：2022年10月30日。

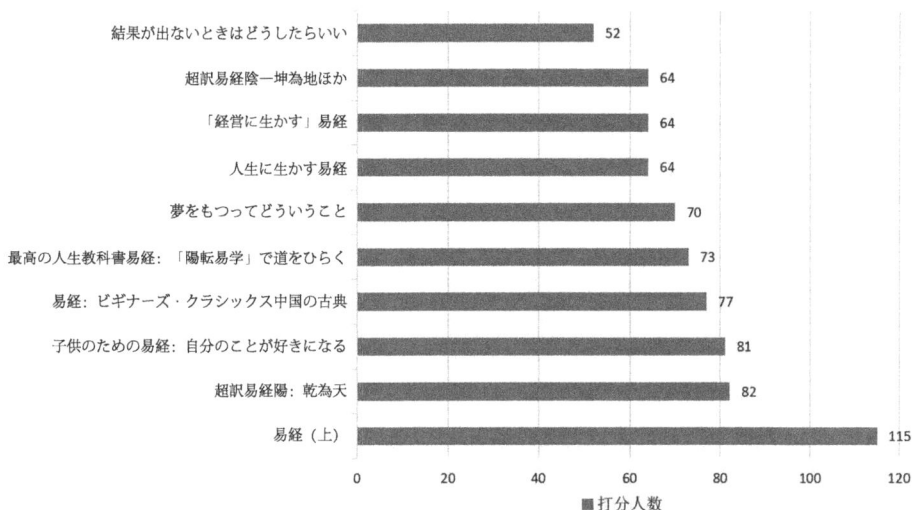

图3　Amazon中《易经》相关著作读者打分人数情况①

　　打分人数排名第二的是新泉社于2020年出版的，由竹林亚希子撰写的《超译易经阳——乾为天》（见图3）。截至2022年10月，累计有83位来自世界各地的读者为该书打分，其中91%的读者对该书给予好评〔打分在3分（含）以上，满分5分〕，目前该书的平均得分是4.3分。②

　　此外还有13名读者在Amazon平台为《超译易经阳——乾为天》撰写了文字评论，以进一步深入表达对该书的感受和思考。一位名为"潜龙"的读者曾在2020年评论：

---

　　①　图3为Amazon中《易经》相关著作读者打分人数情况，图中只显示了打分人数排名前十的作品。资料来源：www.amazon.co.jp.最后访问日期：2022年10月30日。

　　②　Amazon.co.jp.〔DB/OL〕.（2022.10.12）〔2022.10.13〕.https：//www.amazon.co.jp/s？__mk_ja_JP=%E3%82%AB%E3%82%BF%E3%82%AB%E3%83%8A&crid=3BET5E2STR570&i=stripbooks&k=&ref=nb_sb_noss&sprefix=%2Cstripbooks%2C215&url=search-alias%3Dstripbooks.最后访问日期：2022年10月30日。

　　本书就像现场演讲一样，每一页都能听到作者竹林亚希子老师的心声，书中充满中国的逸闻、德鲁克、世阿弥、织田信长、索尼的盛田昭夫等各个领域的伟人轶事，非常有趣，只要读进去，就会觉得能学到可实践的智慧。

该评论获得了其他8位读者的点赞认可。
还有一位名为"龙的水博士"的读者评论道：

　　增补修订版比前作更有看点，正因为现在是这样艰难的时期（新冠疫情），更加感受到《易经》作为东方最古老的书籍，也是占卜的圣经，这本解说书站在荀子所说的"君子不占"一边。一言以蔽之，就是人生的原理原则、成功与失败的案例研究集。《易经》被用于占卜的理由也在于此。因为它讲述了足以应对模式化、跌宕起伏的人生。如果用数字表示的话，基本故事是阴阳2极的6次方，共64种（卦）。再加上分别有6种登场人物（爻）的视点，合计有384种。无论哪一个，都让人无法想象这是几千年前的故事，依然是活生生的人间戏剧。其中，在这本书中描写的是被誉为《易经》之首的完美大吉模式。在原书中，讲述的是未成熟的龙不断努力，直至上天的成长故事。令人惊讶的是，在如日中天的龙的末路上，钉上了"有悔"的钉子。孔子说过"五十而学易，以无大过矣"，一方面"没有一场雨不会停"，另一方面"世间好事之徒多"。在这艰难的时期，思考人生的原理、原则也是一种乐趣。我觉得竹林亚希子老师的这部集大成之作是人生最好的指南。

该评论共获得了其他24名读者的点赞认可。由此可见，日译本《易经》相关著作在日本大众中比较受欢迎，读者并不觉得易学是门晦涩难懂的学问，相反，他们在读《易经》时，会沉下心，认真钻研书中的字句，并且能发表出深刻的评论。《易经》相关著作不仅得到了日本读者的广泛认可，更以其背后蕴藏的智慧与哲理融入读者的日常生活，深入读者的内心。

结　语

《易经》在古代传入日本后能一直被研究和出版以及与日本各种信仰处于共存状态，有学者指出两个根本原因：一是政治原因，二是文化原因。[①]江户时代的易学家已经反对把易学单纯作为一种学问，十分注重发挥其贴近社会人世的功能，并且不断促进易学平民化，诞生出"为我所用"的易学智慧。[②]

进入21世纪，日本普通大众对《易经》的钻研和学习从未停止。作者是连接读者与书籍的重要纽带，像竹林亚希子这样的易学家多从漫画、物语故事、名言警句出发，为读者打开了走进《易经》的大门。《易经》相关著作能在日本大众出版领域崭露头角的原因之一，正是有这样合适的引路人。

从近年日本出版的《易经》相关著作的名字里可以看出《易经》已融入了日本民众的生活。从日本大众对《易经》相关著作的书评中可以看出，他们为诞生于3000多年前的古书蕴含的智慧所折服，并不断深入学习。21世纪以来，《易经》在日本的传播已不再是出于政治原因，而是因为人们在当下生活中总能不经意地发现与《易经》中智慧重合的地方，《易经》已然成了日本人感受中国文化、了解中国智慧的大门。

[①] 王家骅著，王起译：《日本儒学史论》，南京：江苏人民出版社，2019年，第74—75页。

[②] 廖娟：《新井白蛾的易学研究——兼谈江户时代的易占》，《河北民族师范学院学报》2016年第4期，第72—78页。

本卷作（译）者一览

严绍璗	（1940—2022）北京大学教授
刘建辉	日本国际文化研究中心（京都）教授
张哲俊	北京师范大学中文系教授
刘 萍	北京大学中文系教授
钱婉约	北京语言大学人文学院教授
周 阅	北京语言大学中华文化研究院教授
聂友军	中国海洋大学文学与新闻传播学院教授
李 强	北京大学外国语学院教授
王广生	首都师范大学副教授　日本文化研究中心主任
郭 颖	厦门大学外文学院副教授
金南伊	韩国釜山大学教授
林惠彬	上海师范大学人文学院副教授
边明江	湖南大学外国语学院助理教授
苏 豪	北京语言大学人文学院研究生
周晨亮	北京理工大学外国语学院副教授
荣喜朝	河南科技大学外国语学院副教授
程 真	国家图书馆研究馆员
郭珊伶	东北师范大学历史文化学院博士研究生
小川环树	（1910—1993）日本京都大学教授
高 薇	中山大学中文系博士后
梁 辰	首都师范大学外国语学院研究生
吴 娇	首都师范大学外国语学院研究生

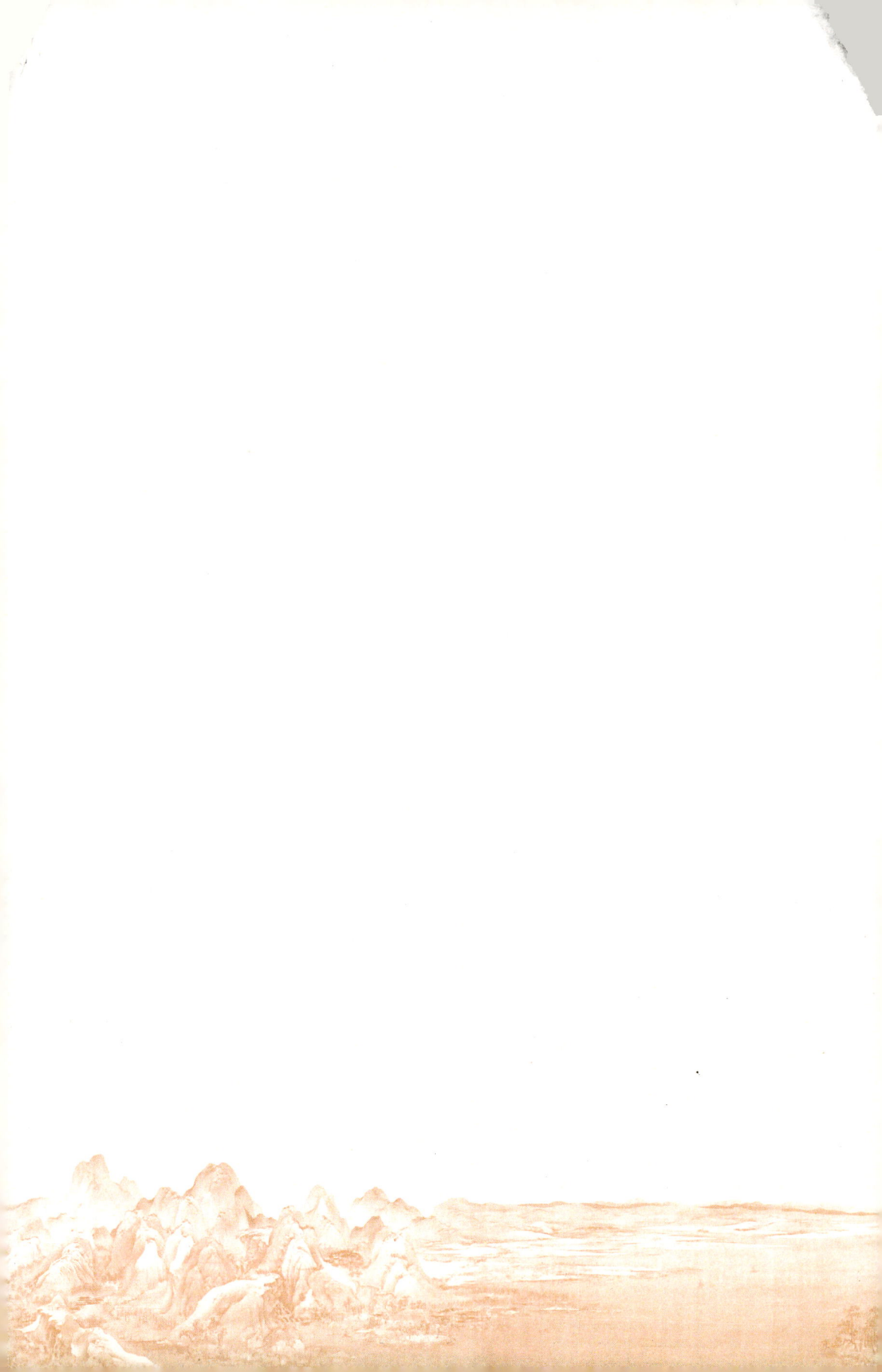